O VENCEDOR LEVA TUDO

DAMBISA MOYO

O VENCEDOR LEVA TUDO

A corrida chinesa por recursos e
seu significado para o mundo

Tradução
Cássio de Arantes Leite

OBJETIVA

Copyright © Dambisa Moyo, 2012. Todos os direitos reservados

Todos os direitos desta edição reservados à
EDITORA OBJETIVA LTDA.
Rua Cosme Velho, 103
Rio de Janeiro — RJ — CEP: 22241-090
Tel.: (21) 2199-7824 — Fax: (21) 2199-7825
www.objetiva.com.br

Título original
Winner Take All

Capa
Adaptação de Barbara Estrada sobre design original da edição inglesa

Revisão
Rita Godoy
Fatima Fadel
Mariana Freire Lopes

Revisão técnica
Esther Majerowicz

Editoração eletrônica
Abreu's System Ltda.

CIP-BRASIL. CATALOGAÇÃO-NA-FONTE
SINDICATO NACIONAL DOS EDITORES DE LIVROS, RJ

M899v
    Moyo, Dambisa F.
       O vencedor leva tudo: a corrida chinesa por recursos e seu significado para o mundo / Dambisa F. Moyo; tradução Cássio de Arantes Leite. – Rio de Janeiro: Objetiva, 2013.

       Tradução de: *Winner take all*
       255p.   ISBN 978-85-390-0480-5

       1. Política internacional – Séc. XXI 2. China – Relações exteriores – Séc. XXI. I. Título.

13-1706.   CDD: 327.51
                               CDU: 327(510)

"Se nos encolhermos diante das árduas batalhas que os homens devem vencer às expensas da própria vida e pondo em risco todos aqueles que lhes são caros, os povos mais ousados e fortes nos ultrapassarão e conquistarão para si a dominação mundial."

— THEODORE ROOSEVELT
"The Strenuous Life", 1899

"Sempre torça para que seu oponente seja perverso. Na perversidade reside uma forte pressão pela racionalidade [...]. Se as boas intenções vêm combinadas com a estupidez, é impossível levar a melhor sobre elas."

— MARION J. LEVI JR.
Nine Laws for the Disillusionment of the True Liberal, 1970

Sumário

Introdução   9

PARTE I.
A CORRIDA DA CHINA POR RECURSOS   19

1. Os motores da demanda mundial por commodities   21
2. A atual situação dos recursos: terra e água   35
3. A atual situação dos recursos: petróleo, gás e minerais   53
4. Penhorando as joias da família   83

PARTE II.
O QUE A CORRIDA CHINESA POR RECURSOS SIGNIFICA PARA O MUNDO   103

5. O preço das commodities: um resumo   107
6. Encurralando o mercado   130
7. Interferência nos mercados   146
8. A geopolítica disso tudo   163
9. Um arauto do que está por vir   183
10. Um perigo real e imediato   202

Lista de tabelas e figuras   231

Agradecimentos   233

Notas   235

Bibliografia   243

Índice   249

Introdução

NO VERÃO DE 2007, uma empresa chinesa comprou uma montanha no Peru. Mais exatamente, comprou os direitos de mineração para explorar os recursos que ela continha. A uma altura de 4.600 metros, o monte Toromocho é uma massa de terra imponente — mais da metade da altura do monte Everest. Ele contém 2 bilhões de toneladas de cobre, um dos maiores depósitos exclusivos de cobre do mundo. Pelo salgado preço de 3 bilhões de dólares, o direito de propriedade do monte Toromocho deixou de ser do povo peruano e passou às mãos do povo chinês.

A campanha por commodities empreendida pela China é de tirar o fôlego. Em apenas uma década, a nação passou de uma posição relativamente insignificante à de principal signatária em um sem-número de transações para obtenção de recursos pelo mundo todo. A Chinalco, empresa que comprou os direitos de mineração na montanha peruana, gastou ainda quase 13 bilhões de dólares em 2008 por uma fatia no setor de alumínio da Austrália.[1] Em junho de 2009, a Sinopec — uma empresa petroquímica estatal chinesa de ponta — adquiriu a Addax Petroleum, que dispõe de recursos consideráveis no Iraque e na Nigéria, por 7,2 bilhões de dólares. A Sinopec obteve também uma participação proprietária de 40% na filial brasileira da Repsol, uma empresa energética espanhola, por 7 bilhões de dólares, em outubro de 2010, e a parcela proprietária em uma joint venture do setor petrolífero com a russa Rosneft (uma empresa líder em gás e petróleo) por 3,5 bilhões de dólares, em junho de 2006.

Coletivamente, esses insumos utilizados para produzir bens e serviços são conhecidos como commodities, e as commodities permeiam todo aspecto da vida cotidiana moderna: a energia que alimenta carros, caminhões e redes elétricas; água para sustentar todas as formas de vida; a terra culti-

INTRODUÇÃO

vável que produz grãos e outros gêneros alimentícios; e uma longa lista de minerais usados em tudo, da telefonia móvel e telas de tevê a componentes de máquinas de todo tipo.

Não é de admirar que as manchetes dos jornais e os analistas da mídia façam alarde dos sinais de uma catástrofe iminente na esfera das commodities — conflitos provocados por escassez de terras aráveis, confrontos por causa da água e os riscos de um apocalipse político à medida que a demanda global por energia supere a oferta. Porém, a despeito de toda a importância das commodities e dos mercados em que elas são comercializadas, nosso conhecimento desse elemento essencial da economia — a mais ampla classe de ativos do mundo — continua vago, quando muito.

O vencedor leva tudo explora essa dinâmica da commodity que o mundo enfrentará ao longo das próximas décadas, que quase certamente serão caracterizadas por tensões globais advindas de uma maior escassez de recursos. Mais especificamente, trata da mecânica e das implicações da investida chinesa por recursos em regiões do mundo todo. De todas as grandes potências mundiais, apenas uma, a China, concentrou sua estratégia econômica e política em antecipar os consideráveis desafios apresentados por um futuro com escassez de recursos. Porém, mais do que isso, *O vencedor leva tudo* é um sinal de alerta para o resto do mundo, que permanece em larga medida despreparado para os desafios da escassez de recursos e da dinâmica em evolução quanto ao papel central da China. Isso a despeito dos argumentos sólidos sobre a importância dos recursos apresentados por um dos especialistas em commodities mais proeminentes e renomados do mundo, Jim Rogers, em seu livro *Hot Commodities*, há quase uma década.

O que está em jogo? Na melhor das hipóteses, a escassez aguda de recursos levará o mundo a um período em que os preços médios das commodities — terra arável, água, minerais, petróleo — subirão a alturas permanentemente estratosféricas. O alimento nos supermercados (pão de trigo e de grãos, bem como açúcar, carne, leite etc.), a água nas torneiras, os celulares e os carros, a gasolina nas bombas, e muitos outros custos diários da vida, ficarão substancialmente mais elevados. E preços mais elevados irão, inevitavelmente, ocasionar uma queda nos padrões de vida pelo mundo afora.

Em último caso, conforme a escassez de recursos se tornar mais aguda, a falta de commodities poderá levar à guerra aberta. Como discutiremos mais adiante, desde 1990 pelo menos 18 conflitos violentos no mundo todo — muitos deles ainda em curso — tiveram sua origem na falta de recursos e do acesso a eles. Além disso, diversos outros países em regiões carentes de commodities, como o Oriente Médio, escasso em água, ou partes da Ásia, onde há relativamente pouca terra arável per capita, são vulneráveis a violências e choques. Aí e em toda parte as populações vivenciam um delicado equilíbrio entre demanda substancial e carência de oferta. O risco que paira, obviamente, é o de que muito mais países — e assim, muito mais gente — venham a ser arrastados para os conflitos.

Esse é o contexto em que a corrida chinesa por recursos vem tendo lugar. A investida global da China atrás de commodities pesadas (metais e minerais obtidos por mineração ou extração), de commodities agrícolas (em geral produtos de cultivo, como madeira, grãos e outros gêneros alimentícios) e da infraestrutura (estradas, portos e ferrovias) que sustenta e facilita sua extração e transporte visa garantir a continuação desse desde já notável exemplo de desenvolvimento econômico. Com esse intuito, os chineses parecem determinados a acionar todas as alavancas disponíveis, e, como a empreitada por recursos da China é global e está entre as mais agressivas da história, ela apresenta consequencias econômicas para todos nós.

Este livro aborda três temas amplos.

Em primeiro lugar, ele examina as implicações *econômicas* da supremacia chinesa como principal compradora dos recursos globais, no contexto mundial da oferta e da demanda por commodities. A China é hoje a principal parceira de negócios de muitas das mais influentes economias, tanto no mundo desenvolvido como no em desenvolvimento. Em apenas algumas décadas, ela se tornou a mais requisitada fonte de infusões de capital. Na verdade, tanto países ricos quanto pobres não esperam apenas que a China venha a bater na porta; eles ativamente cortejam e procuram os investimentos chineses.

O país atualmente subvenciona governos estrangeiros (fornecendo empréstimos e comprando seus títulos de dívida pública), patrocina escolas e hospitais e financia projetos de infraestrutura como estradas e ferrovias (particularmente nas regiões mais pobres do planeta), atendendo às necessidades das nações que os executam e tornando-se um investidor muito mais atraente do que órgãos internacionais como o Banco Mundial, que normalmente vincula os empréstimos a duras restrições políticas. A influência econômica chinesa em lugares tão distantes quanto os Estados Unidos, a África, a Europa Ocidental, a Austrália e a América do Sul é incalculável. A crescente influência global chinesa espelha sua ascensão econômica e, invariavelmente, uma ascensão concomitante em sua demanda por recursos.

Em segundo, este livro é sobre o crescente alcance *financeiro* da China e suas implicações para o funcionamento dos mercados de commodities globais. Ao longo do tempo e por uma ampla gama de commodities (desde os mercados minerador e petrolífero até recursos não negociáveis em bolsa, como terras), a China vem se tornando o comprador marginal, adquirindo recursos globais em um volume tão desproporcional que cada vez mais o país tem se revelado a potência determinadora dos preços, o que automaticamente influencia o modo como os mercados negociam, bem como ajuda a determinar o valor dos ativos nos países detentores de recursos. Desse modo, reunir passo a passo as ramificações do envolvimento chinês na determinação dos preços dos recursos e na influência para as altas ou baixas dos preços de mercado é crucial.

Finalmente, este livro é sobre as implicações *sociais* e *políticas* da busca por recursos da China. Seu papel no mundo não pode ser visto exclusivamente pelo prisma estreito da economia e das finanças. Sua campanha global não só traz graves consequências para a realidade geopolítica como também determina de que maneira as pessoas no mundo todo vivem e interagem com seus governos. Os investimentos da China podem ter um impacto amplamente positivo quando ajudam a elevar a renda per capita e a reduzir a pobreza na nação que os recebe, mas essa riqueza recém-adquirida também pode contribuir para governos despóticos que usam o dinheiro para o próprio engrandecimento ou para subjugar o povo do país. Embora possam não estar explicitamente visando solapar o ambiente político desse ou daquele país, os chineses (no papel de investidores estrangeiros) devem pesar cuidadosamente os benefícios da aplicação de recursos — com a criação de empregos e o estabelecimento de infraestrutura em nações onde tais investimentos são desesperadamente necessários — contra seus custos políticos.

O VENCEDOR LEVA TUDO

* * *

A China, sem dúvida, não é o primeiro país a se lançar numa empreitada global por recursos. Paralelos históricos podem ser identificados desde as campanhas da Roma clássica, no século primeiro, nas operações transcontinentais da Grã-Bretanha, no fim do século XVI, e na ascensão das corporações transnacionais europeias e americanas, entre meados das décadas de 1860 e 1870. A Revolução Industrial que capacitou essas economias criou uma demanda voraz por matérias-primas e a necessidade de procurar recursos muito além de suas fronteiras. A colonização europeia da África e a posterior partilha do Oriente Médio e sua riqueza petrolífera foram ambas, em essência, apropriações de commodities. Por mais impressionante que soe sua campanha por recursos, a China aparentemente não aspira a nada tão diretamente territorial. Mas a China conta a seu favor com duas ferramentas de que conquistadores de commodities anteriores em geral careciam, pelo menos numa quantidade similar: vasta riqueza e vasta disciplina econômica e política.

Num mundo onde o dinheiro é rei, a tão notada abastança chinesa — mais de 3 trilhões de dólares em reservas de moeda estrangeira em 2012 — lhe propicia a capacidade de fazer o que outros países não podem e ir aonde outros países não vão. Em palavras simples, os chineses foram à farra das compras global. E seu apetite voraz por commodities tem pouca probabilidade de diminuir significativamente, mesmo que as taxas de crescimento econômico da China desacelerem.

Países pobres como o Peru não pensam duas vezes antes de hipotecar ou vender seus recursos — mesmo quando estes vêm na forma de uma montanha de cobre de quase 5 mil metros de altura —, uma vez que necessitam desesperadamente do dinheiro para financiar o crescimento econômico e o desenvolvimento. Nesse meio-tempo, países industrializados pesadamente endividados que necessitam levantar receita também capitulam, tomando emprestadas dos chineses somas significativas. Em 2011, por exemplo, a China era o maior credor isolado da dívida americana, com 26% de todos os títulos do Tesouro norte-americano detidos por estrangeiros (cerca de 8% da dívida pública total dos Estados Unidos). Cada vez mais, países como Japão, Coreia do Sul e outros pelo Oriente Médio têm embarcado em suas respectivas campanhas por commodities — visando particularmente à terra arável da África —, mas o tamanho da China, seu dinheiro (isto é, sua capacidade de cobrir o lance da competição) e determinação inflexível significam, por ora, que isso é uma realidade antes de mais nada chinesa.

Mas quem é a China? Está correto juntar todas as diferentes partes dela numa única entidade monolítica? E acaso a soma é maior do que as partes constituintes? O sucesso da China se baseia em muitos agentes diferentes — indivíduos, corporações e o Estado comunista. Mas, em última instância, tudo isso — seja público ou privado — se combina sob uma força unificadora com uma agenda única: o desenvolvimento da China.

Essa filosofia está talvez mais bem condensada na linha política da "ascensão pacífica" da China, popularizada em diversos discursos entre 1997 e 2004 por Zheng Bijian, um porta-voz da política externa chinesa.[2] Esses discursos, junto com o Relatório de Trabalho do Governo (semelhante ao discurso do Estado da União feito pela presidência norte-americana) elaborado anualmente pelo premiê chinês, lançaram os objetivos estratégicos dos líderes para o país. Indo de metas de crescimento econômico e estratégia tecnológica à política externa e pronunciamentos sobre o papel da China no mundo, essas articulações fizeram um bom trabalho em enfatizar as aspirações da classe política chinesa e os importantes fatores indispensáveis para o desenvolvimento, sobretudo serviços públicos como educação, assistência médica e infraestrutura doméstica.

Em princípio, pouca coisa distingue muitos desses objetivos dos de outros governos. No caso da China, porém, tem menos a ver com esses pronunciamentos relativamente incontroversos do que com o modo como a infraestrutura política chinesa se dispõe a executar a agenda do país. Por meio de um sistema de comando e controle da economia via planejamento central, o Partido Comunista Chinês banca e influencia o comportamento de estatais mastodônticas, como bancos, companhias energéticas, negócios em transporte e logística e empresas de recursos. De modo geral, o comprometimento do Estado chinês com o capitalismo de condução estatal (em que o governo assume papel central em impulsionar as atividades comerciais geradoras de lucro) significa que todos os atores estão primordialmente focados em ir ao encontro dos objetivos do Partido Comunista, de modo que até as motivações cegas de geração de lucro dos empresários chineses fiquem submetidas aos auspícios políticos do Politburo.

Então como o governo chinês pode ter certeza de que sua filosofia de um propósito nacional prevalece? Com o uso de regulamentações, dinheiro e funcionários públicos.

O processo regulatório é bastante direto. Como outros governos pelo mundo afora, o governo chinês estabelece as restrições para a realização de negócios na forma de regras de investimento, regulamentação de licenças e diretrizes de operações financeiras sob as quais os indivíduos e as corporações devem atuar. O ambiente de negócios é monitorado por uma rede de órgãos reguladores como o banco central e as agências que concedem as autorizações e permissões para operar negócios, entre elas a Administração Estatal para Indústria e Comércio e o Bureau de Supervisão de Qualidade e Tecnologia.[3] Porém, mais do que isso, a questão central é o alcance do governo — até onde, exatamente, o longo braço da lei alcança. No caso da China, está bastante claro que a "regulação" vai muito além de simplesmente conceder licenças e permissões para a realização de negócios.

O Estado unipartidário chinês também impõe sua filosofia de um propósito nacional por meio do dinheiro — controlando a alocação de seus vastos fundos públicos, o que inclui as reservas internacionais do país. A alocação do orçamento público chinês é orientada por pelo menos dois fatores. Em primeiro lugar, as proclamações dos imperativos da política econômica, como compreendidos no Relatório de Trabalho do Governo, discutido anteriormente, bem como as declarações dirigidas a esses setores e indústrias (por exemplo, o de produção de alimentos e de energia) satisfazem os planos abrangentes da China de continuar impulsionando o crescimento econômico e reduzir a pobreza. São taxas de crescimento elevadas e sustentáveis, além de uma redução contínua da pobreza, que, mais do que tudo, movem as ações estatais chinesas. Em segundo, a liberação do dinheiro na China é influenciada por condições de mercado mais amplas, capazes de garantir que o Estado interceda para impulsionar um crescimento econômico fraco ou intervenha em tempos de crise econômica. Em novembro de 2008, por exemplo, o governo implementou um pacote de estímulo de 586 bilhões de dólares (ou cerca de 4 trilhões de renminbi) para combater os efeitos nocivos da crise financeira (o aumento do desemprego provocado pelo encolhimento da indústria exportadora e, assim, a diminuição do crescimento econômico) em questão de dias. O pacote de

INTRODUÇÃO

estímulo chinês correspondia a quase 15% da produção econômica anual implementado ao longo de um período de dois anos.[4]

O governo exibe seu músculo financeiro, de modo que a linha entre o público e o privado pode parecer deliberadamente ofuscada: por exemplo, o Estado chinês conserva significativas participações acionárias em muitas empresas de capital aberto (em alguns casos, acima de 70% dessas companhias são de propriedade do governo), e virtualmente todas as trinta principais multinacionais chinesas são de propriedade do Estado. É comum que as empresas chinesas que investem em setores estratégicos como petróleo, mineração ou infraestrutura sejam estatais e, assim, em certo sentido, ajam como um prolongamento do Estado unipartidário. Essa estrutura tem sido fundamental para o ímpeto global por recursos da China. Por exemplo, os três principais investidores na África são companhias petrolíferas estatais: China Petrochemical Corporation, China National Petroleum Corporation e China National Offshore Oil Corporation.

A assim chamada estratégia de voltar-se para fora da China vale-se de ferramentas controladas pelo Estado para encorajar a expansão e as aquisições no além-mar até mesmo por parte de companhias privadas. Muitas empresas chinesas recebem concessões do governo ou empréstimos (a juros baixos) de bancos estatais, ficando em nítida vantagem se comparadas a companhias estrangeiras que têm de obter fundos com empréstimos mais caros junto aos mercados financeiros. Inúmeras companhias chinesas se beneficiam não só de linhas de crédito concessionais (isto é, aquelas que fornecem termos de pagamento flexíveis ou suaves, em geral com prazos para amortização estendidos e a taxas de juros mais baixas que as de mercado), como também de incentivos fiscais e prioridade na alocação de contratos-chave. Em 2009, por exemplo, a Wuhan Iron and Steel, terceira maior siderúrgica da China, recebeu uma linha de crédito de quase 12 bilhões de dólares do banco estatal China Development Bank. Um objetivo primário do empréstimo era financiar a "construção de sua base de recursos no além-mar", incluindo a implementação de grandes minas de ferro e siderúrgicas que iriam produzir essas commodities. Tais empréstimos tornaram-se comuns quando o governo chinês encorajou bancos estatais a emprestar dinheiro com o intuito de estimular a economia, no despertar da crise financeira de 2008.

Finalmente, o controle da China diz respeito ao povo e aos funcionários públicos. Mais ou menos 10% — quase 80 milhões de pessoas, número que só faz aumentar — da força de trabalho chinesa é de membros registrados do Partido Comunista. Não é apenas o número de quadros do partido que importa, mas o fato de que membros do partido estão quase sempre estrategicamente colocados para assegurar que todos os setores recebam uma infusão do propósito nacional abrangente do Partido Comunista. Não é incomum que empresas de capital aberto "empreguem" quadros do partido a tal ponto que esses representantes partidários sejam vistos como mais importantes, mais poderosos e mais influentes do que os CEOs das entidades, independentes apenas na teoria.

Em casos extremos, os principais diretores das companhias são designados pelo governo chinês, e os executivos seniores detêm status ministerial. E a despeito de serem independentes em termos operacionais, as empresas regularmente parecem se conformar e aderir à política do Partido Comunista. Uma vantagem para as companhias é que seu relacionamento com o governo é um gesto de equilíbrio entre os benefícios que elas recebem, como fundos concessionais e contatos internacionais agenciados pelo Estado chinês (por exemplo, contatos com funcionários públicos seniores e governos estrangeiros estabelecidos pelo governo chinês), e os custos da interferência e das pressões governamentais para que haja uma aquiescência à visão de mundo do Partido Comunista.

A estratégia de prover à rede empresarial chinesa acesso a dinheiro (barato) e ao endosso do Estado chinês, bem como um acesso preferencial a contatos com governos estrangeiros (que por sua vez são jogadores centrais no setor de recursos em seus respectivos países), parece ajudar a pautar a agenda de desenvolvimento da China. E como essa abordagem funciona bem para o governo chinês e para a visão de comando e controle do Partido Comunista, é improvável que mude em um futuro próximo. Quando muito, as intervenções estatais chinesas provavelmente aumentarão, caso a economia enfrente um "pouso forçado" que venha a conhecer considerável contração no crescimento econômico da China, como alguns economistas estavam prevendo para 2012.

Para muitos sinófilos, o governo chinês é onipresente e onipotente. Contudo, como gracejou um empresário chinês, o grau de influência do governo depende da extensão em que você dispõe de licenças, usa dinheiro público e de quem você tem (e, consequentemente, de quem seleciona) em seus cargos-chave — tais como o CEO, membros da diretoria, o diretor financeiro. É a diferença entre receber ordens explícitas do que você deve fazer, onde investir, quem contratar e assim por diante (se aceitar a licença, o dinheiro e as pessoas) versus ser instruído sobre o que não fazer — por exemplo, barrar uma companhia de investir fora de um setor explicitamente estabelecido (se você apenas busca licença). Os padrões que emergem em torno do financiamento de negócios e das transações realizadas em todas as áreas de recursos naturais ajustam-se confortavelmente ao imperativo chinês de desenvolvimento de sua vasta infraestrutura doméstica e planejamento para crescimento econômico de longo prazo. Bem-vindo à China S.A. — um por todos e todos por um.[5]

PARTE I

A corrida da China por recursos

CAPÍTULO 1

Os motores da demanda mundial por commodities

PARA COMPREENDER OS EVENTOS dos próximos cinquenta anos, a pessoa deve, antes de mais nada e principalmente, compreender a escassez ambiental ou a "diminuição dos recursos naturais". Assim escreveu Robert Kaplan, em 1994, em seu artigo intitulado "The Coming Anarchy: How Scarcity, Crime, Overpopulation, Tribalism, and Disease Are Rapidly Destroying the Social Fabric of Our Planet" (A anarquia iminente: como a escassez, o crime, a superpopulação, o tribalismo e as doenças estão destruindo rapidamente o tecido social de nosso planeta). Kaplan apresentou uma visão terrível do futuro, prevendo em detalhes vívidos e pormenorizados como a escassez global de recursos contribuiria para o estresse demográfico, ambiental e social no mundo todo.

Aceitando ou não o cenário sombrio de Kaplan, está claro que, a fim de compreender a abordagem chinesa para assegurar os recursos globais, devemos situá-la no contexto mais amplo da demanda global por commodities. Em última instância, a oferta global de commodities também faz diferença (isso é discutido nos dois capítulos seguintes), mas este capítulo considera a dinâmica em evolução da demanda: por que as pressões da demanda global através do complexo de commodities — terra arável, água, energia e recursos minerais — estão para se acentuar, e como esses fatores de demanda vão exacerbar a escassez de recursos nas décadas vindouras.

As crônicas malthusianas

O artigo de Kaplan não foi o primeiro a identificar uma carência de recursos como o catalisador de um cataclismo global iminente. Já em 1798,

Thomas Malthus, em seu "An Essay on the Principle of Population" (Ensaio sobre o princípio da população), argumentava que o crescimento populacional geralmente se expande em tempos e lugares de fartura, até que o tamanho da população relativamente aos recursos primários disponíveis cause tensões. Em essência, Malthus dizia, os limites sobre a disponibilidade de commodities são o que mantêm o crescimento populacional em suspenso. O relatório de 1972 do Clube de Roma, "The Limits to Growth" [Os limites do crescimento], baseia-se na teoria malthusiana para modelar o impacto de uma crescente população mundial contra a oferta de recursos finita (e em processo de diminuição). A conclusão do Clube: esse desequilíbrio entre a oferta e a demanda restringiria o crescimento econômico e poderia jogar grandes fatias da população global na pobreza.

Quatro décadas mais tarde, os desequilíbrios de commodity continuam a passo acelerado.

O crescimento exponencial da população mundial e a tecnologia que o acompanhou, ao longo dos últimos cinquenta anos, estabeleceram pressões sem precedentes na demanda por commodities de todos os tipos de recursos — desde comida e água (em si mesma um insumo dos alimentos) a energia e minerais (como, digamos, insumos de aquecimento e encanamentos para uma população global em rápida expansão). Mesmo há dez anos, poucos poderiam antever que tantos de nós portaríamos dispositivos tecnológicos pessoais ou prever a parcela em rápido crescimento da população global dispondo de veículo próprio, e, no entanto, ambas as coisas representam uma tremenda tensão sobre os recursos minerais finitos.

Na verdade, a economia mundial tem sido amplamente desafogada pelos avanços tecnológicos que geraram ganhos de produtividade, maior eficiência e melhor utilização de recursos. Mas, se adiaram nosso dia do acerto de contas, está longe de ser uma certeza que continuarão a fazê-lo para sempre. Conforme os avanços para incrementar a oferta de recursos ficam estagnados, e a demanda mundial por commodities dispara, um retrato mais assustador está emergindo, no qual os recursos de que dependemos hoje — muitos deles não renováveis — se esgotarão a ponto de desaparecer ou serão tão pobremente atendidos que sua oferta e sua demanda possivelmente nunca se equilibrarão. Porém, como já sublinhamos ao longo deste capítulo, a China parece ser o único país que está se preparando para essa eventualidade de maneira sustentável e deliberadamente construtiva, fazendo amigos pelo planeta e sistemática e continuamente investindo em todo o complexo de commodities.

Impulsionando a demanda por recursos

Como virtualmente todos os bens e serviços, os preços das commodities são impelidos pela oferta e pela demanda. Como modelos econômicos canônicos sugerem, no ponto onde ambas se encontram, o preço da commodity é determinado.

Como discutiremos em capítulos subsequentes, os fatores motivadores da *oferta* de terra, água, energia e minerais são complicados pelo fato de que há ligações cruzadas entre os diferentes recursos. Por exemplo, a oferta de alimentos, como grãos e carne bovina, depende crucialmente da disponibilidade tanto de terra arável como de água. Assim, obter acesso a esses recursos subjacentes importa quase tanto quanto a própria commodity visada e, em última instância, determina o preço e a disponibilidade do espectro mais amplo de produtos alimentícios.

Por outro lado, os fatores que influenciam a *demanda* tanto por commodities agrícolas como por commodities pesadas são em larga medida os mesmos. Em um nível muito básico, os dois fatores influentes são a dinâmica populacional (o tamanho absoluto da população mundial e as perspectivas de crescimento populacional global) e os aumentos da riqueza que são motivados, em particular, pelo rápido crescimento econômico nas economias emergentes. Naturalmente, as implicações desses aumentos da riqueza nos padrões de consumo serão consideráveis.

A população global cresce

Em apenas sessenta anos, a população mundial explodiu — de cerca de 2,5 bilhões, em 1950, para 7 bilhões em 2011. O gráfico a seguir conta a história resumidamente: uma rampa suave emergindo da Idade Média e do Renascimento, uma ligeira acentuação ascendente por volta de 1928, quando o cientista escocês Alexander Fleming topou acidentalmente com a penicilina, e depois a subida íngreme em estilo monte Everest, quando as intervenções médicas tornaram-se cada vez mais sofisticadas, as taxas de mortalidade infantil caíram vertiginosamente e a expectativa média de vida aumentou. Os demógrafos hoje preveem que a população mundial vai se expandir em um adicional de 1,2 bilhão de pessoas ao longo dos próximos vinte anos, de maneira que por volta de 2050 haverá pelo menos 10 bilhões de pessoas morando no planeta — um aumento de 40% na população mundial em meros quarenta anos.

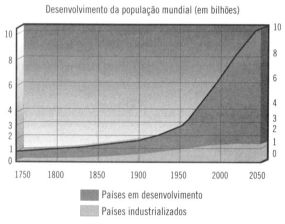

Figura 1.1. População mundial em crescimento vertiginoso
Fonte: Philippe Rekacewicz, "World Population Development", UNEP/GRID-Arendal, http://www.grida.no/graphicslib/detail/world-population-development_29db\.

A boa notícia é que o ritmo em que a população mundial está crescendo irá gradualmente diminuir, oferecendo um alívio nas demandas por commodities. A Organização das Nações Unidas (ONU) espera que mulheres em quase toda parte tenham menos filhos por volta de meados do século XXI. Atualmente, a média global é de 2,6 crianças por mulher, abaixo dos 4,3 da década de 1970; espera-se que haja um declínio para apenas dois por volta de 2050. A má notícia é que, a curto prazo, as pressões exercidas nos recursos globais pelas perspectivas de uma população global aproximando-se dos 10 bilhões são ameaçadoras.[1]

Para complicar as coisas um pouco mais — e os gráficos também mostram isso —, o maior crescimento populacional é previsto precisamente nas regiões com perspectiva mais elevada de aumentos rápidos da riqueza e, concomitantemente, por uma maior demanda por recursos. Segundo a publicação *Global Trends 2025: A Transformed World* (Tendências globais 2025: um mundo transformado), do Conselho Nacional de Inteligência dos Estados Unidos, a quase totalidade do crescimento populacional ao longo dos próximos vinte anos virá da África, Ásia e América Latina, com menos de 3% sendo do Ocidente desenvolvido. Países mais desenvolvidos como os Estados Unidos ainda registram crescimento populacional, mas a uma taxa em desaceleração. Por exemplo, segundo o US Census Bureau (Agência de Recenseamento dos Estados Unidos), a população norte-americana cresceu em cerca de 2,8 milhões de pessoas entre abril de 2010 e julho de 2011, tanto pela imigração como por um aumento da natalidade.

Contudo, não se trata apenas do fato de que haverá mais pessoas no planeta. A população global em sua totalidade está ficando mais rica, e é essa riqueza recém-conquistada que poderá exercer pressão na demanda por recursos e, no fim das contas, causar danos no equilíbrio entre a oferta e a demanda em todo o complexo de commodities.

A população mundial fica mais rica

Em 2001, os economistas do Goldman Sachs elaboraram um acrônimo para capturar o que enxergavam como as surpreendentes perspectivas de crescimento econômico das principais economias emergentes — Brasil, Rússia, Índia e China, chamadas de BRICs. Suas hoje bem conhecidas estimativas relativas ao BRIC projetavam que em 2050 esses países estariam entre as quatro das cinco maiores economias do mundo.

No ano seguinte, em 2002, o Goldman Sachs calculou que o crescimento do PIB chinês em dólares fora efetivamente o mesmo de se criar duas novas Índias, uma nova Itália e quase uma nova França ou Reino Unido. Os economistas no Goldman Sachs têm, desde então, revisado suas estimativas para cima, à medida que os BRICs registraram maiores ganhos econômicos em um período mais curto de tempo do que o originalmente esperado. Em 2010, por exemplo, o PIB chinês havia crescido em quase 4 trilhões de dólares desde 2000 — significando que a China criou, de fato, outras sete Índias (pelo tamanho do país em 2001), quase três Itálias e mais de duas Franças. Em termos simples, mais crescimento econômico significa mais riqueza, que, por sua vez, quer dizer mais demanda por commodities.

Nas últimas duas décadas, a China foi a economia de crescimento mais acelerado do mundo, suplantando o Japão, para se tornar a segunda economia mundial, atrás dos Estados Unidos, em 2010. Se a China continuar nessa trajetória, o país estará em vias de se tornar a maior economia do mundo por volta de 2025. Mas mesmo que encontre um empecilho temporário no caminho, a trilha fundamental do avanço econômico aponta para níveis sempre maiores de demanda por commodities, ainda que a uma taxa de mudança desacelerada. O tremendo progresso econômico pelo mundo todo e a riqueza global que ele desencadeou possuem efeitos não calculados e de mais amplo alcance sobre a demanda global por commodities. Uma população média mais rica exigirá mais e melhores gêneros alimentícios, bens e serviços — todos os quais requerem mais recursos.

Se a China representa a maior história de crescimento deste século, ela não é a única. A Índia — lar de mais de 1,2 bilhão de pessoas, cerca de 17% da população mundial — seguiu a China muito de perto nessa incansável marcha econômica adiante. Estimativas conservadoras põem a taxa de crescimento do subcontinente indiano, ao longo das últimas décadas, em uma média de quase 5% ao ano, mais baixa que a da China, de 7,5%, mas ainda assim impressionante — e notavelmente consistente. Tudo incluso, acredita-se que o PIB combinado dos países do BRIC tenha subido de 2,5 trilhões de dólares no início de 2000 para perto de 9 trilhões de dólares em 2010. (Por comparação, acredita-se que os Estados Unidos tenham somado 4,5 trilhões de dólares ao longo do mesmo período.) Esse crescimento econômico contínuo em todo o mundo emergente — não apenas nos BRICs — levou os analistas a prever que, em 2030, pelo menos 2 bilhões de novos cidadãos vão ingressar na classe média global. Para dizer de outro modo, em menos de vinte anos, testemunharemos a criação de uma classe média com aproximadamente o mesmo tamanho da atual população total da África, América do Norte e Europa.

Em um nível, isso é uma história de sucesso global de proporções notáveis. Em meados da década de 2020, mais de 200 milhões de pessoas nos BRICs podem ter rendimentos acima dos 15 mil dólares anuais. Para pessoas que vivem em economias desenvolvidas, isso talvez não pareça grande coisa — nos Estados Unidos, por exemplo, a renda per capita gira em torno dos 47 mil dólares anuais —, mas, dado que muitas economias emergentes apresentavam uma renda média de cerca de mil dólares há trinta anos, essas previsões de renda são surpreendentes.[2] O tremendo progresso econômico no mundo todo tem, contudo, seus prós e contras. Uma população média mais rica certamente demandará mais bens e serviços, e de melhor qualidade, que exigirão todos mais recursos. Um pequeno exemplo de como o apetite voraz por commodities de todo tipo irá se expandir são os prognósticos de que a demanda global por alimentos e água aumentará em 50% e 30%, respectivamente, no ano de 2030.

Aviões, trens e automóveis

Microdados confirmam que o fenômeno da riqueza econômica em rápido crescimento não é apenas uma ocorrência macroeconômica. No fim de 2008, por exemplo, a China registrou mais milionários "em dólares" do que o Reino Unido — 364 mil versus 362 mil, respectivamente. Estima-se que a Índia — ainda vista aos olhos de muitos ocidentais como um país pobre — tenha 500 bilhões de dólares em dinheiro privado no exterior. À parte o fato de que apresenta a maior classe média do mundo, somando 450 milhões de pessoas, a Índia é também o lar de pelo menos cinquenta bilionários nascidos em solo nativo.

Em menos de meio século, a China conseguiu sozinha transformar as vidas de cerca de 300 milhões de chineses, tirando-os da pobreza abjeta e alçando-os a padrões que se igualam aos ocidentais — um feito sem precedentes na história do mundo. A proporção de pobreza agregada da Índia (definida como a porcentagem de pessoas vivendo com menos de 1,25 dólar diário) passou de quase 60% em 1981 para apenas 40% em 2005. No mesmo período, as estatísticas de pobreza da China passaram de 85% a 16%. (A estatística comparável mais próxima nos Estados Unidos fica em torno de 15% nesse mesmo período.[3])

Tanto a China como a Índia obtiveram conquistas impressionantes na melhoria dos padrões de vida de seus cidadãos, mas esses incrementos maciços de riqueza e poder econômico invariavelmente acarretam aumentos na demanda — por virtualmente tudo. À medida que a renda cresce,

OS MOTORES DA DEMANDA MUNDIAL POR COMMODITIES

igualmente cresce a demanda por alimentos baseados em proteína, como carne e frango (um padrão de substituição em que as pessoas trocam alimentos mais baratos, à base de trigo e raízes, como batatas, por carne, mais cara e mais rica em proteína[4]); por maior qualidade de moradia, com aquecimento interno e água encanada; e por maior eficiência no transporte e nas telecomunicações, na forma de carros e telefones.

Em 2010, as economias rapidamente emergentes já registravam um crescimento de dois dígitos na demanda doméstica — 15% na China e 10% na Índia e no Brasil —, alimentada em grande parte pelas pressões de demanda de seus recém-chegados e vorazes consumidores. E a China ocupava isoladamente o primeiro lugar na demanda por celulares e carros, e o segundo no consumo de eletricidade.

Cada um desses confortos humanos exige insumos de commodity — por exemplo, metais como cobre, ouro, chumbo, níquel, paládio e alumínio usados na produção de estruturas, baterias e placas de circuitos para computadores e aparelhos celulares. Para contextualizar essa demanda, estima-se que em 2010 havia 5,3 bilhões de celulares em uso no mundo todo, atendendo por volta de 77% da população mundial e se aproximando rapidamente de um celular para cada homem, mulher ou criança atualmente no planeta.

O que isso significa em termos de commodities e recursos? Um boletim informativo de julho de 2006 intitulado "Recycled Cell Phone — A Treasure Trove of Valuable Metals" (Celular reciclado — Um tesouro de metais valiosos), compilado pelo Serviço Geológico dos Estados Unidos (US Geological Survey, USGS), é revelador. Ele fornece análises separadas para os 180 milhões de celulares então em uso nos Estados Unidos, outros 130 milhões a serem desligados nesse ano e os 500 milhões de celulares obsoletos esquecidos em gavetas e armários, à espera de descarte. No agregado, como mostra a tabela a seguir, esses 810 milhões de celulares continham mais de 13 mil toneladas de metais, com um valor líquido coletivo superior a meio bilhão de dólares. Exemplificando mais graficamente, a soma total dos aparelhos em uso, desligados e fora de circulação nos Estados Unidos em 2005 era equivalente à quantidade de metal contida em cinquenta jumbos 747.[5] E isso apenas para os Estados Unidos, em apenas um ano, numa época em que celulares estavam relativamente nos primórdios.

Tabela 1.1. O peso e o valor do metal em celulares nos Estados Unidos, 2005

Metal	Conteúdo em metal para 810 milhões de celulares em uso, desligados ou obsoletos e aguardando descarte, em toneladas	Valor de 810 milhões de celulares em uso, desligados ou obsoletos e aguardando descarte, em dólares
Cobre	12.900,0	$27,8 milhões
Prata	288,1	$49,9 milhões
Ouro	27,1	$323,0 milhões
Paládio	12,1	$101,7 milhões
Platina	0,28	$6,3 milhões
Total	13.227,58	$508,7 milhões

Fonte: Adaptado de: US Geological Survey (USGS), "Recycled Cell Phones — A Treasure Trove of Valuable Metals", julho de 2006, http://pubs.usgs. gov/fs/2006/3097/fs2006-3097.pdf.

Uma estimativa calcula que há atualmente mais de 327 milhões de celulares em uso só nos Estados Unidos — ou seja, mais de um telefone para cada pessoa na população. China e Índia, duas das economias em crescimento mais acelerado do mundo, têm juntas quase 2 bilhões de celulares em uso, perto de um bilhão só na China. A probabilidade é de que ambas as nações irão em breve convergir para taxas de penetração de celulares semelhantes ou superiores às dos Estados Unidos. Acrescente-se a isso as pressões de demanda do uso cada vez maior de outros eletrônicos móveis — iPads, Kindles, laptops e assim por diante —, e é fácil perceber que a pressão de demanda em metais como cobre, ouro e paládio continuará a subir a alturas cada vez maiores na década que inicia.

Ao mesmo tempo, carros, picapes e a indústria automobilística como um todo também absorvem quantidades imensas de metais. Um carro típico utiliza não só plásticos (para o painel e o console), o couro dos bancos, vidro nas janelas e borracha para os pneus, como também uma série de metais e minerais. Segundo a World Steel Association (Associação Mundial do Aço), cerca de 55% do peso de um carro vem do aço — mais ou menos uma tonelada para o SUV (utilitário esportivo) ou a picape típicos. Em segundo lugar, entre os metais utilizados em veículos, está o alumínio, respondendo por cerca de 136 quilos, em média, nos carros norte-americanos. Somem-se a isso o cobre (a Bolsa de Metais de Londres estima que 7% do consumo de cobre está ligado à indústria dos transportes), a platina (60% da platina é utilizada pela indústria automobilística), o paládio, o ródio, o chumbo (usado principalmente em baterias), o estanho (empregado em soldas para fundir peças de metais diferentes), o cobalto (em airbags) e o zinco (utilizado em engenharia para galvanizar metais e proteger veículos das intempéries), e um carro começa a parecer tanto um produto de mineração quanto um item de fábrica.

Automóveis são, na verdade, agregados de commodities processadas — e assim também uma diminuição de recursos —, e, embora o mercado automobilístico de um modo geral tenha caído com a economia global em anos recentes, a demanda continua muito grande nos mercados em rápido crescimento. Desde 2004, as vendas unitárias de carros na China cresceram a uma taxa média anual de mais de 20%; Pequim, a capital administrativa da China, presencia cerca de 2 mil novos carros em suas ruas a cada dia. Ao todo, prevê-se que a China responda por cerca de 60% de todas as vendas de automóveis para as nações do BRIC nos anos imediatamente a seguir, mas o crescimento de vendas deve ganhar ânimo na Rússia, na Índia e no Brasil, igualmente. Um relatório do Boston Consulting Group estima que a compra total de veículos em todos os quatro BRICs responderá por cerca de 30% das vendas globais em 2014.

Tanto quanto exacerba a diminuição dos metais e minerais, a demanda crescente por preferências de classe média também significa pressão por petróleo e energia. Mais de um bilhão de pessoas viajou de avião em 2011, realizando 50 mil voos diários, ou cerca de 18 milhões de voos por ano. E essas estimativas são apenas para voos comerciais: jatos privados e aeronaves militares não estão inclusos. Se você considera que um jato Boeing 747-400 ER queima em média 12 litros de combustível por quilômetro, o impacto sobre a oferta global de combustível com as centenas de milhares de quilômetros cobertas por milhões de voos é enorme. Considere, por exemplo, esse simples cálculo: a rota Cingapura para Newark, New Jersey, é a rota de viagem comercial mais longa que existe — um trajeto de aproximadamente 16 mil quilômetros que dura cerca de 19 horas. Consumindo 12 litros por quilômetro, o avião precisa de 192 mil litros para vencer essa distância — só na ida. Novamente aumentando a demanda sobre os recursos mundiais.

Por todo o livro, continuaremos a observar como outros recursos (terra, água, energia) infiltram-se em nossa vida cotidiana, mas basta dizer que, com a interação entre a população e a dinâmica da riqueza operando, a demanda por recursos naturais no mundo todo continuará a crescer dramaticamente.

Uma onda urbana

O aumento da renda também exerce um impacto indireto nas commodities ao estimular a urbanização. A relativa prosperidade das cidades atrai ondas de migrantes das áreas rurais. Perspectivas de emprego significativamente maiores (por exemplo, em fábricas ou na construção, em lugar de cultivar a terra na agricultura de subsistência) e melhor qualidade de vida (água encanada e saneamento, televisão, máquina de lavar e eletricidade) são um imenso atrativo. Os efeitos secundários na demanda por commodities são claramente evidentes: mais bens de consumo e melhor padrão de vida se traduzem diretamente em maior demanda por recursos.

No "State of the World Population 2007: Unleashing the Potential of Urban Growth" [Estado da população mundial, 2007: liberando o potencial de crescimento urbano], o Fundo de População das Nações Unidas notou que, "em 2008, o mundo atinge um limiar invisível, mas importantíssimo: pela primeira vez na história, mais da metade de sua população humana, 3,3 bilhões de pessoas, estará vivendo em áreas urbanas. Em 2030, é esperado que isso aumente para cerca de 5 bilhões". Grande parte dessa mudança urbana será sentida por todo o mundo em desenvolvimento, cujas pequenas e grandes cidades representarão 81% dos moradores urbanos em 2030.

Nas regiões mais pobres do mundo — África e Ásia (a despeito das marcantes melhorias na riqueza agregada, enormes bolsões de pobreza permanecem existindo por toda a Ásia) — as populações urbanas vão dobrar entre 2000 e 2030. Isso é igual ao crescimento urbano acumulado dessas duas regiões durante todo o curso da história — duplicado numa única geração! Para exemplificar ainda mais claramente a questão, ao longo do século XX, a população urbana mundial passou de cerca de 220 milhões para 2,8 bilhões — ou seja, um aumento de 13 vezes (ou um crescimento de mais de mil por cento). Hoje, globalmente, o mundo acrescenta pessoas a áreas urbanas a uma taxa de 60 milhões por mês.

Tudo tem a ver com a China

A busca global chinesa por commodities é estimulada por sua demanda aparentemente insaciável pelo conjunto de recursos necessários para impulsionar o crescimento econômico e reduzir a pobreza. E dado o mero tamanho da China, o que acontece no país tem amplas implicações para os rumos da demanda global por recursos de forma mais geral.

Embora seja verdadeiro que dinâmica populacional e aumentos na riqueza sem precedentes não são domínio exclusivo da China (outras economias na América do Sul, na África e na Ásia estão contribuindo significativamente para a classe média mundial e, assim, para a pressão na demanda por commodities), a China é um caso à parte pela escala de sua demanda e seu plano muito deliberado de sair em busca dos recursos globais. Por exemplo, estatísticas combinadas/agregadas mascaram o aspecto evidente de que a direção da urbanização chinesa é mais agressiva e mais acelerada do que na maioria dos demais países.

Tomemos a Índia, por exemplo, antigo lar das populações urbanas em crescimento mais rápido do mundo. Em 1950, 17% da população indiana morava em cidades, comparado a apenas 13% na China. Entre 1950 e 2005, porém, a China se urbanizou de forma significativamente mais rápida do que a Índia, alcançando taxas de urbanização de 41% e de 29%, respectivamente. Essa tendência está fadada a continuar.

Olhando para o futuro, o McKinsey Global Institute prevê que a China incorporará 400 milhões de pessoas à sua população urbana em 2025, de modo que os moradores em cidades responderão por 64% do total da população chinesa; na Índia, as taxas urbanas subirão a 38% de sua população quando 215 milhões de pessoas mudarem para as cidades. Nesse meio-tempo, ao longo de apenas uma década (entre 2008 e 2018), o número de novos residentes urbanos está projetado para aumentar para pelo menos 160 milhões na China, comparado a 100 milhões na Índia, 50 milhões na Indonésia e cerca de 20 milhões no Brasil e na Nigéria.

Em 2010, a China já contava com quarenta cidades com populações de um milhão de pessoas ou mais. Em 2020, o país planeja acrescentar cerca de 225 novas cidades plenamente funcionais, cada uma habitada por pelo menos um milhão de pessoas. Isso é parte de um programa migratório em fases patrocinado pelo governo, que presenciará muito mais chineses se mudando dos subúrbios rurais para áreas urbanas de um modo muito mais ordeiro e sistemático. A China já tem planos de produzir cerca de 170 novos sistemas de transporte em massa nas próximas décadas, ligando sua vasta paisagem, vertical e horizontalmente, e possibilitando a movimentação maciça de pessoas e bens por uma vasta rede. As implicações para a demanda por commodities para sustentar essa infraestrutura urbana são tremendas.[6]

Da demanda à oferta

As ambições da China são as mais elevadas, e isso é o que alimenta a agitação que ela causa nos recursos globais. Para atender a esse desafio, a China já se envolveu, entre 2005 e 2011, em mais de 350 investimentos estrangeiros diretos (IED), avaliados em mais de 400 bilhões de dólares, grande parte disso em recursos naturais. Para pôr isso em perspectiva, durante essas trezentas semanas (o período de seis anos), os gastos chineses foram em média de um bilhão de dólares por semana (mais sobre isso adiante). Se a estratégia da China se concretizar como o esperado, sua execução exigirá grande quantidade de terra arável, grande quantidade de água utilizável, grande quantidade de energia e grande quantidade de minerais.

Entretanto, embora crítica, tomadas isoladamente, a dinâmica de demanda representa apenas metade da equação. O risco é de que a demanda por commodities se expanda mais rapidamente do que a oferta mundial é capaz de acomodar. O resultado inevitável seria escassez recorrente de materiais cruciais, e são esses cenários de escassez que podem fomentar os conflitos globais. Se a oferta mundial em toda gama de recursos conseguir se manter pari passu com os aumentos projetados na demanda, não há muito com que se preocupar. Mas se a oferta de commodities não for capaz de atender à demanda, então o desequilíbrio lança a economia global numa direção precária. Assim, como fica o mundo no lado da oferta dos recursos naturais?

Como observado anteriormente, os fatores que impulsionam a demanda por commodities são em certo sentido universais, com impacto sobre todas as commodities — terra, água, energia e minerais. Contudo, dada a natureza distinta de cada um desses recursos — por exemplo, suas fontes, se podem ou não ser transportados, a facilidade de comercializar, seus usos —, as dinâmicas de oferta deles são necessariamente específicas. Desse modo, as questões que governam cada um também devem ser de natureza individual.

Porém, como veremos, as commodities mais importantes do mundo têm uma coisa crucial em comum: estão se tornando cada vez mais escassas, uma vez que a oferta de recursos naturais (finitos) do planeta não acompanha adequadamente a demanda crescente. A China continua a desempenhar um papel central em exercer uma demanda excessiva na oferta finita do mundo, bem como um papel central em obter acesso ao fluxo de toda a gama de commodities. Para contextualizar a abordagem chinesa, os dois capítulos seguintes focam precisamente os fatores especiais que influenciam a oferta de terra e água e de petróleo, gás e minerais, fornecendo um retrato da oferta global de cada recurso.

CAPÍTULO 2

A atual situação dos recursos: terra e água

EM FEVEREIRO DE 2011, Zhou Shengxian, ministro chinês do Meio Ambiente, admitiu publicamente que a "diminuição, a deterioração e o esgotamento dos recursos e a deterioração do meio ambiente tornaram-se sérios gargalos a restringir o desenvolvimento econômico e social".

O alarme do ministro sem dúvida é originário de uma avaliação exaustiva dos suprimentos mundiais dos recursos mais importantes — terra arável, água, energia e minerais. A fim de perceber o que ele percebeu, um levantamento dos estoques globais em estilo similar é crucial. Após ter analisado a dinâmica que impulsiona a demanda global por commodities no capítulo precedente, este capítulo é nossa primeira incursão para compreender a situação atual da oferta de recursos no planeta.

Mais especificamente, este capítulo (sobre terra arável e água) e o seguinte (sobre energia e recursos minerais) fornecem um retrato da oferta mundial de recursos e detalham onde se encontram os mais importantes e em que quantidades. Claro que a situação do cenário de recursos globais está constantemente em fluxo, mudando e com dinamismo, devido tanto a intervenções naturais (efeitos da diminuição) como a intervenções feitas pelo homem (por exemplo, mineração, cultivo da terra, extração). Não obstante, um exercício como esse de fato põe em contexto as pressões sobre a oferta enfrentadas pelo mundo e, como discutiremos posteriormente, define a abordagem muito deliberada e sistemática da China de assegurar para si as commodities globais.

Comecemos inventariando a situação agrícola.

Terra firme

Cerca de 29% da superfície do planeta é composta por terra firme, com os restantes 71% cobertos de água. A terra mede aproximadamente 13 bilhões de hectares, ou uma área de cerca de 16 vezes o tamanho dos Estados Unidos. Disso, apenas 11% (ou 1,4 bilhão de hectares) são aráveis — ou seja, adequados ao cultivo. Os outros 89% — incluindo montanhas e desertos — são com frequência proibitivamente mais difíceis de explorar para a produção de alimentos.

Adeptos do determinismo geográfico, como Jared Diamond, defendem que a riqueza de um país depende de seu meio ambiente e topografia — em essência, da terra. O fato de que certos ambientes são mais fáceis de manipular do que outros e de que aquelas sociedades capazes de domesticar plantas e animais com relativa facilidade têm maior propensão de prosperar do que outras atribui um valor inerente à terra. O clima, a localização, a flora, a fauna e o tipo de solo de um país afetam a capacidade de as pessoas fornecerem alimentos para consumo e subsistência, e isso, em última instância, causa impacto no crescimento econômico do país.

A terra disponível pode sustentar adequadamente a população mundial nos anos vindouros? A densidade populacional — o número de pessoas por unidade de área de terra — é uma medida menos útil do que o número de pessoas por unidade de terra *arável*.[1] Por exemplo, com a atual população mundial em aproximadamente 7 bilhões, 1,4 bilhão de hectares de terra arável significa que, se a terra fosse equitativamente distribuída, cada cinco pessoas partilhariam um hectare (ou 10 mil metros quadrados) de terra, o equivalente aproximado a dois campos de futebol americano. Estendamos a população global para 9 bilhões em 2050, como muitas previsões o fazem, e teremos seis pessoas dividindo um hectare. Claramente, a certa altura, isso se torna um cenário de poucas opções.

Na realidade, é claro, as coisas não funcionam tão tranquilamente. A população mundial pode ser qualquer coisa, menos bem-distribuída. Alguns países possuem terra arável de sobra para dedicar à produção de alimentos, ao passo que outros têm relativamente menos. Embora detenha a maior população mundial, a China tem apenas cerca de 12% de terra arável, e a Índia, com aproximadamente a mesma população, conta com mais de 50% de terra arável.

A razão entre terra arável e densidade populacional não é o único determinante da capacidade de uma nação alimentar seu povo. O uso da terra e a qualidade básica do solo arável também desempenham um papel importante. O uso que a China faz de sua terra arável como fonte de nutrição compete diretamente com seu uso como lugar onde o povo e o governo escolhem estabelecer casas e cidades.

Entre 1997 e 2008, a área de terras aráveis na China caiu em 12,31 milhões de hectares — ou seja, uma perda de cerca de um milhão de hectares por ano —, grande parte disso atribuída ao crescimento dos centros urbanos. Outros estudos revelaram que até um sexto da terra arável da China está poluída por metais pesados e erosão, ao passo que a desertificação deixou mais de 40% da terra do país sem qualidade para o plantio. Tudo considerado, esse não é um cenário auspicioso. Menos terra disponível equivale a menor produção doméstica de alimentos, e isso equivale a significativas pressões da demanda alimentar. Eis por que a China embarcou numa agressiva campanha de aquisição de terra e esquemas de arrendamento muito além de suas fronteiras, particularmente de solos férteis na África e na América do Sul.

As duas tabelas a seguir retratam as distorções na oferta global de terra arável. Embora a Ásia e a Europa tenham a maior quantidade de terra arável, também possuem as maiores densidades populacionais, de 200 e 130 pessoas por quilômetro quadrado, respectivamente. Numa base relativa, isso significa que há menos terra arável disponível para o plantio e a produção agrícola, bem como para a criação de animais, do que digamos na África, onde cerca de 8% da terra é arável, e a densidade populacional é comparativamente baixa, em torno de 60; na América Latina e Caribe, com cerca de 7% de terras aráveis e uma densidade populacional de 70; nos EUA e Canadá, com 11% de terras aráveis e uma densidade populacional de apenas 30; ou na Oceania (Austrália e Nova Zelândia), com 6% de terra arável e uma densidade populacional de apenas 10 pessoas por quilômetro quadrado.

Essas estatísticas sugeririam que a China deve se voltar para a América do Norte e, particularmente, os Estados Unidos, com quase tanta terra arável quanto China e Brasil combinados, para ajudar a atender suas necessidades alimentícias, e, até certo ponto, esse tem sido o caso. Em 2010, a China ultrapassou o Canadá e se tornou o destino exportador número um para a produção agrícola e alimentar dos Estados Unidos; a soja sozinha respondia por mais da metade dos quase 18 bilhões de dólares das exportações agrícolas dos Estados Unidos, seguida de algodão, rações animais e couros. Mas a China não quer se tornar refém dos Estados Unidos para seu sustento alimentício, assim como tampouco os líderes chineses acreditam que podem atender às necessidades alimentares do país unicamente com a importação. Os chineses estão à procura de terras no exterior onde possam cultivar suas próprias plantações, e nisso tanto a América do Norte como os Estados Unidos apresentam problemas, sobretudo quando se trata da posse da terra e direitos de propriedade.

Tabela 2.1. Terra arável por região

Região	Terra arável (1.000ha)	Porcentagem da área total de terra	População por quilômetro quadrado
Ásia	473.206	15,3	200
Europa	277.971	12,6	130
África	224.418	7,6	60
EUA e Canadá	207.855	11,1	30
América Latina e Caribe	149.602	7,4	70
Oceania	48.154	5,7	10

Fonte: FAOSTAT Land Use Database, http://faostat.fao.org.

Tabela 2.2. Terra arável: os dez primeiros países

País	Terra arável (1.000ha)	Porcentagem da área total de terra
Estados Unidos	162.751	17,8
Índia	157.923	53,1
Rússia	121.750	7,4
China	109.999	11,8
Brasil	61.200	7,2
Austrália	47.161	6,1
Canadá	45.100	5,0
Nigéria	34.000	37,3
Ucrânia	32.478	56,1
Argentina	31.000	11,3

Fonte: FAOSTAT Land Use Database, http://faostat.fao.org.

Os direitos de propriedade dotam um governo, corporação ou indivíduo do direito exclusivo de determinar como um recurso é utilizado; por extensão, o direito à terra refere-se ao uso da terra. Segundo o Índice Internacional de Direitos de Propriedade de 2011, a existência de direitos de propriedade e à terra na América do Sul e na África é marcadamente baixa. Especificamente, mais de 60% dos países classificados no quinto quintil ou 20% mais baixos estão na África ou na América do Sul, comparados aos Estados Unidos, que se classificou nos 20% mais altos do mundo.

Em termos mais simples, uma grande quantidade de terra em economias desenvolvidas como os Estados Unidos já tem dono, com acesso e propriedade mantidos em mãos privadas. Em regiões menos desenvolvidas, como a África e a América do Sul, porém, a propriedade da terra permanece em larga medida concentrada nas mãos do Estado. O Estado desempenha um papel central na partilha e na concessão de acesso, muitas vezes na forma de arrendamento (onde a "propriedade" é concedida por um período específico de tempo e reverte para o dono — nesse caso, o governo — quando o arrendamento expira), mais do que em termos alodiais (que concedem direitos de propriedade da terra livres de quaisquer vínculos e ônus para o dono) para as partes interessadas na aquisição da terra. Há, é claro, fazendas mantidas privadamente em economias mais pobres, mas os níveis de renda per capita relativamente baixos significam que a propriedade da terra tende a se concentrar nas mãos dos poucos ricos. Tudo considerado, é muito mais fácil para a China — e outros países — negociar termos (direito de posse, valores investidos etc.) para obter acesso a fatias significativas de terra arável com uma entidade local controlando (na forma do governo local) do que com numerosos proprietários pequenos/individuais.

Mas tem mais. Um relatório conjunto de 2009 entre a Organização para a Cooperação e Desenvolvimento Econômicos (OCDE) e a Organização das Nações Unidas para Alimentação e Agricultura (FAO, em inglês) estima que apenas 32,5% da terra arável no mundo todo estava efetivamente tendo uso produtivo, com grande parte do restante permanecendo sem cultivo.[2] Mesmo na China, apenas 48% da terra potencialmente arável está em uso. Os Estados Unidos, que, para todos os efeitos práticos, são autossuficientes na produção alimentícia, utilizam apenas 53% de sua terra potencialmente arável. Mas, tanto nos Estados Unidos como na China, essa terra arável sem uso tem sido muitas vezes reclamada para outros fins, como a urbanização. O verdadeiro prêmio, nesse caso, é o continente com a maior precariedade em infraestrutura ou nos direitos de propriedade: a África, que abriga sozinha um terço do que resta de terra arável ainda não cultivada no planeta.

Logicamente, então, seria de se esperar que Pequim olhasse para a África como uma espécie de cesta básica subsidiária para o povo chinês, e, na medida em que isso está ocorrendo, com negócios sobre a terra já concretizados em uma variedade de países africanos — da República Democrática do Congo (RDC) a Moçambique, Tanzânia, Zâmbia e Zimbábue. Para não deixar nenhuma informação de fora, porém, vale frisar que a corrida pelas terras africanas não é uma ação exclusiva da China.

Em seu artigo "The New Colonialism: Foreign Investors Snap Up African Farmland" (O novo colonialismo: investidores estrangeiros abocanham a terra de cultivo africana), a revista *Der Spiegel* põe em destaque inúmeros casos de nações relativamente mais ricas assegurando os direitos sobre a terra arável em países mais pobres. O governo sudanês, por exemplo, arrendou 1,5 milhão de hectares de terras produtivas aos países do golfo Pérsico, ao Egito e à Coreia do Sul por noventa anos. O Egito planeja cultivar trigo e milho em 840 mil hectares em Uganda. E além da África, o Kuwait arrendou 130 mil hectares de arrozais no Camboja. Numa linha similar, o conglomerado sul-coreano Daewoo fechou um acordo com o governo de Madagascar, uma ilha ao largo da costa oriental da África, que garantiria à Daewoo, com um contrato de arrendamento por 99 anos, pleno acesso a uma porção de terra não cultivada com metade do tamanho da Bélgica. Pelas especificações do plano, a Daewoo pretendia utilizar 75% da área para cultivar milho e o restante para produzir azeite de dendê, mas a subsequente turbulência política acabou por entravar o negócio. A tentativa chinesa, durante a crise alimentícia global em 2007, de arrendar 2,5 milhões de acres nas Filipinas — para cultivar plantações que depois seriam mandadas para a China — também sucumbiu às pressões políticas, mas a caçada continua.

Registro da terra

Os acordos sobre a terra não são apenas um negócio envolvendo governos. Corporações, cidadãos privados e fundos de investimento de todo tipo e de todas as partes do mundo estão obtendo acesso à terra e fazendo reivindicações. Dada a vasta área de terra arável sem uso na África, governos de países como a China, a Coreia do Sul, o Japão, o Qatar, a Arábia Saudita e o Kuwait estão investindo e acessando terras por todo o continente — todos na esperança de obter acesso a esse recurso valioso. Investidores e fundos financeiros também entraram no jogo, apostando nas pressões globais sobre os alimentos para fazer subir o preço da terra, dos grãos e outras commodities agrícolas exigidas para nutrir bilhões de pessoas e saciar a demanda.

A competição global por terra tampouco diz respeito apenas à segurança alimentar. Na verdade, uma grande proporção dos acordos sobre a terra envolve cultivos destinados a outros usos que não a alimentação. Cada vez mais os arrendamentos de terras estão sendo feitos também visando à produção de biocombustíveis e derivados do etanol como alternativas para o petróleo. Isso lança os alimentos e a energia em competição direta, uma vez que os grãos exigidos para encher um tanque de combustível de 95 litros com etanol podem alimentar uma pessoa por um ano inteiro.

Como afirmou o presidente do Banco Mundial, Robert Zoellick: "Enquanto muitos se preocupam em encher seus tanques de gasolina, muitos outros no mundo todo estão lutando para encher a barriga. E está mais difícil a cada dia." A demanda por combustível em países ricos é vista hoje em competição direta com a demanda por alimento nos países pobres. A curto prazo, esse movimento de abrir um buraco para tapar o outro piora o quadro da oferta global de alimentos e, a longo prazo, exacerba a escassez de alimentos, o que contribui para mais fome e força o preço dos alimentos a subir. Mas enquanto os fazendeiros — particularmente os fazendeiros em países pobres lutando para obter seu sustento — puderem obter mais dinheiro, mudando da produção de alimentos para a de biocombustíveis, eles provavelmente o farão. E enquanto fizerem isso, as fontes globais de alimentos como um todo continuarão a encolher relativamente a uma população global crescente.

Em um mundo de terra arável finita, qualquer coisa que degrade a produção de alimentos aponta naturalmente para uma única direção dos preços dos alimentos — para cima. Tendo agora conduzido esse levantamento do estoque global de terra arável, passamos em seguida a um exercício similar para reunir informações sobre a oferta mundial de outra commodity — a água. Tem-se em mente que o desafio de obter água, como veremos, ocupa um lugar central na luta chinesa por recursos.

A ATUAL SITUAÇÃO DOS RECURSOS: TERRA E ÁGUA

Torneira vazia: as perspectivas para a água

Terra e água caminham de mãos dadas. Ou não. Quando a primeira situação é o caso — quando a terra arável é abundante, e a água é suficiente para manter as colheitas crescendo, os animais saciados, a energia fluindo e a produção acompanhando o ritmo (a água tem muitos usos na sociedade moderna) —, a vida é boa. Quando a terra arável é insuficiente, o governo precisa procurar outras fontes de sustento alimentar, seja com importações agrícolas, seja obtendo áreas no exterior para a agricultura doméstica. Quando a água é insuficiente, as apostas são ainda mais altas, pois a água, ao contrário dos alimentos, não é facilmente transportável e, no entanto, é a base de sustentação da vida.

Em teoria, a água nunca deveria estar em falta. Ela cobre aproximadamente 71% da superfície da terra; contudo, 97% dela é salgada demais para uso produtivo. Dos 2,5% da água doce utilizável, 70% encontram-se nas calotas polares, e a maior parte do resto está no solo. Isso deixa apenas 0,007% do suprimento hídrico do planeta na forma de água doce prontamente acessível, e, como a terra arável, essa água doce não é distribuída com equanimidade.

As tabelas a seguir mostram a distribuição de água por região e por país.

Embora a um primeiro olhar a China pareça deter um acesso "doméstico" razoavelmente considerável a fontes hídricas renováveis, na prática, muitas de suas fontes estão contaminadas e não são seguras para consumo humano.[3] Assim, uma grande parte da corrida chinesa por recursos diz respeito aos esforços de assegurar o acesso à água para sua população. Como veremos, isso inclui não só investimentos em tecnologias de ponta (por exemplo, dessalinização), como também estratégias mais agressivas, como desviar rios inteiros.

A grande população da China implica que a água não é facilmente ou igualmente acessível para amplas proporções do povo chinês, significando que esses problemas no país são exacerbados pelo fato de que a China tem água demais onde ela não é necessária e água insuficiente onde é necessária. Em termos ideais, a água deveria fluir para o norte e o leste, mas diversos sistemas fluviais mais significativos da China correm para o sul (por exemplo, o rio Mekong), e muitos de seus importantes reservatórios ficam mais a oeste do que na parte leste do país, onde muitos milhões da população chinesa se reúnem. Por exemplo, embora a Barragem das Três Gargantas seja próxima a Chongqing (segundo algumas estimativas, a terceira cidade mais populosa após Xangai e Pequim) e muitas outras cidades importantes no rio Yangtze, ela fica a uma distância significativa da mais populosa, Xangai, na fronteira leste da China.

Tabela 2.3. Água agrupada por região

Região	Total de recursos hídricos renováveis (10^9 m^3/ano)
América Latina e Caribe	24,039
Ásia	15,202
Europa	7,572
EUA e Canadá	6,428
África	5,557
Oceania	892

Fonte: AQUASTAT Database Query, http://www.fao.org/nr/water/aquastat/data/query/index.html.

Tabela 2.4. Água agrupada por país, os dez mais

País	Total de recursos hídricos renováveis (10^9 m^3/ano)
Brasil	8,233
Rússia	4,508
Estados Unidos	3,069
Canadá	2,902
China	2,840
Colômbia	2,132
Indonésia	2,019
Peru	1,913
Índia	1,911
República Democrática do Congo	1,283

Fonte: AQUASTAT Database Query, http://www.fao.org/nr/water/aquastat/data/query/index.html.

O resultado dessas questões é que o problema da água na China é agudo, e as terríveis perspectivas são agravadas pelo fato de que o total de recursos hídricos chinês encolheu em 13% desde o início do século. Além do mais, como no caso da terra arável, uma medida mais útil é a de água por pessoa, e, por essa medida, como vimos anteriormente, a China estaria diante de um futuro sombrio.

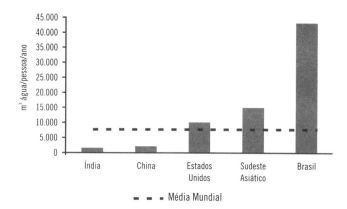

Figura 2.1. Quem tem água? E quem não tem?
Fonte: AQUASTAT, http://www.fao.org/nr/water/aquastat/main/index.stm. Gráfico concebido por Agora Financial 2009.

A água é oficialmente um "recurso renovável" — chuva, derretimento de gelo e outras coisas "renovam" os suprimentos de água perdidos para a agricultura e outros usos —, mas a realidade é que o total do suprimento de água doce disponível vindo das fontes existentes permanece em larga medida constante, ao passo que a demanda global por água aumenta em proporção direta à população global crescente. Mais uma vez, em termos bem simples, o rio Nilo, na África, escoa um volume médio diário de cerca de 300 milhões de metros cúbicos. Isso permanece o mesmo, esteja o Nilo provendo as necessidades hídricas de um milhão, 10 milhões ou 50 milhões de pessoas, mas os metros cúbicos por dia por pessoa mudam dramaticamente à medida que a população relevante aumenta e que sua demanda por água muda com o tempo.

Previsões sugerem que em quarenta anos a demanda global por água poderá exaurir a oferta disponível para o mundo. Já existem indícios suficientes para causar alarme. Em 1990, 28 países com uma população combinada de 335 milhões enfrentaram tensões crônicas ou escassez no suprimento de água, situação em que a demanda por água potável excede a oferta. No extremo, sua escassez leva à seca, doenças e até morte se as pessoas (também os animais e plantas) não têm acesso a um mínimo de água necessário para a subsistência. Uma condição assim não é algo tão raro no mundo emergente, onde as pessoas muitas vezes são forçadas a consumir água contaminada, contraindo doenças, como cólera e esquistossomose, que, se não tratadas, podem levar à morte. Em 2025, espera-se que 52 países, compreendendo mais de 3 bilhões de pessoas, ou 40% da população projetada do mundo, enfrentem escassez de água. Segundo a revista *Nature*, um periódico científico interdisciplinar, em 2010, já havia 80% da população mundial vivendo em áreas com ameaças à garantia dos recursos hídricos.

A mudança do clima também é um fator que afeta o suprimento de água de formas imprevisíveis. É verdade que a elevação da temperatura média no planeta aumenta a evaporação e gera maior precipitação pluviométrica, particularmente nas áreas próximas a rios, lagos, oceanos e outros corpos d'água. Entretanto, um planeta em processo de aquecimento pode muito bem exercer um impacto contrário em áreas mais distantes da água, levando a secas, desertificação e redução nos seus níveis, com o tempo — todos fatores deletérios para uma população crescente com demandas por água cada vez maiores.

Os suprimentos de água ficam ainda mais complicados pelo fato de que muitas vezes transcendem as fronteiras políticas, forçando múltiplos países a partilhar o que normalmente já são recursos limitados (e minguantes). Esses suprimentos são, em perspectiva, insuficientes ao longo do Nilo, com impacto direto sobre o Egito, o Sudão e a Etiópia — assim como é o caso do Eufrates, do qual o Iraque, a Síria e a Turquia extraem sua água. Depois, é claro, há os países dependentes do vale do rio Jordão — como Israel, a Jordânia e a Síria. (Algumas estimativas sugerem que a Jordânia e o Iêmen já retiram anualmente 30% mais água de suas fontes do que é reabastecido.)

Tudo isso aumenta a probabilidade de que os conflitos por água, no futuro, envolverão mais do que um único competidor e, assim, constituirão um desafio político ainda maior, quando não impossível de solucionar. E hostilidades regionais prolongadas sem dúvida exacerbarão os choques pelos recursos hídricos e obstruirão os esforços para lidar com o problema de forma efetiva. Desse modo, por exemplo, a antiga relação problemática entre Índia e Paquistão certamente influenciará as perspectivas pacíficas de acesso às águas do Indo. Mesmo que de fato existam acordos sobre sua partilha, o desafio é ser capaz de impor e fazer respeitar seus termos quando a escassez atinge o ponto mais grave.

Há ainda mais um fator poderoso a influenciar os suprimentos hídricos: os usos a que a água se destina. Uma cultura relativamente primitiva que vive de bagas, frutos secos e caça e utiliza fogueiras para se aquecer não precisa de mais água do que a necessária para sustentar a vida humana. Uma sociedade que aspira a algo mais inevitavelmente utiliza mais água, e nisso a rápida progressão da China rumo a padrões de vida economicamente próximos do mundo desenvolvido entra em rota de colisão com seu suprimento doméstico per capita de água.

No mundo todo, por volta de 70% da água é usada na agricultura, embora a porcentagem seja muito maior em economias mais pobres, como as da África, onde a água para uso agrícola gira em torno de 86%, e da Ásia, onde fica em cerca de 81%. Aproximadamente 20% da água mundial é usada com finalidade industrial, número que cresce consideravelmente na Europa (53%) e na América do Norte (48%). A água remanescente — 10% — é utilizada para fins domésticos e primordialmente urbanos, como saneamento.

A água está ligada à alimentação, à produção manufatureira e à energia, onde desempenha um papel central na criação de capacidade elétrica e nuclear. Na verdade, mesmo além de seu uso direto para sustentar a vida, ela participa virtualmente de todas as commodities como um insumo.

Toda vez que comemos um pão ou consumimos um bife, indiretamente consumimos uma quantidade extraordinária de água. De fato, quanto mais alimento é produzido, menos água se acha disponível para outros usos. Em "Ecological Integrity: Integrating Environment, Conservation, and Health" (Integridade ecológica: integrando o meio ambiente, a conservação e a saúde), David Pimentel, Laura Westra e Reed F. Noss apresentam números de quanta água é necessária para produzir diversos gêneros alimentícios (convertidos de galões por libra para litros por quilo):

Batata: 547 l/kg
Trigo: 986 l/kg
Milho: 1.534 l/kg
Arroz: 2.091 l/kg

Soja: 2.191 l/kg
Carne bovina: 109.671 l/kg

Para a mesa típica de um lar americano, por exemplo, um café da manhã com dois ovos (um ovo equivale a 237 litros), duas fatias de pão branco (40 litros cada) e uma xícara de leite de 240ml (valendo 183 litros) usará por volta de 738 litros de água. Se você almoçar um hambúrguer bovino de 120 gramas (2.331 litros) e 30 gramas de queijo (212 litros) e um copo de suco de laranja (186 litros por copo), usará até 2.729 litros de água. E se você consome uma porção de 60 gramas de massa no jantar, isso exige 133 litros de água, de modo que a soma total de seu consumo de água com os alimentos (à parte a água utilizada para beber, tomar banho, saneamento, higiene) em um dia seria de 3.600 litros — isso só para uma pessoa, só para um dia.

Segundo a ONU, a quantidade necessária recomendada de água por pessoa anualmente está aproximadamente entre 19 mil litros e 38 mil litros. Baseado no consumo básico de alimentos de uma mesa típica como acima, seriam necessários pouco mais de cinco dias — menos de uma semana — para um americano consumir individualmente sua exigência mínima de água para o ano (ou seja, 19 mil litros divididos por 3,6 mil litros, o que equivale a 5,28 dias). Além do mais, em cerca de uma semana apenas (aproximadamente dez dias), o indivíduo teria consumido sua cota máxima *anual* de água. A alimentação é apenas um dos fatores "invisíveis" a reduzir a disponibilidade de água; a eletricidade é outro.

Quanta água é necessária para produzir eletricidade? Um estudo de 2008 feito pelo Virginia Water Resources Research Center (Centro de Pesquisa em Recursos Hídricos da Virgínia), instituto financiado pelo governo norte-americano, revelou a quantidade de água exigida para criar a energia necessária para abastecer um lar nos Estados Unidos durante um mês. Os resultados são detalhados na tabela 2.5.

Segundo essa análise, são necessários 38 litros de água para extrair e gerar gás natural para alimentar a energia de uma casa durante um mês — ou seja, gerar mil quilowatts-horas de eletricidade. Para conseguir a mesma quantidade de eletricidade usando uma fonte de carvão, é preciso pelo menos 530 litros de água, e se as fontes de energia elétrica utilizadas forem à base de petróleo/petróleo combustível, o consumo será de 31.200 litros.

A ATUAL SITUAÇÃO DOS RECURSOS: TERRA E ÁGUA

Tabela 2.5. A quantidade de água necessária para fornecer energia a um lar americano durante um mês

Fonte de combustível	Eficiência (litros por 1.000 quilowatts-horas)
Gás natural	38
Combustível sintético: gasificação de carvão	144-340
Areias de alcatrão	190-490
Xisto betuminoso	260-640
Combustível sintético: Fischer-Tropsch	530-775
Carvão	530-2.100
Hidrogênio	1.850-3.100
Gás natural líquido	1.875
Petróleo/petróleo combustível	15.500-31.200
Etanol	32.400-375.900
Biodiesel	180.000-969.000

Fonte: Willie D. Jones, "How Much Water Does It Take to Make Electricity?" IEEE Spectrum, abril de 2008, http://spectrum.ieeee.org/energy/environment/how-much-water-does-it-take-to-make-electricity.

O biodiesel, o derivado de óleo de soja mais comum nos Estados Unidos, é muitas vezes celebrado como uma alternativa sustentável, limpa e mais eficaz de gerar energia. Contudo, cultivar a soja, irrigar o solo e converter a planta em biodiesel exige pelo menos 180 mil litros de água, o suficiente para abastecer uma residência americana por um mês. Com o tempo, à medida que o mundo enfrentar escassez e diminuição da oferta de energia, é provável que o consumidor pague o ônus desses custos ocultos mais elevados de água, que virão embutidos no preço junto à bomba e nas tarifas de energia mais elevadas.

Seja qual for a fonte de energia, porém, e sejam quais forem as escolhas de alimentação, o ponto principal para a China é que a elevação do padrão de vida e a elevação do uso de água andam quase inteiramente de mãos dadas. O milagre econômico da China moderna certamente pode permitir o primeiro. O segundo, porém, é uma questão bem mais espinhosa.

Tudo tem a ver com a China

Em 2030, espera-se que a demanda por água na China chegue a 817 trilhões e 600 bilhões de litros, mas o atual suprimento não ultrapassa os 617 trilhões. Como esses números são tão grandes, é difícil absorvê-los, mas o descompasso entre a oferta e a demanda fica nítido. Como observado anteriormente pelo ministro chinês Zhou Shengxian, a escassez de água e as tensões crônicas continuarão a dificultar a expansão da produção agrícola para acompanhar o crescimento da população e sustentar a economia da China.

O cenário do país em relação ao abastecimento é piorado por fatores como seca e diminuição dos níveis de água, tanto por razões naturais como antropogênicas. Por exemplo, os rios Amarelo e Yangtze, assim como seus principais afluentes, ficam secos em seus trechos mais rasos durante grande parte do ano. Na seca de 1997, o Amarelo — segundo maior rio da China depois do Yangtze — secou por 600 quilômetros durante 226 dias. Embora a interrupção representasse apenas 11% do volume total do rio, significou a ruína para muitos milhares de famílias que extraíam sua subsistência de fazendas às suas margens. Essas secas não são uma ocorrência extraordinária, e a escassez de água está se tornando cada vez mais sistêmica.

Entre 1850 e 1980, por exemplo, 543 lagos chineses de tamanho médio e grande (estima-se que equivalendo, grosso modo, a um terço·do volume total de água dos lagos no país) desapareceram devido a projetos de irrigação. Sessenta por cento das 669 cidades existentes na China sofreram escassez de água em 2005, e a excessiva retirada ou o uso excessivo da água subterrânea (quando a retirada de água excede a reposição) é superior a 25% no país e continua a crescer. A retirada excessiva da água subterrânea levou muitos lençóis freáticos — o nível superficial de água armazenada sob o solo — a baixar mais de um metro por ano, contribuindo para reduzir ainda mais a disponibilidade de água. Essas taxas de diminuição podem ser devastadoras, forçando os agricultores e fazendeiros a passar para cultivos que não exijam tanta irrigação e levando finalmente a que a terra cada vez mais árida permaneça sem cultivo. O bombeamento excessivo e os desvios das fontes de água das regiões com relativa abundância para as que são mais secas têm exacerbado ainda mais o estresse dos recursos hídricos na China.

A utilização desses recursos no país está piorando uma situação que já era ruim. O consumo de água por unidade do PIB (a quantidade de água usada para gerar uma unidade de produto — digamos, uma tonelada de

A ATUAL SITUAÇÃO DOS RECURSOS: TERRA E ÁGUA

soja ou um alqueire de milho) é mais elevado na China do que em muitos outros países — cinco vezes o nível médio mundial e oito vezes o nível norte-americano, refletindo amplas ineficiências no uso de água no setor agrícola, industrial e de serviços.

Soluções baseadas em tecnologia são a resposta?

No prelúdio das Olimpíadas 2008 de Pequim, na China, o Pequim Weather Modification Office (Escritório de Modificação Climática de Pequim) utilizou duas aeronaves, uma bateria de artilharia e sítios de lançamento de foguete para jogar iodeto de prata e gelo seco em nuvens em formação e semear chuva. A ideia era assegurar que nenhuma gota de chuva cairia nas principais arenas esportivas e nos arredores durante as competições. Qualquer nuvem de chuva que se aproximasse era bombardeada com produtos químicos que forçavam a precipitação. Ao mesmo tempo, a chuva podia cair em outras áreas que os cientistas preferissem.

Embora tais tecnologias estejam nos estágios iniciais, há claramente usos estendidos que servem de ferramenta para irrigar terras agrícolas.[4] A tecnologia pode ajudar e de fato ajuda — embora numa base limitada — a aliviar as tensões de demanda associadas à água. Tecnologias envolvendo a renovação dos recursos, substituição e dessalinização, bem como instrumentos para maior eficiência do uso da água, são alguns passos na direção correta, e os chineses estão assumindo um papel de pioneirismo nos experimentos. A moderníssima Beijiang Power and Desalination Plant (Usina Elétrica e de Dessalinização Beijiang, ao sudoeste de Pequim), capaz de transformar água do mar em água doce por destilação, é um desses exemplos. A Usina de Beijiang, de 4 bilhões de dólares, é parte de um amplo esforço para estabelecer uma indústria nacional de dessalinização nos próximos cinco anos. De modo geral, o governo chinês planeja fornecer água doce para o país e possivelmente para o mundo todo. Especificamente, isso vai exigir que a China quadruplique sua produção de água doce de cerca de 680 mil metros cúbicos, em 2011, para impressionantes 3 milhões de metros cúbicos em 2020.

Inovações científicas e tecnológicas — fertilizantes, safras geneticamente modificadas, projetos de irrigação mecanizada das plantações —

têm ajudado a melhorar a produção agrícola e, desse modo, contribuído para a redução da escassez de alimentos. Contudo, com o passar dos anos, o crescimento da lavoura tem declinado. Por exemplo, na década de 1960, os rendimentos das principais lavouras no Ocidente estavam subindo entre 3% e 6% ao ano; em anos recentes, esses números despencaram para 1% a 2%, e os rendimentos entre os países mais pobres vêm se arrastando, permanecendo aproximadamente constantes. Não é apenas que a produção agrícola tem de crescer a fim de atender às pressões globais por alimentos; para exercer um impacto substancial, os rendimentos das lavouras precisam crescer mais rápido que a população. No momento, porém, o crescimento populacional está ultrapassando em muito o ritmo das colheitas, e isso constitui um problema.

Dadas as pressões populacionais e as estatísticas de pobreza, a China enfrenta uma tensão desproporcional para alimentar seus cidadãos e assegurar que tenham suprimento de água suficiente. Provocar chuva é uma coisa, mas, por causa de razões mais fortes, a China terá uma necessidade cada vez maior de contar com uma variedade de soluções baseadas na tecnologia (dessalinização, irrigação etc.), particularmente ao lidar com recursos finitos e sem nenhum substituto óbvio, como terra arável e água.

Mas a China não pode fazer isso sozinha. Outros países (particularmente aqueles com economias mais avançadas) precisam priorizar essas questões igualmente. Ela, afinal de contas, continua sendo um país de baixa renda (embora seja o número dois do mundo em termos de PIB, ocupa perto da centésima colocação em termos de renda per capita). Isso significa que a China tem um longo caminho a percorrer na construção da cultura, da especialização acadêmica e da infraestrutura necessárias para criar as bases de P&D capazes de gerar soluções tecnológicas de ponta e revolucionárias.

Uma praga dupla

O mundo está diante de uma catástrofe sem precedentes ocasionada por uma "praga dupla" — uma demanda ampliada por alimentos e água limpa, impulsionada por populações em expansão, aliada à relativa escassez de insumos (terra arável, água). Por exemplo, embora o Reino Unido produza

A ATUAL SITUAÇÃO DOS RECURSOS: TERRA E ÁGUA

60% de seus próprios alimentos, um relatório do governo de 2009 sugeriu que em apenas vinte anos a dieta média do Reino Unido poderá se assemelhar à da Segunda Guerra Mundial, quando havia racionamento de tudo, desde carne até pão, açúcar, chá, queijo, ovos, leite e gorduras de cozinha — todos levados por impedimentos ao abastecimento. Por abrigar a maior população do mundo e dados seus planos de crescimento econômico, a China enfrenta esse problema desde já. E, para piorar as coisas, não é apenas a insuficiência de terra e água que oferece uma ameaça para a subsistência na China (e no mundo todo); a rápida diminuição e a exaustão da oferta de recursos petrolíferos e minerais também são motivo de alarme. A escassez de recursos não renováveis é exacerbada ao se atingirem os seus limites máximos de oferta, e os suprimentos existentes experimentam acelerada diminuição. Isso não é problema exclusivo da terra e da água, mas também das fontes de energia e dos minerais. Para contextualizar, é à paisagem de oferta global de petróleo e minerais, além do modo como a China se encaixa nessa história de oferta e de demanda, que agora nos voltamos.

CAPÍTULO 3

A atual situação dos recursos: petróleo, gás e minerais

Em 1956, M. King Hubbert, um geocientista americano, desenvolveu um modelo teórico que previu com grande acerto que a produção petrolífera norte-americana atingiria o pico em algum momento entre 1965 e 1970. Seu prognóstico para os Estados Unidos, comumente chamado de teoria do pico de petróleo, concretizou-se no início da década de 1970, quando o pico de Hubbert foi atingido. A produção petrolífera norte-americana estava na época em 10,2 milhões de barris diários e tem estado desde então em declínio.

Uma espiada no petróleo

O sucesso de Hubbert gerou inúmeras variantes — modelos formados para prever o aumento e, crucialmente, a queda produtiva de campos petrolíferos no mundo todo. Assim como no caso dos Estados Unidos, o foco tem sido predizer com a maior acurácia possível o ponto em que a oferta de petróleo no planeta não será mais capaz de satisfazer as necessidades energéticas mundiais.

Embora a demanda por petróleo tenha subido de 20 milhões de barris de petróleo cru diários, em 1960, para cerca de 85 milhões de barris diários (o equivalente a cerca de 30 bilhões de barris por ano), em 2010, a produção de petróleo acompanhou o ritmo, aumentando de cerca de 2 bilhões de barris por ano, na década de 1930, para 30 bilhões de barris por ano em 2010. Mas ainda que a oferta global de petróleo tenha em grande parte acompanhado a demanda, temos assistido a uma aguda alta dos preços em consequência das tensões entre a oferta e a demanda. Por exemplo,

A ATUAL SITUAÇÃO DOS RECURSOS: PETRÓLEO, GÁS E MINERAIS

o embargo árabe em retaliação ao apoio norte-americano a Israel na Guerra do Yom Kippur, em outubro de 1973, levou o preço do petróleo a quadruplicar em apenas alguns meses. No prelúdio da crise financeira de 2008, o preço do barril de petróleo subiu para cerca de 145 dólares, muitas vezes mais do que os cerca de vinte dólares em média das quatro décadas precedentes. E mais uma vez, começando no inverno de 2012, preocupações com as tensões crescentes com o Irã e os riscos crescentes de escassez global de petróleo viram o preço chegar a cem dólares o barril.

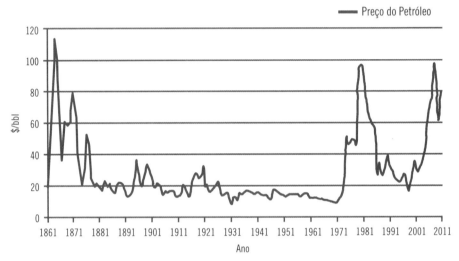

Figura 3.1. Preços do petróleo cru por ano, 1866-2011
Fonte: BP Statistical Review 2006, Platts.

Aumentos na demanda global têm sido um importante fator de elevação dos preços, assim como os desafios ao suprimento global de energia. Olhando para a frente, o cenário energético ficará cada vez mais desestabilizado à medida que o abismo entre a demanda global ascendente e a oferta finita ficar mais profundo e mais precário, com o panorama da oferta mundial sendo uma particular preocupação.

Em 2011, a Rússia e a Arábia Saudita foram os dois principais países produtores de petróleo no mundo, obtendo juntos cerca de 20 milhões de barris diários para uma demanda global que chegava a 85 milhões de barris diários. O que produziram, porém, mal dava para cobrir a demanda norte-americana sozinha (cerca de 19 milhões de barris diários). (Na prática, os

Estados Unidos produzem aproximadamente 8,5 milhões de barris por dia e importam a diferença — quase 11 milhões de barris diários.)

Além dos 19 milhões de barris que os Estados Unidos consomem diariamente, se somarmos as necessidades de consumo de petróleo dos nove países que vêm a seguir nessa escala de voracidade por petróleo (na ordem, em 2010: China, Japão, Rússia, Índia, Alemanha, Brasil, Arábia Saudita, Canadá e Coreia do Sul), obtemos uma demanda adicional de 30 milhões de barris diários, e o cenário global de oferta e demanda rapidamente começa a parecer bastante instável. Atualmente, em números aproximados, 60% da produção petrolífera mundial é consumida por apenas 5% dos países. Essa distorção contribui para a pressão sobre os recursos globais, criando um grande cisma entre os que dispõem e os que não dispõem dessa riqueza.

Como este livro é sobre a campanha global chinesa por recursos, é imperativo que compreendamos a dinâmica específica que gira em torno da oferta energética. Porém, como no capítulo anterior, considerações sobre as necessidades e carências energéticas chinesas devem ser inseridas em um contexto mais amplo do cenário global de oferta — tanto atual como projetado para o futuro.

Um futuro agourento

A Agência Internacional de Energia (AIE)[1] soou o alarme, em 2008, projetando um declínio de quase 50% na produção de petróleo convencional para 2020 e um significativo abismo potencial entre a oferta e a demanda para 2015.

Segundo o World Energy Outlook (Perspectivas para a Energia no Mundo) da AIE de 2008, a fim de atender às previsões para a demanda mundial por petróleo em 2030: "Cerca de 64 milhões de barris diários de capacidade bruta adicional — o equivalente a quase seis vezes a produção da Arábia Saudita atualmente — precisam ser produzidos entre 2007 e 2030." Além do mais, a AIE sugere que um gasto de pelo menos 450 bilhões por ano é necessário para sustentar a produção de petróleo e aumentar o produto como um todo para 104 milhões de barris diários em 2030.

Essa previsão para a demanda petrolífera lança uma extraordinária pressão adicional sobre os principais produtores mundiais. A Organização dos

Países Exportadores de Petróleo (Opep) terá de aumentar a produção em cerca de 80% até 2030, de modo a atender à projeção de demanda. Contudo, um relatório emitido pelo Energy Research Council britânico (Conselho de Pesquisa em Energia do Reino Unido) observa que a produção mundial do petróleo convencionalmente extraído poderá chegar a um "pico" e entrar em declínio terminal antes de 2020, e que há um "significativo risco" de que a produção petrolífera global possa começar a declinar na próxima década.

Previsões dos modelos de pico

Novos modelos de análise de pico oferecem um breve alívio — uma luz de esperança de que essas tensões sobre o petróleo ocorram mais tarde do que o projetado —, mas o fato de que o mundo já opera próximo à capacidade sugere que novas reduções no suprimento global de petróleo serão dolorosas. Como a energia baseada em petróleo encontra-se no coração da economia moderna (que é alimentada por turbinas, indústria automobilística, aviação, computação etc.), os aumentos no preço do petróleo inevitavelmente permeiam toda a economia: tanto na bomba de gasolina, para quem usa o carro diariamente, como em todo o leque de bens e serviços que são transportados, incluindo commodities como gêneros alimentícios agrícolas e minerais, que precisam ser transportados das fazendas e minas para as usinas de processamento e refinarias e, finalmente, para os supermercados de bairro. Os produtos à base de petróleo também desempenham um importante papel na agricultura, como insumo para fertilizantes e pesticidas, refletindo uma interdependência entre diferentes commodities. Em última instância, é claro, a conta pelos custos mais elevados recairia sobre os indivíduos e as famílias.

Mas essa é apenas a parte micro. No nível macro, os países que produzem e exportam petróleo (por exemplo, por todo o Oriente Médio) usufruiriam de um enorme influxo de dinheiro, melhorariam suas posições para negociar e tornariam suas economias mais ricas. Nesse ínterim, países cuja energia é muito dependente de importações — incluindo Estados Unidos e Europa, que importa cerca de 30% do gás da Rússia — veriam suas condições de negociação piorar, à medida que gastassem mais dinheiro para importar petróleo e obtivessem relativamente menos dinheiro dos bens e serviços que exportam.

A compressão da oferta

Em primeiro lugar, a má notícia: os principais campos petrolíferos mundiais — sejam terrestres ou sob o oceano — já foram encontrados. Na verdade, como mostra a Figura 3.2, as últimas grandes descobertas de petróleo foram feitas entre a década de 1950 e 1960, e, hoje em dia, estamos vivendo da produção dessas antigas descobertas. Não que isso tenha impedido os caçadores de petróleo mais otimistas, com as tecnologias mais modernas e avançadas, de percorrer o mundo atrás do produto.

De fato, previsões para 2050 indicam que as grandes descobertas estão se exaurindo — e rápido. Pelo atual cenário, as descobertas de petróleo, atualmente por volta de 5 bilhões de barris anuais, irão declinar progressivamente para cerca de 2 bilhões de barris anuais até 2050, revertendo a níveis de descoberta e de produção vistos pela última vez na década de 1930. Como o gráfico mostra, desde o início da década de 1980, o volume total de novas descobertas tem caído de forma constante e sistemática abaixo da produção anual. Se as descobertas simplesmente ficam para trás da produção petrolífera, então podemos esperar o rápido início de uma diminuição na oferta de petróleo.

Para piorar as coisas, a descoberta de novos grandes (ou gigantescos) campos petrolíferos, dos quais o mundo depende pesadamente, minguou a partir da década de 1970. Atualmente, cerca de um por cento dos campos petrolíferos mundiais, algo como quinhentos, são classificados como grandes — e menos ainda, apenas 116, produzem mais de 100 mil barris diários. No total, esses quinhentos campos de petróleo contêm mais de 500 milhões de barris de petróleo e representam cerca de 60% do suprimento mundial, com os vinte maiores extraindo quase 25% da produção mundial.

Olhando à frente, a superdependência está fadada a continuar. Acredita-se que os dez maiores campos petrolíferos do futuro (alguns já em desenvolvimento, embora ainda não produzindo) estão predominantemente localizados no Oriente Médio, estendendo a supremacia energética no setor que a região já possui. Considere, por exemplo, que às taxas globais atuais de consumo de petróleo (85 milhões de barris diários, aproximadamente 30 milhões de barris anuais) só o campo iraniano de 100 bilhões de barris poderia abastecer o mundo por três anos.

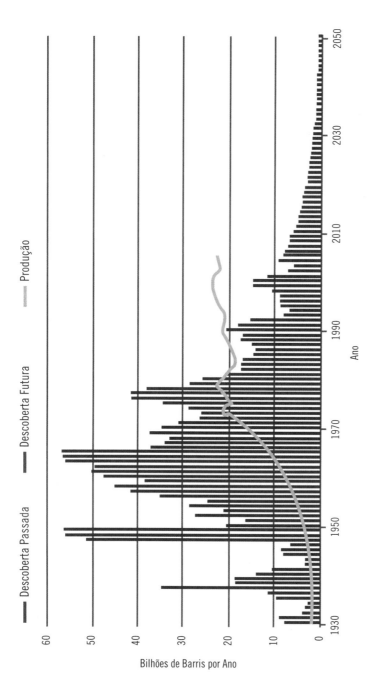

Figura 3.2. O abismo crescente entre a produção e a descoberta de petróleo
Fonte: Colin J. Campbell, *An Atlas of Oil and Gas Depletion* (Huddersfield, West Yorkshire, UK: Jeremy Mills Publishers, 2009).

Tabela 3.1. Os dez maiores campos petrolíferos do futuro

Nome	Localização	Barris de petróleo recuperável (bilhões)	Cobertura do consumo de petróleo mundial
Khuzestan	Irã	100	3 anos
Norte Slope	Alasca	40	1,3 ano
Ghawar	Arábia Saudita	30	1 ano
Khurais	Arábia Saudita	27	10 meses
West Qurna	Iraque	21	8 meses
Rumaila	Iraque	17	7 meses
Carabobo	Venezuela	15	6 meses
Majoon	Iraque	13	5 meses
Kashgan	Cazaquistão	9	3,5 meses
Tupi	Brasil	8	3 meses

Fonte: Christopher Helman, "The World's Biggest Oil Reserves", *Forbes*, 21 de janeiro de 2010, http://www.forbes.com/2010/01/21/biggest-oil-fields-business-energy-oil-fields.html.

Muitos dos maiores campos petrolíferos já têm cinquenta anos de idade. Velhos como estão, sua capacidade de abastecimento declina com o tempo, e, após seu pico, essas quedas ocorrem num ritmo acelerado. Na verdade, alguns dos maiores campos petrolíferos do mundo passaram do pico de produção mais elevado ao ponto mínimo da curva — ou seja, desceram aos níveis mais baixos de produção em apenas algumas décadas.

Os campos petrolíferos de Prudhoe Bay, no Alasca, por exemplo, passaram de quase 2 milhões de barris diários em meados dos anos 1980 a cerca de 500 mil barris por dia em 2000. Num período similar, o campo petrolífero de Samotlor, na Rússia, declinou de quase 3 milhões de barris por dia para cerca de meio milhão. E o campo petrolífero em Slaughter, Texas, viu sua produção despencar de um pico de quase 140 mil barris diários para algo em torno de 50 mil, em 2000. Finalmente, em um período de trinta anos, o campo de Romashkino, na Rússia, teve uma queda produtiva partindo de mais de 1,5 milhão de barris diários, no pico, em 1970, para 500 mil barris por dia em 2000. Todo esse quadro de produção de petróleo aponta para uma piora do cenário de oferta global.

Independentemente do número cada vez menor de novas descobertas ou da diminuição de grandes campos petrolíferos, as implicações do declínio de campos petrolíferos maiores na oferta de energia é chocante. A Schlumberger, uma empresa de engenharia, estima que o declínio na produção de petróleo, com base nos campos atualmente existentes, até 2030, ficará em torno de 4,3% ao ano. Em particular, se mais nada ocorrer, os declínios naturais dos campos existentes presenciarão uma oferta diária de petróleo cair de aproximadamente 85 milhões de barris em 2010 para aproximadamente 30 milhões de barris diários em 2030. Novamente, essa erosão do produto deriva exclusivamente do declínio natural dos campos petrolíferos.

O cenário de oferta que se avizinha é preocupante não só devido às questões envolvendo a diminuição dos estoques de petróleo, como também devido à relativa superdependência de apenas um punhado de grandes campos petrolíferos; outro obstáculo são os custos crescentes que tornam o investimento na indústria de gás e petróleo algo restritivo e, em última instância, limitam a oferta.

A indústria petrolífera é um empreendimento absurdamente caro. Os custos de exploração, equipamentos, navios-tanque e unidades flutuantes de armazenamento e transferência sozinhos podem atingir muitos bilhões de dólares, significando que o negócio da energia exige volumosas quantias de capital. Isso para não falar dos riscos envolvendo ferimentos e acidentes de trabalho que podem ocorrer — o seguro deve ser computado nos custos. Claro que outras indústrias também enfrentam custos de instalação e operacionais que chegam às alturas, mas envolver-se com o negócio da energia (mesmo no caso de operações menores) pode facilmente demandar bilhões de dólares, muitas vezes com chances incrivelmente baixas de sucesso, da ordem de uma em cada cem tentativas.

Petróleo, liberdade e corrupção

Muitas vezes, essa estrutura de custos significa que os governos nacionais assumem a precedência no setor petrolífero, colocando um país com muito dinheiro como a China em posição primordial de envolvimento. O envolvimento do governo no setor de recursos tende, particularmente nas economias emergentes, a ser fonte de corrupção, e os deslizes chineses no setor de recursos têm sido (injustamente) criticados por contribuir de forma tácita para a corrupção, se não de jure, pelo menos de facto, em outros países produtores.

A facilidade com que funcionários de governos desviam dinheiro do petróleo para suas contas pessoais explica por que alguns dos países mais ricos em petróleo no mundo figuram também como os mais corruptos. Segundo o Transparency International Corruption Perceptions Index de 2011 (Índice de Percepção da Corrupção, da Organização Não Governamental Transparência Internacional), grandes produtores de petróleo como Nigéria, Indonésia, Angola e Iraque estão entre os países mais corruptos do mundo. A evidência simplesmente reflete o fato de que grande parte do assim chamado *rent-seeking* (um termo econômico para esquemas de corrupção e lobbies) é impulsionada pela renda representada pelo petróleo.

Além da enorme desvantagem que é o risco de corrupção, há um problema mais fundamental com o envolvimento do governo no setor petrolífero. Quando as finanças públicas são muito exigidas e o orçamento é apertado, como tem sido no mundo todo desde a crise financeira de 2008, ou quando projetos rivais assumem a precedência, a indústria de recursos pode sofrer com grave subinvestimento, seja do setor privado, seja dos atores ligados ao Estado, na forma de companhias petrolíferas nacionais. Como consequência, a oferta de petróleo fica dramaticamente reduzida ao longo do tempo.

Uma escola de pensamento mantida por alguns economistas, homens de negócios e formadores de opinião diz que não estamos ficando sem petróleo — que existem até 3 trilhões de barris ainda sob a terra para serem extraídos, seja mediante a descoberta de técnicas melhores, descobertas de óleo e gás de xisto ou ainda com o petróleo que pode se tornar disponível com o encolhimento das calotas polares.

Em um nível prático, isso parece totalmente improvável. Afinal, os custos crescentes da gasolina na bomba e os custos (humanos) não calculados de ter de recorrer à guerra para assegurar a energia são um preço simplesmente alto demais a pagar se tais vastas fontes de energia efetivamente existirem. Mas os partidários dessa visão dos "3 trilhões de barris" argumentam que o problema estrutural enfrentado por nós é o subinvestimento no setor. O subinvestimento, sustentam, tem ocasionado limitações incontornáveis nos insumos necessários para a extração de petróleo, jogado os custos a patamares mais elevados e levado à diminuição da lucratividade, a menos investimentos e, em última instância, a uma redução na produção e na oferta do petróleo.

Em defesa de tal posição, indicam um fator crucial: de que a utilização da capacidade produtiva de petróleo como um todo — que inclui uso de petroleiros, refinaria e equipamentos de perfuração — muitas vezes gira em

A ATUAL SITUAÇÃO DOS RECURSOS: PETRÓLEO, GÁS E MINERAIS

torno dos 100% — ou seja, no máximo de sua utilização. As restrições nos mercados fornecedores e na capacidade têm obrigado os governos a agir, levando a crer que, entre 2011 e 2020, as Companhias Petrolíferas Nacionais (CPN) e companhias estatais, do tipo pelos quais a China é conhecida, estarão envolvidas em 90% da expansão da capacidade refinadora.

A capacidade de produção de petróleo é, sem dúvida, regularmente estorvada pelas mudanças extremas do clima, acompanhadas pelo pico na demanda. Durante períodos muito frios, quando os consumidores usam mais energia para aquecer suas casas, ou nos meses quentes, quando usam mais energia para manter seu ambiente refrescado (por exemplo, ligando aparelhos de ar-condicionado), a infraestrutura para prover maior oferta de energia é muitas vezes forçada ao limite. Mas, de forma mais fundamental, a elevação do crescimento econômico médio global em cerca de 5% ao ano e os consequentes efeitos sobre a demanda de energia impõem severas restrições à capacidade, particularmente quando os investimentos não acompanham o ritmo. Escassez de força de trabalho qualificada, como engenheiros de petróleo para integrar o setor energético, e os próprios custos de outros insumos, por exemplo, uma matéria-prima como o aço, contribuem todos para uma inflação de custos mais elevada, o que desencoraja ainda mais os investimentos. As preocupações sobre aumentos de custos no setor são confirmadas pelos dados.

Nos quatro anos antes que a crise financeira de 2008 começasse para valer, os custos operacionais e de capital na indústria petrolífera dobraram, e, na década entre 1999 e 2009, os custos subiram cerca de 18% ao ano. Ambas as elevações de custos são atribuídas a um profundo subinvestimento no setor ao longo das duas décadas precedentes. Os custos para produzir petróleo — da exploração à extração e desenvolvimento — estão ligados à rentabilidade e, desse modo, à oferta do petróleo.[2]

O preço necessário para obter lucros

Para os produtores de petróleo, os custos de extração determinam em grande medida onde o preço do petróleo precisa estar para atingir uma rentabilidade de 10%. Nos países da Opep localizados no Oriente Médio, onde os custos de produção de petróleo são relativamente baixos, pelo fato de o petróleo ser facilmente acessível e tender a se acumular em enormes poços de alta concentração próximos à superfície terrestre, os investidores podem obter um retorno de 10% com o petróleo comercializado a apenas vinte dólares o barril. Graças aos preços do petróleo chegando a até cem dólares o barril em períodos recentes — e como a região do Oriente Médio responde por cerca de 40% do petróleo comprovado do mundo e 23% das reservas de gás natural —, os países do Oriente Médio acumularam uma vasta riqueza. Para (outros) fornecedores convencionais de energia, o petróleo precisa ser comercializado a cerca de 25 dólares o barril nos mercados, de modo a conseguir retorno de 10%.

No caso do petróleo extraído de águas profundas, o lucro de 10% só ocorre beirando os quarenta dólares por barril, enquanto em águas ultraprofundas, ele só é rentável se chega a sessenta dólares. O barril do petróleo extrapesado e do petróleo ártico precisam ser comercializados a oitenta dólares nos mercados para atingir os 10%, e o óleo de xisto, a despeito de sua recente popularidade, é o mais dispendioso de todos, em cerca de 120 dólares (mais sobre o xisto posteriormente).

De modo mais geral, a fim de fazer o comércio de petróleo funcionar na maioria dos mercados, o produto precisa ser comercializado a cerca de cinquenta dólares o barril. Nesse preço ou abaixo dele, muitas companhias estão lutando para sobreviver e podem enfrentar pesadas perdas ou até a falência. Para grande parte da indústria, os preços do petróleo precisam estar bem acima de cinquenta dólares o barril para que um negócio seja sustentável. De fato, abaixo de cinquenta dólares o barril, a maioria dos projetos fora da Opep são antieconômicos, levando a atrasos, cancelamentos e dificuldades de financiamento nos projetos e, em última instância, no nível macro, a déficits na oferta do produto. Daí o círculo vicioso. À medida que fica mais difícil extrair petróleo de lugares pouco acessíveis, os riscos de inflação de custos vão em uma única direção — para cima. E isso, por sua vez, limita a oferta global — num período em que a demanda certamente subirá.

A petropolítica

A política ligada ao petróleo complica ainda mais o cenário de oferta global de energia.

A ATUAL SITUAÇÃO DOS RECURSOS: PETRÓLEO, GÁS E MINERAIS

Os países mais prósperos, com exceção da Noruega, importam o produto. Entrementes, a maior parte do petróleo — mais uma vez, exceção feita à Noruega — é controlada por famílias governantes poderosas, frequentemente tirânicas e muitas vezes fabulosamente ricas, ou então por cartéis políticos fechados. Assim, de uma maneira ou de outra, grande parte do mundo industrializado depende de todo um leque de nações despóticas, e até perigosas, para obter seu fornecimento.

Mas o fato é que os governos preferem fechar seus acordos petrolíferos com regimes tirânicos a procurar alternativas para fontes tradicionais de energia. Para preservar o status quo, governos que nos demais aspectos parecem profundamente comprometidos com a liberdade estão dispostos a desconsiderar os direitos humanos — ou, ao menos, não priorizam os princípios democráticos. Tais transações estabelecem um equilíbrio no qual tanto o vendedor como o comprador focam o curto prazo, negligenciando quase completamente o que tais relações podem implicar no longo prazo.

Mesmo assim, as implicações para o ideal de democracia liberal não devem ser ignoradas. O fato de que as nações mais influentes e economicamente poderosas do mundo estejam dispostas a negociar com os regimes mais venais e antidemocráticos do planeta (contanto que tenham petróleo) é o que, em última instância, impede uma democracia livre e justa de emergir nesses países, já que seus habitantes não podem responsabilizar seus governos por suas ações. Além disso, como o controle dos recursos é restrito a um grupo (2% da população mundial controla 52% do petróleo, 3% da população mundial controla 54% do gás), as economias que importam essas formas de energia ficam em essência reféns do sistema político e dos regimes dos países dos quais importam.[3]

Mas ainda há mais. O fato de que o exportador de petróleo tem um influxo de dinheiro "garantido" significa que a sorte de ser possuidor do produto substitui a dependência do governo (genericamente falando) da receita fiscal dos contribuintes. Assim, o governo se importa menos com os desejos de seus cidadãos. Essencialmente, uma vasta receita advinda do petróleo cinde a ligação entre os indivíduos e seus governos, desse modo solapando a veracidade e a sacralidade do contrato democrático (implícito) entre eles.

Não é de admirar que o autor e jornalista Tom Friedman tenha descrito desta forma o que chama de primeira lei da petropolítica: o preço do produto e o andamento da liberdade tendem a ir em direções opostas. Quanto mais elevado o preço do petróleo (e, desse modo, maior o benefício pecuniário a ser obtido pelo vendedor do petróleo), menor o grau de liberdade — e vice-versa. O risco sempre presente em ambientes onde a liberdade está em falta é o da instabilidade política. A Arábia Saudita e a Rússia (líderes mundiais na produção petrolífera) desfrutam de reputação notoriamente frágil a esse respeito, mas esses países não constituem de modo algum exceções.

A visão contrária a isso é a de que vastos achados de petróleo podem de fato ajudar a assegurar a estabilidade política. A elite política nos países produtores de petróleo, assim prossegue o argumento, dispõe de meios mais amplos e bolsos mais cheios para pagar ou subornar seus cidadãos, desse modo mantendo-os felizes e dóceis. Sob tais circunstâncias, a agitação e o contágio políticos são menos prováveis mesmo na ausência de liberdades. Pensemos na Arábia Saudita como um exemplo, onde se acredita que a monarquia gastou bilhões com programas sociais, como educação e saúde, para manter a oposição e o descontentamento civil a distância — particularmente durante os protestos da Primavera Árabe em 2011.

A realidade está em algum lugar entre as duas coisas. Atitudes governamentais são dinâmicas. Em tempos de paz relativa, por exemplo, os governos se preocupam menos com seus cidadãos e, em vez disso, se concentram em quanto dinheiro podem obter com seus compradores e contrapartes estrangeiros, ao passo que, em períodos de maior inquietude doméstica e volatilidade política, o establishment se volta para dentro, preferindo transferir os pagamentos e donativos para a população mais ampla, a fim de apaziguar as revoltas. De um modo ou de outro, o interesse último da classe dominante está em larga medida na preservação do status quo, com seu acesso desimpedido à riqueza petrolífera. É contra esse pano de fundo que as maquinações por recursos da China se desenvolvem.

Localização, localização, localização

Cerca de quatro quintos das reservas petrolíferas conhecidas localizam-se em áreas politicamente instáveis ou contestadas. Eis por que países como os Estados Unidos continuam a depender das importações de energia de

A ATUAL SITUAÇÃO DOS RECURSOS: PETRÓLEO, GÁS E MINERAIS

alguns dos países e regiões do planeta mais suspeitos e instáveis politicamente. Mas a localização do petróleo no mundo também influencia diretamente considerações da oferta global — e a estratégia chinesa de assegurar para si os recursos. Em essência, quanto mais difícil é o ambiente político do país ou região onde o petróleo está localizado, mais complicado é acessar os suprimentos de petróleo globais de forma sustentada e confiável. Isso invariavelmente leva a preços mais elevados e, no pior dos cenários, ao conflito. Essa é uma tendência que certamente vai acelerar.

A Nigéria oferece um caso exemplar. Em setembro de 2010, os Estados Unidos estavam importando até 15% de seu petróleo cru da Nigéria. Some-se a isso o cru de Angola, Gabão, Guiné Equatorial e Congo-Brazaville — todos regimes politicamente infames —, e a África subsaariana fornece cerca de 20% da importação diária de petróleo para os Estados Unidos.

A dependência de tal grupo de países autocráticos e muitas vezes instáveis acarreta custos além de simplesmente expor a verdade inconveniente de dois pesos e duas medidas. Os atuais problemas da Nigéria representam um permanente risco de ruptura para a oferta física de petróleo e podem impelir os preços da energia para cima. A combinação de lutas constantes pelo poder, manobras políticas e violência esporádica em torno do delta do Níger, com sua riqueza petrolífera, levou ao fechamento de poços na ordem de 800 mil a um milhão de barris diários. Esses fechamentos (*shut-ins*) ocorrem quando o produto fica aquém das estimativas de produção ou, dizendo de outra forma, quando o petróleo está disponível para suprir a demanda do mundo, mas não está sendo produzido (isso pode ser determinado por uma companhia, a fim de realizar a manutenção do equipamento, ou devido à instabilidade política, que torna a produção petrolífera insegura). Por exemplo, no caso da Nigéria, um fechamento de um milhão de barris diários significa que ela produz cerca de 30% menos de petróleo do que é capaz.

Claro, os Estados Unidos contam com alternativas limitadas, e não ajuda o fato de a China também estar competindo pelo petróleo africano. A África atualmente fornece cerca de um terço das importações petrolíferas da China, ficando atrás apenas do Oriente Médio, que fornece cerca de 50% (com o Irã como principal fonte das importações). Em abril de 2010, a China importava cerca de 20% de seu petróleo cru de Angola e cerca de 5% do Sudão, que era o segundo maior exportador africano de petróleo cru para a China. A China também se tornou um destino atraente de petróleo para a Arábia Saudita — talvez se afastando um pouco de sua tradicional estratégia, centrada nos Estados Unidos, de petróleo em troca de segurança. Mas os sauditas também querem cortar a produção, de modo que possam economizar mais para as futuras gerações. Resumindo: um mundo com suprimentos petrolíferos precários e imprevisíveis aponta para a elevação de preços do produto, assim como o faz o papel da China como comprador de última instância — o fato de que a China sempre estará no mercado como um comprador para saciar sua demanda de energia.

Um ponto de vista possivelmente cínico sustenta que muitos países exportadores de petróleo prefeririam diminuir os suprimentos mundiais de petróleo e elevar (artificialmente) o preço do produto, desse modo alavancando seus lucros não apenas para enriquecer a classe dominante, mas também para atender suas necessidades domésticas. Por exemplo, embora o petróleo seja de extração barata no Oriente Médio, a Arábia Saudita precisa comercializá-lo por cerca de setenta dólares para equilibrar seu orçamento, em vista de seus planos de investir pesadamente em programas de educação e infraestrutura.

E não é apenas a Arábia Saudita que é incentivada nesse sentido. Muitas economias (mais pobres) baseadas em petróleo possuem grande proporção de suas populações que estão abaixo de 25 anos (65% na Arábia Saudita, 50% no Irã, 60% em grande parte da África Subsaariana) e/ou vivendo na pobreza abjeta (70% dos nigerianos vivem abaixo da linha de pobreza). Auferir receitas do alto preço do petróleo deveria ajudar esses países a lidar com o desemprego, manter a estabilidade interna e aplacar os riscos à segurança nacional oriundos de revoltas domésticas. Aqui, mais uma vez, porém, a corrupção desenfreada em muitas dessas nações entra em cena. Em apenas três anos, a conta dos excedentes do petróleo cru da Nigéria — algo como um fundo de riqueza soberana baseado no petróleo — diminuiu consistentemente, caindo de 20 bilhões de dólares para cerca de um bilhão em 2010. Duvida-se que maus investimentos sejam a única explicação.

De modo geral, o cartel da Opep se reúne regularmente para administrar a produção do petróleo e, desse modo (implicitamente), influenciar e defender o piso do preço do produto. Dos 85 milhões de barris vendidos no mercado global diariamente, quase 35 milhões originam-se dos 12 membros da Opep.

A política do poder em muitos outros países pelo mundo também influencia a oferta global de petróleo. Seja na Indonésia ou na Venezuela — ambos os países com histórico de turbulências políticas —, seja no Irã, cujas relações com o Ocidente se acham novamente estremecidas, petróleo e política estão inextricavelmente ligados, muitas vezes em detrimento da produção global como um todo e, em última instância, do preço da gasolina junto à bomba.

A intransigência política iraniana — o país é o quarto maior produtor mundial de petróleo, segundo estimativas de 2010 — regularmente lança incertezas sobre sua produção de 4 milhões de barris diários. Além do mais, a relutância do Irã em receber inspetores da ONU e os temores relativos ao seu programa de acumulação de urânio e proliferação nuclear levam a novas preocupações quanto à segurança do estreito de Hormuz, com sua localização estratégica — na fronteira com o Irã e o único acesso marítimo ao oceano para grande parte da exportação do golfo Pérsico —, e, desse modo, quanto ao fornecimento de petróleo na região.

O mundo tem se acostumado com a petropolítica, seja como disseminadora de conflitos domésticos, seja como fomentadora de choques internacionais em que agressores mais fortes invadem países fracos para reivindicar o domínio sobre os espólios. O que se esconde por trás da elevação de custos, os poços exaurindo-se e a petropolítica, produz uma perspectiva desalentadora. Também suscita a questão de saber quais podem ser as alternativas energéticas ao petróleo.

Os hidrocarbonetos vieram para ficar

Qualquer texto de negócios básico sobre análise da indústria descreverá como e por que uma indústria atrai um leque de substitutos quando se torna pesadamente custosa e não econômica. Em um mundo de custos descontrolados e ativos em depreciação como aqueles que a indústria petrolífera tem enfrentado, a ideia de substitutos energéticos não é exceção, e de fato a procura já dura algum tempo. A China, por exemplo, tornou-se líder global no desenvolvimento da tecnologia eólica.

O país possui a maior capacidade instalada de energia eólica do mundo, cerca de 62 mil megawatts para uma capacidade global total de 238 mil megawatts. E uma grande proporção de toda a água aquecida em Pequim é fornecida por aquecedores solares passivos, fazendo da China uma liderança mundial também em energia solar. Contudo, a realidade é que as fontes de energia alternativas, renováveis, a) estão ainda em sua relativa infância em termos de aceitação e uso e b) não são diretamente intercambiáveis com fontes tradicionais de energia em muitos usos. A despeito dos custos, da ameaça de esgotamento e até das consequências deletérias para a dinâmica política e as questões ambientais, é difícil fazer o mundo largar os combustíveis fósseis, o que significa que, num futuro próximo, a economia global continuará pesadamente dependente dos hidrocarbonetos. O gráfico a seguir mostra exatamente quão dependente. Segundo a AIE, o mundo necessita de 85 milhões de barris de petróleo para atender a demanda diária global. Tomados em conjunto, os hidrocarbonetos — petróleo, carvão e gás natural — respondem por mais de 80% do fornecimento total de energia global. As fontes de energia estão retratadas a seguir.

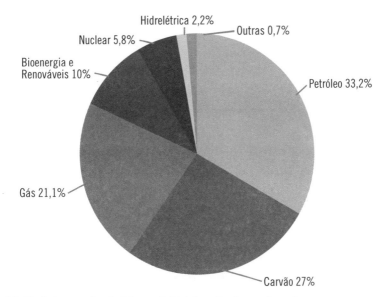

Figura 3.3. Oferta de energia primária mundial total por tipo (porcentagem)
Fonte: Benjamin Sporton, World Coal Institute Presentation, Global Coal Dynamics, VI Columbia Minera, 6 de outubro de 2010.

O gráfico nos apresenta também o segundo membro da tríade energética, o carvão, que provê cerca de 27% da oferta de energia primária mundial. Grosso modo, 23 milhões de barris equivalentes de petróleo (BEP) de carvão são utilizados no mundo diariamente. Às atuais taxas de produção, as reservas mundiais de 847 bilhões de toneladas de carvão são suficientes para durar apenas por cerca de mais um século (119 anos, aproximadamente). Por comparação, reservas comprovadas de petróleo e de gás equivalem a apenas cerca de 46 e 63 anos, respectivamente, nos atuais níveis produtivos. Tais estatísticas levaram alguns analistas a apelidar o carvão de combustível esquecido.

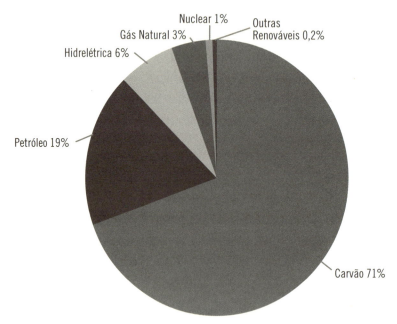

Figura 3.4. Consumo total de energia na China por tipo (porcentagem)
Fonte: Milton Catelin, Rock of Ages: The Past, Present and Future of Coal, Chief Executive World Coal Association, Seventh Clean Coal Forum, 24-25 de março de 2011.

Embora se acredite que as reservas de carvão estejam distribuídas por virtualmente todos os países do mundo, apenas cerca de setenta possuem o que denominamos como reservas recuperáveis (ou comprovadas) — ou seja, os recursos carboníferos que são tecnológica ou economicamente possíveis de extrair. Como no caso do petróleo, a localização dos depósitos de carvão mais importantes do mundo é bem conhecida, com as maiores reservas encontradas nos Estados Unidos, Índia e, criticamente para esta discussão, China.

Na verdade, o consumo de energia chinês é pesadamente baseado em carvão, como mostra a Figura 3.4. A China produz e utiliza cerca de 3 bilhões de toneladas anualmente, fazendo do recurso a maior fonte de consumo energético, por ampla margem.[4]

Por comparação, os Estados Unidos consomem cerca de um bilhão de toneladas ao ano, aproximadamente o que a China utilizava há quinze anos. Dadas as estimativas de que a China possui reservas capazes de durar pelo menos um século (as reservas norte-americanas ainda irão durar cerca de duzentos anos), é pouco provável que a concentração do consumo de carvão no país mude em breve.

Isso são os prós do carvão. O aspecto negativo é que a continuidade do consumo no presente ritmo lançará a China do lado errado do desenvolvimento, da história e, talvez, do destino do planeta. Em 2009, a China passou à condição de maior emitente de gases do efeito estufa do mundo, especificamente devido ao uso do carvão, pondo em destaque o problema fundamental do carvão como fonte energética: seus enormes custos ambientais.

Na ponta da frente, a mineração libera metano dos estratos carboníferos e das camadas rochosas adjacentes. De fato, estima-se que a mineração de carvão seja responsável por cerca de 10% das emissões mundiais de metano provocadas pela ação humana. Na ponta final — e esse é o perigo maior —, a queima do carvão para produzir energia expele o dióxido de carbono, que, se não for capturado e armazenado, pode elevar as temperaturas globais médias do planeta em mais de dois graus. Isso, argumentam os ambientalistas, jogaria as temperaturas globais acima do limiar geralmente aceito em que se acredita que a mudança climática se tornará perigosa e possivelmente irreversível.

Menos debatidos são os imensos volumes de água utilizados nas usinas a carvão. Segundo algumas estimativas, uma usina a carvão típica de 500 megawatts utiliza anualmente mais de 7,6 bilhões de litros de água, extraídos de fontes próximas — lagos, rios ou oceanos —, a fim de criar vapor para girar suas turbinas.

Atualmente, o carvão gera a metade da eletricidade nos Estados Unidos, mais de 2/3 da eletricidade na Índia e mais de 3/4 da eletricidade na China. A AIE projeta que a demanda por carvão deve crescer em mais de 2/3 nos próximos vinte anos, à medida que países como China e Índia desenvolverem suas economias e usarem seus depósitos de carvão.[5]

A promessa do gás

Isso nos leva ao terceiro membro da tríade energética — o gás natural. Em novembro de 2010, a US Energy Information Administration (Administração de Informações sobre Energia dos Estados Unidos, na sigla em inglês EIA) ganhou as manchetes com o anúncio de que as reservas domésticas comprovadas de gás natural haviam crescido significativamente.[6] Em particular, as reservas líquidas comprovadas de gás natural aumentaram 11% para totalizar 8 quatrilhões e 42 trilhões de metros cúbicos. Essa estimativa foi o nível mais elevado desde 1971.

A EIA anunciou essas estimativas revisadas (bem como novas estimativas sobre o petróleo cru americano) como um acontecimento que "demonstra a possibilidade de ampliar o papel do gás natural doméstico e do petróleo cru para atender à demanda energética tanto atual como projetada, nos Estados Unidos". Nada tem oferecido a promessa de mudar a paisagem energética global tanto quanto o gás natural. Mas será que a notícia realmente sinaliza para uma virada ou um alívio das preocupações com a energia? Há quem discorde.

Estimativas de 2010 sugerem que a produção global dos campos de gás existentes, até 2030, declinará em cerca de 5,35% ao ano. Além do mais, o declínio natural dos campos existentes assistirá à oferta global de aproximadamente 55 milhões de BEP de gás natural por dia produzidos em 2010 cair para 20 milhões de BEP por dia até 2030. Em uma Análise de Lacunas da Oferta (Supply Gap Analysis), a Schlumberger projeta que a demanda por petróleo e gás crescerá em um por cento e em 1,8% ao ano, respectivamente, ao longo do período, levando-nos a estimativas da demanda diária total por petróleo em cerca de 180 milhões de barris diários e de um déficit de pelo menos 50 milhões de barris de petróleo diários em 2030.[7]

Mais um arauto das iminentes pressões e déficits de energia.

O desafio de permutar

A trajetória da oferta dos principais substitutos plausíveis para o petróleo não fornece grande alívio e, mesmo que o fizesse, o fato é que a maioria das fontes de energia não constituem substitutos perfeitos umas para as outras.

Enquanto o petróleo se presta amplamente a três usos — 70% transporte (veículos, aviões, trens, navios), 20% químico (por exemplo, petroquímica) e 10% outros (combustível para caldeira, carga de alimentação para eletricidade), o gás natural tem basicamente dois: como fonte de aquecimento (aquecimento direto, carga de alimentação para gerar energia) e carga de alimentação química (carga de alimentação, ou *feedstock*, é a matéria-prima usada para a produção de uma substância composta).[8] Carvão, por sua vez, fornece eletricidade e é um combustível essencial para a produção de aço e cimento, bem como para outras atividades industriais.

Se acabar com a dependência dos combustíveis fósseis no mundo não é uma opção imediata, e se o caminho para produzir fontes de energia é precário e apresenta custos substanciais — e se, de fato, fontes de energia não são perfeitamente substituíveis —, que escolhas temos? Avanços na eficiência energética são uma forma de acumular aperfeiçoamentos, mas a tendência na última década tem sido decepcionante.

Embora a eficiência energética tenha melhorado em cerca de 2% ao ano nas décadas de 1970 e 1980, essa tendência caiu para um por cento ao ano na década de 1990. O risco é esse: se nenhum avanço tecnológico adicional for obtido, a demanda por energia em 2030 será aproximadamente 35% mais elevada do que no caso de a tecnologia continuar melhorando a eficiência energética à mesma taxa de anos recentes.

A tecnologia como tábua da salvação

Em janeiro de 2011, os meios de comunicação noticiaram a descoberta de depósitos petrolíferos no Brasil que iriam impulsionar as reservas do país para impressionantes 123 bilhões de barris — o equivalente aproximado a quatro anos de suprimentos de petróleo, segundo as atuais taxas de consumo mundiais.

Em meio à euforia pelo fantástico achado, é compreensível que muitos tenham feito vista grossa a uma grande advertência na notícia aparentemente boa: os depósitos petrolíferos brasileiros no oceano Atlântico estavam sob uma camada de sal mais de 3 quilômetros abaixo da superfície do mar, além de outros 3 a 6 quilômetros abaixo do leito oceânico. Mesmo

A ATUAL SITUAÇÃO DOS RECURSOS: PETRÓLEO, GÁS E MINERAIS

estimativas conservadoras sugerem que o acesso a esse tesouro petrolífero custaria bilhões de dólares. A gigante do petróleo brasileira, a Petrobras, que contava com uma reserva comprovada de 16 bilhões de barris no momento em que escrevo, tinha planos de investir mais de 200 bilhões em cinco anos. Mas mesmo com quantidades ilimitadas de dinheiro, penetrar a camada do pré-sal exigiria significativos avanços na tecnologia. Na verdade, segundo especialistas, a existência do petróleo brasileiro sempre foi conhecida; é apenas agora, mediante os avanços tecnológicos, que há uma *chance* de obter acesso a ele — ainda que a um custo substancial.

A tecnologia ajudou e continua a ajudar a lidar com o desequilíbrio entre a oferta e a demanda no setor petrolífero. Se limitar a demanda é algo fora de questão — coisa que, para todos os efeitos, é mesmo; a menos, é claro, que impostos proibitivos sobre o consumo de petróleo sejam criados —, nesse caso a tecnologia terá que dar um passo à frente, por meio de estratégias de exploração avançadas ou até criando ou encontrando substitutos energéticos.

Não é uma impossibilidade. Inovações recentes em tecnologia levaram a muitas descobertas nas décadas de 1950 e 1960, e a tecnologia assegurou que as reservas mundiais aumentassem ao longo dos últimos vinte anos — tanto para o petróleo como para o gás. Segundo a BP Statistical Review (Revisão Estatística da British Petroleum), o aumento das reservas históricas de petróleo e gás pode quase inteiramente ser atribuído a incrementos nas reservas relacionados à tecnologia, impelidos por fatores de recuperação melhorados (a quantidade de energia que pode ser extraída de uma bacia particular) em reservatórios conhecidos. O fator de recuperação médio no mundo é superior a cerca de 32%, quando era de aproximadamente 20% nas décadas precedentes.

McKinsey, a empresa de consultoria global, argumenta que um programa de 170 bilhões de dólares ao ano que foque em maneiras mais eficientes em termos de custo de aumentar a produtividade energética poderia cortar pela metade o crescimento da demanda energética e diminuir as emissões de gases do efeito estufa. Demanda energética crescente e preços de commodities mais elevados atraem maior investimento para o setor e poderiam ajudar a estimular o desenvolvimento de novas tecnologias, materiais e processos que capacitem empresas de recursos a procurar novos depósitos e deixar ao alcance os depósitos que antes eram considerados inacessíveis.

Avanços tecnológicos na produção de gás norte-americana melhoraram significativamente a economia de oportunidades para o gás não convencional. Na verdade, existe um risco real de que essas rápidas melhorias no desenvolvimento tecnológico de reservas globais de gás e na capacidade de liquefação tenham criado uma abundância mundial de gás natural. É cedo demais para dizer qual vai ser o impacto global das descobertas ligadas ao gás, mas seja o que for, a tecnologia não é uma panaceia para todos os males energéticos.

Por exemplo, embora novas técnicas de extração possam revelar fontes adicionais de gás natural, a energia retornada sobre a energia investida será muito mais baixa do que as fontes tradicionais de gás, e isso inevitavelmente leva a custos mais elevados para os consumidores de gás natural. Além do mais, a tecnologia não pode reverter completamente as pressões demográficas e ambientais; alguns países e regiões serão simplesmente incapazes de bancar os custos mais altos das tecnologias alternativas. Além disso, novas e promissoras técnicas alternativas para extrair energia, como o fraturamento hidráulico (*fracking*), enfrentam resistência ambientalista, indicando que seus benefícios estão longe de ser um consenso.

Como o petróleo não é uma fonte de energia renovável, o produto se esgotará em algum momento no futuro e, desse modo, não devemos depender dele como solução de longo prazo. Entretanto, sem melhorias convincentes na eficiência, avanços revolucionários na tecnologia e a descoberta de fontes energéticas alternativas, as fontes de energia tradicionais serão a única para a qual o mundo continuará se voltando a fim de atender à demanda energética até 2030 — as duas décadas prestes a chegar, quando a China estará acelerando de maneira mais radical seu consumo de energia.

Convergência nas cartas

Para situar as necessidades energéticas chinesas no contexto, vamos comparar as duas maiores economias do mundo pelo PIB. A China abriga cerca de 1,3 bilhão de habitantes — cerca de 20% da população global. Com aproximadamente 310 milhões de pessoas, os Estados Unidos representam menos de 5% da atual população mundial de quase 7 bilhões de pessoas.

A ATUAL SITUAÇÃO DOS RECURSOS: PETRÓLEO, GÁS E MINERAIS

Contudo, a população americana absorve 25% do consumo mundial de petróleo, embora também contribua com cerca de 20% do PIB mundial. Isso se traduz em um consumo norte-americano de aproximadamente 20 milhões de barris diários, ou 25 barris per capita anuais. Enquanto isso, a China consome apenas 9% do petróleo mundial, ou seja, um consumo total de aproximadamente 9 milhões de barris por dia, ou ainda 2,2 barris per capita anuais. (Para uma rápida comparação, a população de 1,1 bilhão de habitantes da Índia consome 3 milhões de barris diários, ou um barril per capita anual.)

Mas o que acontece conforme a China (e, é claro, outros países emergentes) converge para níveis mais altos de consumo petrolífero? Há recursos energéticos suficientes para que um bilhão de chineses possam viver como 300 milhões de americanos? Vejamos o transporte, por exemplo, que responde por mais de 50% do consumo de petróleo. Imaginemos as implicações para a demanda petrolífera quando a China — com seus 35 carros para cada mil habitantes — convergir para os níveis americanos de aproximadamente oitocentos carros por mil habitantes.[9]

Até então, entre 2000 e 2009, o crescimento do consumo de petróleo aumentou 50% na China, 30% no Oriente Médio, 12% na Índia, 11% na América do Sul e 8% em toda a África. (Outras partes da Ásia registraram um crescimento de cerca de um por cento.) A Agência Internacional de Energia prevê que a demanda petrolífera mundial deverá crescer em 45% até 2030, de cerca de 85 milhões de barris diários para algo em torno de 120 milhões de barris de petróleo por dia. Não há sinais de arrefecimento na demanda. Terra, água e suprimentos energéticos (na forma de petróleo e gás) já estão acusando as tensões de demanda brotando das transformações demográficas pelo planeta afora. E o mesmo se dá com os depósitos de metais e minerais em todo o mundo, como discutiremos a seguir.

Mobilidade para cima

O impressionante histórico econômico da China exerceu um impacto notável nos rendimentos domésticos, e os rendimentos tiveram um efeito dramático no consumo de todo tipo de bens e serviços. Como já discutimos, metais e minerais como cobre, cobalto, platina e ferro são insumos para veículos e celulares e para a construção, de modo que à medida que a demanda por esses produtos acabados cresceu com o tempo, igualmente cresceu a demanda por metais e minerais.

Segundo o banco de investimentos UBS, 13 mil dólares é o nível de renda per capita anual no qual o consumo da população cresce dramaticamente. A China urbana já ostenta cerca de 14 milhões de pessoas cuja renda média gira em torno de 10 mil dólares anuais, e o PIB per capita em cidades como Xangai equivale aos níveis de renda da Coreia do Sul em 1997, quando o consumo de todos os tipos de bens e serviços disparou.

O consumo mede o valor agregado dos bens e serviços adquiridos por uma população e muitas vezes é o maior componente do PIB. Mas enquanto a China é hoje a segunda maior economia em termos de PIB, ela figura apenas em quinto lugar no consumo: 35% de seu PIB vai para o consumo, comparado aos 70% nos Estados Unidos, cerca de 60% na Europa e aproximadamente 50% na Índia. Não sendo muito propenso a deixar as coisas ao acaso, o governo chinês voltou seu foco para esse grave problema, objetivando aumentar o consumo para cerca de 50% do PIB ao longo das décadas seguintes.

Na verdade, aumentar os gastos com o consumo era um aspecto central do 12º Plano Quinquenal para o Desenvolvimento Econômico e Social Nacional da China, lançado em outubro de 2010. Esse Plano Quinquenal prevê um amplo leque de medidas para ajudar a impulsionar o consumo no país, todas elas auspiciosas para a demanda de metais e minerais que são utilizados em construção, telecomunicações, indústria automotiva, transporte e, é claro, a totalidade dos eletrodomésticos (os assim chamados produtos da linha branca, como geladeiras, fogões, máquinas de lavar, aparelhos de ar-condicionado etc.). Mais especificamente, se os planos chineses se concretizarem e a urbanização chegar a 75% em 2050 (dos 45% de 2010), o aumento no consumo e, assim, os efeitos secundários sobre os minerais seriam enormes.

Porém, nem todos os minerais são iguais. Alguns possuem muita relevância para a grande ascendência chinesa, ao passo que outros, menos. Duas questões ajudam a estreitar esse critério de "relevantes para a China". Primeiro, será que o mineral fez parte da história de urbanização da China — como um insumo crítico para construção e outras coisas, como vimos antes? Segundo, a China sofre uma carência estrutural do mineral? Ou seja, as demandas chinesas (no total) ultrapassam a oferta no país (a produção chinesa mais as importações)? Com base nesses dois testes, apenas um mineral satisfaz ambos os critérios: o cobre.[10]

O cobre é utilizado em fios, cabos e transmissão elétrica. De modo geral, é usado para sistemas de encanamento e aquecimento, ar-condicionado, máquinas de lavar, refrigeradores, cabos de telecomunicações, cabos de energia, semicondutores, motores para aparelhos pesados, equipamento e maquinário, válvulas e componentes industriais; o cobre permeia inúmeros aspectos da vida moderna.

Em 2006, a participação chinesa no consumo global de cobre refinado era de 23%, menor do que as economias da OCDE, com 54%, mas igual à demanda por cobre de todos os demais mercados emergentes.[11] No fim de 2010 — ou seja, em apenas cinco anos — a participação chinesa no consumo global de cobre refinado disparou para 41%, enquanto a da OCDE declinou para 35% e permaneceu virtualmente constante nos demais países emergentes. Claro que a China pode suplementar sua produção doméstica de cobre com importações, mas, como discutiremos posteriormente, o investimento direto em minas pelo mundo todo aumenta a certeza do fornecimento de cobre de que o país tão desesperadamente precisa. Seja qual for o caso, com o tamanho e o apetite da China, essa curva ascendente inevitavelmente lança uma pressão sobre a oferta, e aí o cenário fica mais problemático.

Os desafios da oferta

As perspectivas para a oferta de cobre a médio e longo prazo são preocupantes, e grande parte do mundo está mal preparada para a eventualidade de tais déficits.

Muito semelhante à questão do petróleo descrita anteriormente, o mundo continua a depender dos depósitos de cobre descobertos há muito tempo, ao passo que gasta cada vez mais dinheiro para extrair o minério. O cobre continua a ser obtido em depósitos de excelência como o de El Teniente, no Chile, cuja descoberta data de 1910. Na teoria, não haveria nada errado em se valer de recursos que não estão se esgotando, mas os mineradores têm de descer a profundidades cada vez maiores para chegar ao cobre. Por exemplo, em 1980, todas as novas descobertas, com mais de 4 milhões de toneladas de cobre, estavam expostas — e, assim, tinham acesso facilitado. Entre 2000 e 2010, contudo, por volta de 80% dos novos achados eram "cegos" — encontrados por meio de testes sob a superfície terrestre, onde o mineral é muito mais difícil de alcançar. Nesse meio--tempo, a qualidade do cobre também vem declinando. Em 1980, o teor do cobre tratado (a percentagem de cobre encontrada em uma tonelada de mineral extraído) era de aproximadamente 1,5%. Os especialistas projetam que esses "teores" devem cair para cerca de um por cento durante a próxima década — ou seja, entrando em 2020. Produtos feitos de cobre menos puro tendem a não apresentar desempenho tão bom.

Tabela 3.2. Obtendo o cobre globalmente (porcentagem)

Nível de risco da região	2000	2020 (est.)
Baixo risco	62	44
Médio risco	36	47
Alto risco	2	10

Fonte: Brook Hunt, a Wood Mackenzie Company, "Metals Market Service — Monthly Update: Copper September 2010", "Metals Market Service — Long Term Outlook, Copper September 2010."

Cada vez mais, companhias de mineração terão de se aventurar em locais mais arriscados para extrair cobre. Como mostra a Tabela 3.2, em 2000 estimava-se que 62% do cobre provinha de locais de baixo risco, 36%, de locais de médio risco, e apenas 2% de locais de alto risco. Passando a 2020, a expectativa é de que quase 10% do cobre virá de regiões consideradas como sendo de alto risco (contra 44% de baixo risco e 47% de médio risco, respectivamente).

Nesse meio-tempo, as minas ativas são cada vez mais estorvadas por problemas operacionais oriundos de anos de subinvestimento no setor, devido à baixa dos preços que se estendeu por grande parte das décadas de 1980, 1990 e 2000. O acidente na mina de Copiapó, no Chile, é visto por muita gente na indústria mineradora como uma consequência de investimentos insuficientes, com muitos componentes dos equipamentos de mineração considerados defeituosos ou velhos demais para uso. Contra esse pano de fundo, não é de surpreender que a oferta de cobre, quase constantemente, ano após ano, continue a ficar abaixo das expectativas. Isso certamente foi verdadeiro durante grande parte da década precedente.

A ATUAL SITUAÇÃO DOS RECURSOS: PETRÓLEO, GÁS E MINERAIS

Como ocorre com outros minerais, o cobre também é vítima do risco permanente de inconsistência intertemporal nas decisões políticas, o que afeta a oferta global. Inconsistência intertemporal é a ideia de que, com o tempo, os governos decidem não honrar ou implementar as políticas com que previamente se comprometeram. A inconsistência intertemporal no setor minerador — e, na verdade, entre os contratos celebrados em todo o complexo de commodities mais amplo — é tão difundida quanto punitiva. A saga em torno da elevação fiscal sobre a mineração na Austrália, em 2010, que pegou inúmeras companhias mineradoras de surpresa, é apenas um exemplo recente de inconsistência da política governamental. Procurando aumentar a receita oriunda do setor, o governo no início lançou um imposto de 40% sobre a mineração de carvão e minério de ferro, posteriormente reduzido para 30%, diante das objeções das companhias mineradoras. O tamanho da tributação importa menos do que o fato de que ela recaiu sobre a indústria quase sem aviso, tornando as projeções de custos praticamente impossíveis de serem mantidas, mas a Austrália dificilmente está sozinha quando se trata de mudar as regras do dia para a noite. No mundo todo, os governos — em geral motivados por problemas no orçamento do setor público — estão rasgando e reescrevendo as leis que regem seus setores de mineração.

O consumo da China versus a produção mundial

Segundo um relatório de setembro de 2010 feito pela companhia de pesquisas de commodities Brook Hunt, a produção mineradora do cobre vai declinar em 1,2% ao ano, entre 2010 e 2025, com uma queda produtiva de um pico de 18,8 toneladas em 2013 para 13,3 toneladas em 2025. Esse é o cenário básico projetado; ele não leva em consideração graves interrupções no setor, do tipo discutido antes. Ao longo do mesmo período, a demanda por uma produção mineradora adicional vai criar um déficit implícito na produção mineradora (incluindo a margem de interrupções) de cerca de 0,5 tonelada anual em 2011, agravando-se para cerca de 13,8 toneladas por ano em 2025.

Nesse ínterim, espera-se que a demanda por cobre na China cresça em 6% ao ano, entre 2009 e 2025, de cerca de 6,5 toneladas no fim de

2009 para cerca de 16,5 toneladas em 2025. Esse ganho aproximado de 10 toneladas no consumo de cobre refinado da China resultará em sua parcela de consumo de cobre refinado global aumentando de 38% no fim de 2009 para significativos 55% em 2025. Esse é o quadro da demanda. No quadro da oferta é que estão os verdadeiros problemas.

A China contém, grosso modo, 6% das reservas mundiais de cobre, mas isso pouco contribui para aplacar seu apetite voraz. Por exemplo, enquanto é esperada uma queda na taxa de crescimento anual composta (CAGR, da sigla em inglês) para o catodo de cobre da ordem de 0,6%, entre 1980 e 2020, nos países da OCDE, e uma elevação de apenas 2,7%, em outros países, espera-se que na China ela chegue a 9,1%. Se a renda dos chineses continuar a convergir para os níveis dos Estados Unidos, esse número vai crescer de modo correspondente, sem uma contrapartida óbvia no suprimento de cobre para compensar. Como na história da energia detalhada antes, a precária oferta global de cobre é agravada pela localização dos maiores depósitos do metal. Entre os vinte principais produtores de cobre do mundo estão países politicamente instáveis e economias carecendo de plena transparência de mercado, incluindo a Indonésia, a Rússia, o Cazaquistão, a República Democrática do Congo e o Irã. Esses países respondem por mais de 25% da oferta mundial de cobre, e, assim, com sua produção em cerca de 1,1 tonelada — ficando aquém da demanda de 6,5 toneladas —, a China não tem muita escolha a não ser contar com esses países para se abastecer de cobre.

Aliviando as pressões de demanda e abrandando os déficits de oferta

Se nada for feito, a demanda global por cobre versus as restrições de fornecimento irão se agravar terrivelmente no decorrer das próximas décadas. Porém, há mais do que apenas o cobre em jogo; impedindo uma revolução tecnológica em escala substancial, pode-se dizer que o mundo enfrentará restrições aparentemente intransponíveis em toda a gama de commodities — terra arável, água, energia e outros minerais. Além disso, com a agressiva investida chinesa por recursos, é provável que muitos países sejam pegos de calças curtas quando os cenários de escassez de commodities se tornarem muito mais agudos e as restrições de commodities uma obrigação mais severa. Tirando a China, que tem encarado a perspectiva de um desastre iminente nos recursos mundiais e que está fazendo o que pode para evitar a crise, o mundo está mal preparado para uma calamidade de commodities.

Os dois capítulos anteriores apresentaram um retrato da ameaça crescente de escassez no fornecimento de recursos — terra arável, água, energia e minerais. Nos capítulos que seguem, analisaremos o que a China está fazendo na esfera das commodities, como ela tem feito isso e as implicações para os mercados globais de commodities e para a geopolítica como um todo.

CAPÍTULO 4

Penhorando as joias da família

A MANCHETE DO *New York Times* de 13 de junho de 2010 chamava a atenção: "EUA identificam vastas riquezas minerais no afeganistão". A descoberta — que incluía imensos veios de ferro, cobre, cobalto, ouro e metais industriais críticos como lítio — revelou um tesouro avaliado em pelo menos um trilhão de dólares.

Como no caso do petróleo, explorar riquezas minerais tão vastas exige muito dinheiro. Os processos de extração requerem investimento de capital em áreas amplamente destituídas da infraestrutura necessária para a extração de recursos. Nesse aspecto, os músculos financeiros da China decididamente lhe dão uma vantagem, garantindo acesso a commodities que outros países não têm condições de explorar. Não é de surpreender, então, que, no momento em que a notícia da descoberta mineral norte-americana chegou à primeira página, a China já fechara acordos pelos recursos com os afegãos, incluindo a mina de cobre de Aynak, na província de Logar, pelo menos um ano antes.

A cruzada por commodities da China é multifacetada. Ela engloba *o que* a China faz para assegurar os ativos, *como* a China obtém a propriedade ou acesso às commodities globais (usando uma intrincada rede de estratégias) e o que o mero âmbito da corrida por recursos da China significa para o mundo. A campanha chinesa não para no Afeganistão; ela é mundial e aparentemente não conhece limites.

Meios, motivo, oportunidade — O que a China faz

A incursão chinesa pelos mercados internacionais de recursos envolve uma abrangente abordagem tripla: via transferências financeiras (assistenciais ou empréstimos comerciais), através do comércio e por meio dos investimentos.

Em relação às transferências financeiras, seja emprestando dinheiro para o governo norte-americano por meio da compra de títulos do governo dos Estados Unidos, seja realizando transferências para ajudar países africanos, ou emprestando dinheiro para países sul-americanos, a China obtém favores em troca e pode realizar negócios pelo mundo. A estratégia assistencialista tem sido amplamente reservada aos países mais pobres e, desse modo, focada principalmente na África. Mas embora essa ajuda tenha envolvido transferências diretas de dinheiro, como veremos, até na África a investida por recursos chinesa tem ido muito além de simplesmente preencher cheques. Em 2002, a China repassou 1,8 bilhão de dólares em ajuda para o desenvolvimento para países africanos, além de se comprometer a dar treinamento a 15 mil profissionais africanos, construir trinta hospitais e cem escolas na zona rural e aumentar o número de bolsas do governo chinês para estudantes africanos. Dois anos antes, em 2000, a China perdoara uma dívida de 1,2 bilhão dos países africanos. Em 2003, foram mais 750 milhões de dólares.

Outros países e regiões também vêm se beneficiando da prodigalidade chinesa, incluindo os Estados Unidos. Em 2011, por exemplo, a China era a maior credora isolada do governo norte-americano, com 26% de todos os títulos do Tesouro americano detidos por estrangeiros (cerca de 8% da dívida pública total americana). Em 2009, a China fez um empréstimo de 50 bilhões de dólares para o Fundo Monetário Internacional. No mesmo ano, como forma de repassar capital inicial para seus parceiros de negócios, o Banco Popular da China destinou um total de 650 bilhões de renminbi (95 bilhões de dólares) em acordos bilaterais com seis bancos centrais: da Coreia do Sul, de Hong Kong, da Malásia, da Indonésia, da Bielorrússia e da Argentina, selando o status chinês como ator integral desses mercados. A abordagem chinesa de emprestar dinheiro e fazer amigos ajusta-se perfeitamente à sua estratégia mais ampla de fechar negócios na corrida por recursos.

Depois, há o comércio.

O comércio tem sido uma peça central na estratégia de "voltar-se para fora" (*going-out*) da China, mas para alguns parceiros comerciais do país tem constituído um pomo da discórdia. Os Estados Unidos culpam a China por uma grande parcela dos déficits comerciais americanos ao longo dos últimos anos. Entretanto, a ascensão chinesa à condição de um dos principais países exportadores do mundo ajudou a melhorar o padrão de vida de dezenas de milhões de chineses, fornecendo emprego a vastas faixas de trabalhadores não qualificados. E, é claro, muitos consumidores no mundo todo (mas particularmente nos Estados Unidos) extraíram enorme proveito do acesso a bens manufaturados aos rebaixados preços da China, apesar de às expensas de seus próprios mercados manufatureiros domésticos. Em 2007, a China ultrapassou o Canadá e se tornou o maior exportador de bens para os Estados Unidos. Em 2011, o valor das importações (de bens) dos Estados Unidos provenientes da China foi de 399,3 bilhões, acima dos 296,4 bilhões em 2009.

Enquanto isso, em meados de 2010, a China se tornou o maior parceiro comercial tanto do Brasil como do Chile — entre as economias mais importantes desse continente. A China se tornou o maior parceiro comercial isolado da África, incomodando os Estados Unidos, que comercializaram 86 bilhões de dólares com a África em 2009. Segundo Chris Alden, autor de *China in Africa* (A China na África), o comércio de mão dupla entre China e África cresceu de 10 bilhões de dólares em 2000 para 55 bilhões em 2006, e para 90 bilhões em 2009.

A ascensão da China como um parceiro comercial proeminente não escapou das críticas. Além do controverso regime de taxa de câmbio chinês — artificialmente fixada para tornar as exportações chinesas competitivas globalmente —,[1] a China tem emprestado quantias cada vez maiores de dinheiro para os mercados consumidores de seu interesse, de modo a financiar a compra de produtos chineses. Por exemplo, em 1995, o Export-Import Bank norte-americano lançou cerca de 20 bilhões de dólares de linhas de crédito para países do mundo todo, com esse mesmo propósito. Na época, a China contava com um único banco de crédito para exportação que realizava 4 bilhões de dólares em empréstimos. Hoje os Estados Unidos ainda concedem cerca de 20 bilhões de dólares em linhas de crédito, mas a China agora possui cinco instituições de crédito para exportação-importação que cederam aproximadamente 250 bilhões de dólares em empréstimos em 2009 — um aumento de sessenta vezes em 15 anos. Essas agências de crédito para a exportação ajudam a financiar as vendas de produtos exportados (nesse caso, produtos chineses) para outros países, fornecendo garan-

PENHORANDO AS JOIAS DA FAMÍLIA

tias de empréstimo, seguro de crédito exportador e empréstimos diretos. Claro que a dívida dos Estados Unidos com a China devido às interconexões comerciais também guarda as características dessa relação. Justa ou não, essa é uma estratégia comercial que tem comprovadamente funcionado.

Finalmente, há o investimento.

Só a assistência da China e suas estratégias comerciais já fariam dela uma poderosa presença internacional, mas a estratégia de investimentos do país — e o modo como se entrelaça e sustenta aos outros dois elementos — põe esse emergente asiático numa categoria toda própria.

O fato é que o investimento chinês nos mercados de recursos tem sido um elemento transformador na paisagem internacional, entre outras coisas porque seu investimento tanto em commodities pesadas como em commodities agrícolas vem sendo substancial. A fartura de capital chinesa significa que o país é capaz de financiar insumos, infraestrutura e logística (equipamento e transporte), desse modo explorando os recursos naturais e conquistando para a nação acesso a commodities que não estão disponíveis para países que não possuem seu poder de fogo.

A Heritage Foundation, sediada nos Estados Unidos, desenvolveu o China Global Investment Tracker (o rastreador de investimentos globais da China), chamando-o de o "único conjunto de dados abrangente e publicamente disponível referente a grandes investimentos e contratos chineses no mundo todo, além dos títulos do Tesouro norte-americano". (Claro que o governo chinês também fornece estatísticas sobre seu investimento exterior, mas esses dados nem sempre estão reunidos ou são fáceis de decifrar.[2]) O rastreador fornece detalhes de mais de 250 tentativas de transações chinesas — das que fracassaram e das que deram certo —, avaliadas em mais de 100 milhões de dólares, em indústrias cruciais que vão de energia e mineração a transporte e sistema bancário, a começar por 2005.

A China S.A. chegou à maioridade em investimentos estrangeiros em 2005, quando a corporação chinesa Lenovo comprou a unidade de PC da IBM. Isso foi uma transação seminal, não só devido ao tamanho do negócio em termos absolutos (1,25 bilhão de dólares) ou ao status icônico do vendedor, como também porque o valor dessa única transação foi mais do que a metade do valor total de todos os negócios internacionais em que a China se envolvera previamente a 2005. O investimento total até 2004 (inclusive) chegou a 2 bilhões de dólares. Além do mais, a transação envolvendo a Lenovo foi parte de um investimento chinês de 12 bilhões de dólares em 2005 — um ano decisivo para o investimento chinês no exterior e que trouxe à nação a confiança e estatura para embarcar em sua nova estratégia de investimentos de "voltar-se para fora" (*going out*).

Cobrindo o globo

O banco de dados da Heritage Foundation nos informa que a campanha de investimentos chinesa tem sido tão volumosa — totalizando quase 400 bilhões de dólares ao longo de cinco anos — quanto global. Entre 2005 e 2012, a Austrália atraiu a maior quantia (42,5 bilhões de dólares) de investimentos chineses não ligados a títulos; os Estados Unidos vieram em segundo, com 28 bilhões de dólares. Ao longo do mesmo período, os países do hemisfério Ocidental abocanharam a maior fatia dos investimentos chineses — totalizando cerca de 88 bilhões de dólares —, mais do que o investimento que foi dirigido aos parceiros "tradicionais" da China no Leste Asiático. Virtualmente todas as regiões — América do Norte, África, Europa, Leste Asiático, Ásia Ocidental (Irã, Cazaquistão e Federação Russa) e o mundo árabe — atraíram cerca de 50 bilhões de dólares cada.

Em um nível mais pormenorizado, dados do Ministério do Comércio chinês, no Boletim Estatístico 2007 do Investimento Estrangeiro Direto da China, indicam que os principais beneficiados africanos do IED da China (África do Sul, Nigéria, Sudão, Zâmbia, Argélia, Níger, Egito, Maurício, Etiópia, República Democrática do Congo e Angola) ficaram com cerca de 4 bilhões de dólares — apenas 4% do total mundial. Em 2006, o grosso dos fluxos de IED da China na África envolvia o setor de mineração (40,74%), empresas de serviços (21,58%), finanças (16,4%), transporte e telecomunicações (6,57%), comércio no atacado e no varejo (6,57%), e produtos manufaturados (4,33%), com agricultura, silvicultura e indústria pesqueira atraindo menos de 1% do IED chinês.

Em 2010, a China, já então maior parceira comercial do Brasil, ultrapassou os Estados Unidos para se tornar o maior investidor no país sul-americano. O feito foi atingido em apenas seis meses — em 2009, a China havia figurado apenas em 29º lugar globalmente em investimentos no Brasil. Nos primeiros seis meses de 2010, ela decuplicou seus investimen-

PENHORANDO AS JOIAS DA FAMÍLIA

tos nesse país para 20 bilhões de dólares. Ela planeja construir siderúrgicas e fábricas de automotivos, bem como investir em infraestrutura de telecomunicações e agricultura (plantando soja em 40 mil hectares), e os chineses também vão ajudar o Brasil a explorar e extrair os ricos recursos petrolíferos oceânicos brasileiros. Na verdade, a China já se comprometeu com 250 bilhões de dólares para este último objetivo.

Além do investimento, o Banco de Desenvolvimento da China emprestará 10 bilhões de dólares à Petrobras, para ajudar a garantir sua oferta de petróleo. Como a nova grande parceira de negócios brasileira, a China também viu suas exportações para o país crescerem a uma impressionante taxa de variação homóloga de 57,7%, para 10,76 bilhões de dólares nos primeiros seis meses de 2010, enquanto as importações brasileiras para a China cresceram a uma taxa de variação homóloga de 17,9%, para 13,47 bilhões de dólares nesse mesmo período. De modo que comércio, assistência e investimentos se entrelaçam todos — no Brasil, na África e em outros lugares.

Alinhamento vertical e horizontal

Em 2008, os chineses fecharam um acordo com o governo grego para administrar dois píeres e terminais de contêiner no porto grego de Pireu — o principal porto da Grécia, o maior porto na Europa e o terceiro maior porto do mundo. Por 4,3 bilhões de euros (cerca de 5,6 bilhões de dólares), a Cosco Pacific, companhia de navegação estatal da China, se comprometeu a ampliar a capacidade do porto em até 250% ao longo de 35 anos.

Como o negócio sugere, e como foi detalhado antes, a estratégia chinesa não é apenas obter uma gama completa de commodities junto a uma variedade de países; é também perseguir ativamente a infraestrutura subjacente para assegurar que os recursos, uma vez extraídos, possam ser transportados de volta para a China da forma mais rápida e confiável. Para fazer isso, a China está investindo em portos e adquirindo toda a logística necessária para transportar esses recursos para o país.

De fato, cada vez mais a China dá o tom do transporte naval e do comércio marítimo internacional. Em 2011, Xangai se tornou o maior porto de contêineres do mundo, roubando o lugar de Cingapura. Hoje, mais da metade dos dez principais portos de contêineres do mundo são chineses, e, durante a próxima década, é possível que vários outros portos chineses, como Ningbo, Shenzhen e Guangzhou, também ultrapassem Cingapura. Os navios vão aonde a demanda flui, como evidenciado nos três maiores segmentos do transporte marítimo global: contêineres, granéis sólidos e navios-tanque.

O transporte marítimo de contêineres, usado para transportar produtos acabados, continua a ser um grande indicador das exportações chinesas enviadas ao exterior e um termômetro muito confiável da força da economia chinesa. (No prelúdio da crise financeira de 2007-2008, o transporte de contêineres cresceu em dois dígitos.) Como maior produtora mundial de aço bruto e a maior importadora de minério de ferro, a China é crucial para o negócio do transporte de granéis sólidos, que, além disso, costuma transportar também outras commodities muito importantes, tais como o carvão. E finalmente, como segunda maior importadora mundial de energia, o papel da China na atividade de navios-tanque — utilizados no transporte marítimo do petróleo cru e de produtos refinados — é fundamental.

A frota chinesa reflete também sua importância crescente no transporte marítimo, aumentando de 1.367 para 3.127 navios na década entre 2001 e 2011. Hoje, cerca de 50% da frota chinesa é construída no país por estatais como a Cosco. Da frota chinesa, os graneleiros representam a maioria das embarcações mercantes, refletindo seu voraz apetite por commodities.

A China não é o único país a adotar essa estratégia mais integrada. Em 2010, a gigante da mineração brasileira, a Companhia Vale do Rio Doce, decidiu usar sua própria frota de mineraleiros de 400 mil toneladas cada para transportar minério do Brasil para a China. (Como parte do plano, a Vale também se comprometeu a receber o primeiro de 36 navios mineraleiros no verão de 2011.) Ian Shirreff, o CEO da Zodiac, baseada em Xangai, que tem contratos para levar minério de ferro a vinte das maiores usinas siderúrgicas chinesas, observou que o mero tamanho e os números das embarcações derrubarão as taxas de transporte marítimo ao longo da próxima década, provavelmente para os 10 mil a 12 mil dólares ao dia da taxa de afretamento por tempo vista em 1977. A queda das taxas de transporte significam que a abordagem mais integrada da China para assegurar os recursos globais e depois transportar as commodities usando sua própria infraestrutura é muito mais competitiva em termos de custos, e mais segura.

A cruzada por commodities da China levou o país a investir em portos e oleodutos no Paquistão, em Myanmar e no Sri Lanka, bem como em estradas e ferrovias na Etiópia, na Argentina e na Ucrânia. Esteja a China negociando rotas de transporte com a Colômbia para rivalizar com o canal do Panamá (o comércio China-Colômbia cresceu de 10 milhões de dólares, em 1980, para mais de 5 bilhões de dólares, em 2010, servindo como um ímpeto) ou visando o acesso a portos americanos (a tentativa da China Ocean Shipping Corporation de arrendar o porto de Long Beach, em 1999, foi barrada por uma ação do Congresso norte-americano), uma coisa é clara: a estratégia por recursos da China não diz respeito apenas ao uso de rotas de navegação e principais rotas comerciais; trata-se também de possuir a infraestrutura subjacente.

Como faz a China: muitos modos de se atingir um objetivo

Analisar como a China está executando sua campanha por recursos é um problema. Casar o leque de compradores chineses (por exemplo, o governo, os indivíduos e as corporações) com o de vendedores (governos, corporações, indivíduos em diferentes países), desse modo utilizando múltiplas formas de fazer negócios, gera uma quantidade aparentemente infinita de permutações. Mas se nos concentramos apenas em como os acordos de recursos são fechados, três maneiras se destacam.

Primeiro, há as compras diretas, em que parte da China S.A. torna-se proprietária de um ativo subjacente, como terras ou minas. A aquisição dos direitos de mineração sobre o monte Toromocho, no Peru, citada no início deste livro, é um exemplo.

Segundo, há as transações de permuta, nas quais a China garante para si a produção futura do ativo — adquirindo toda a sua produção sem nunca efetivamente adquirir ou assumir a propriedade do ativo subjacente. Dois exemplos: em fevereiro de 2009, a China concordou em emprestar às companhias russas de petróleo 25 bilhões de dólares, em troca de fornecimentos de petróleo por vinte anos. Os dois países também estão considerando a construção de um oleoduto de 4 mil quilômetros que vai da distante região oriental de Amur, na Rússia, até Daqing, no nordeste da China. Numa linha similar, em maio de 2009, junto com um acordo para aumentar a exportação brasileira de frango e carne bovina para a China, o país fez um empréstimo de 10 bilhões de dólares para a Petrobras, em troca do fornecimento de 200 mil barris de petróleo diários para a Sinopec pelos dez anos subsequentes.

Tabela 4.1. Empréstimos da China para petróleo e gás a partir de janeiro de 2009

País	Data	Tomador do empréstimo	O que o país obteve
Angola	13 de março de 2009	Governo angolano	US$ 1 bilhão
Bolívia	Abril de 2009	Governo boliviano	US$ 2 bilhões
Brasil	18 de fevereiro de 2009	Petrobras	US$ 10 bilhões
Brasil	15 de abril de 2010	Petrobras	n.a.
Equador	Julho de 2009	PetroEcuador	US$ 1 bilhão
Gana	Junho de 2010	GNPC	n.a.
Cazaquistão	17 de abril de 2009	KMG	US$ 10 bilhões
Rússia	17 de fevereiro de 2009	Rosneft	US$ 15 bilhões
Rússia	17 de fevereiro de 2009	Transneft	US$ 10 bilhões
Turcomenistão	Junho de 2009	Turkmengaz	US$ 4 bilhões
Venezuela	21 de fevereiro de 2009	Bandes (PDVSA)	US$ 4 bilhões
Venezuela	21 de fevereiro de 2009	Bandes (PDVSA) e governo	US$ 10 bilhões e RMB 70 bilhões

n.a. = não relevante
RMB = renminbi
Fonte: AIE, 2011.

Em um relatório de 2011, "Overseas Investments by Chinese National Oil Companies" (Investimentos no estrangeiro feitos por companhias petrolíferas nacionais chinesas), a AIE fornece uma lista de 12 dessas transações de permuta entre janeiro de 2009 e abril de 2010. Esses "empréstimos em troca de fornecimento de petróleo e gás a longo prazo", que totalizaram 77 bilhões de dólares ao longo de apenas 15 meses, mostram o impressionante escopo das intenções chinesas. Na maior parte, os empréstimos visam à infraestrutura e à construção de oleodutos, estradas, portos e ferrovias, bem como projetos agrícolas. Mas o ponto interessante é que, embora grande parte do mundo desenvolvido esteja ocupado lidando com as consequências da crise financeira de 2008, a China segue intrepidamente em frente.

O terceiro método de "como" é o acesso indireto a recursos mediante os mercados de capital internacionais. Um exemplo disso é a compra de participações acionárias em diferentes corporações, o que garante ao acionista majoritário tanto o direito de determinar a estratégia de uma dada empresa como os direitos de propriedade sobre seus ativos. As entidades chinesas obtêm acesso indireto aos recursos investindo em fundos de *hedge* internacionais, fundos de *private equity* e outros gestores financeiros, às vezes pelo puro retorno financeiro, mas às vezes também para conseguir participação acionária nas companhias donas das commodities de seu interesse.

As estratégias chinesas de investir em recursos tornaram-se tão onipresentes que algumas já ganharam apelidos. Os atores do mercado financeiro frequentemente distinguem entre o "modo Angola", que se refere a acordos entre governos envolvendo permuta de infraestrutura por recursos, e o "modo Addax", que diz respeito à compra de ações em companhias cotadas, o que pode depois levar à aquisição total das empresas de recursos. O acordo de novembro de 2011 feito pela estatal chinesa Sinopec de comprar 30% das ações na filial brasileira da petrolífera portuguesa Galp Energia por 3,54 bilhões de dólares é um exemplo deste último caso. O acordo Sinopec-Galp renderá à Sinopec mais de 21 mil BEP por dia em 2015.

Qual é a minha parte?

Em novembro de 2006, mais de quarenta líderes africanos reuniram-se em Beijing para a primeira cúpula sino-africana — o Fórum sobre a Cooperação China-África. Quase todos os líderes africanos subsaarianos compareceram, e quase todos os países africanos estavam representados. Os chineses não economizaram gastos para criar um ambiente receptivo. As ruas foram enfeitadas com bandeiras africanas para fazer com que os delegados se sentissem "mais em casa". Contra esse pano de fundo, o governo chinês revelou sua estratégia para a África.

Em seu discurso para a cerimônia de abertura, o presidente Hu Jintao falou para o público presente: "Em todos esses anos, a China tem apoiado com firmeza a África na causa da liberdade e na busca do desenvolvimento. [...] A China forneceu à África treinamento para pessoal técnico e para outros profissionais de diversas áreas. O país construiu a Ferrovia Tanzam e outros projetos de infraestrutura, bem como enviou equipes médicas e forças de manutenção da paz para a África." Hoje, a China quer fortalecer seu compromisso com a Pax Sino-Africana ainda mais, na forma de novas iniciativas de comércio, cooperação agrícola, alívio da dívida, incremento de laços culturais, saúde, treinamento profissional e algumas ações assistenciais.

As motivações para a campanha por recursos da China no mundo todo são obviamente econômicas e integram diretamente as políticas articuladas de alívio à pobreza e crescimento econômico da liderança chinesa. A China necessita de alimentos e combustível o mais rápido possível e nas mais vastas quantidades possíveis para garantir que sua futura performance econômica espelhe a do passado recente.

Para a China, a questão mais premente que se apresenta é qual a melhor maneira de mover cerca de 800 milhões de pessoas da pobreza abjeta para um padrão de vida moderno, marcado pelos confortos de uma existência de classe média: máquina de lavar, geladeira, carro etc. Com uma desigualdade de renda relativamente alta e um perigoso e crescente abismo entre os que têm e os que não têm, o governo chinês enfrenta um grande problema. Recursos em larga escala são uma parte significativa para remediar a situação. É uma corrida contra uma revolução.

Mas assim como na África e no mundo todo, a China está executando sua estratégia por recursos com considerável confiança, fazendo aparentemente tudo ao seu alcance para assegurar que os acordos por commodities beneficiem ambas as partes signatárias. Na verdade, a motivação para os países envolvidos também não é complicada: eles necessitam de infraestrutura e precisam financiar projetos que possam destravar o crescimento econômico. Para atingir isso, estão dispostos a vender seus recursos para quem der o lance mais alto. Eis a genialidade da estratégia chinesa: cada país obtém o que quer.

A China, é claro, obtém acesso a commodities, mas os outros países recebem os empréstimos para financiar programas de desenvolvimento de infraestrutura em suas economias, recebem oportunidades de comércio (gerando renda para seus próprios cidadãos) e investimentos que podem sustentar a tão necessária criação de empregos. Só em 2010, a China se comprometeu a investir 12 bilhões de dólares em linhas ferroviárias na Argentina. Segundo Chris Alden, os fluxos de IED chinês para a África eram de 48 bilhões de dólares em 2006 e chegaram a 88 bilhões de dólares apenas dois anos depois — grande parte deles destinada a despesas com infraestrutura. Os valores, pura e simplesmente, já são bastante importantes para os países beneficiados, é claro, mas igualmente o são os benefícios secundários. Com estatísticas preocupantes, como as do relatório da Organização Internacional do Trabalho de agosto de 2010, revelando que cerca de 81 milhões de jovens entre 18 e 25 anos estão desempregados, investimento e geração de empregos serão centrais para o futuro progresso do mundo. Isso é particularmente verdade entre países do mundo emergente — na África e no Oriente Médio —, onde mais de 60% da população tem menos de 24 anos.

Países pobres (e ricos também) precisam de empregos para deter o risco de descontentamento social, capaz por sua vez de ampliar o risco de agitação política e de revoltas. Ao construir fábricas, propiciar projetos de infraestrutura e abrir minas, a China está ajudando a criar esses empregos em países com recursos para vender. A China também angariou amigos e aplausos por seus esforços em fundar centros de saúde pública e escolas. No mundo todo, os países mais empobrecidos — aqueles que carecem tanto de instalações médicas e educacionais adequadas como do dinheiro para investir nelas — acolhem de braços abertos a generosidade chinesa. Essas verbas ajudam os governos dos países beneficiados a criar hospitais e escolas capazes de atender a demanda de forma significativa. Em países por toda a África, onde a incidência e a prevalência de doenças são um peso e onde as taxas de analfabetismo apresentam significativo espaço para melhoria, a generosidade chinesa é em geral preferida às intimidações que costumam acompanhar o apoio financeiro dos tradicionais doadores (ocidentais) de assistência. A decisão de 2005 tomada pelo governo Bush de cortar a ajuda financeira para a distribuição de preservativos na África, dando preferência a programas que defendiam e promoviam a abstinência sexual, é apenas um exemplo dramático de uma tendência persistente que, para muitos africanos, cheira a hipocrisia e paternalismo.

Em 2010, estima-se que 23 milhões de pessoas estavam vivendo com HIV/Aids na África (cerca de 2/3 do total mundial) e que as taxas de alfabetização eram de apenas 30% (vis-à-vis às economias desenvolvidas onde as taxas de alfabetização estão próximas a 99%). Para esses países, a proposta de permutar recursos por infraestrutura, escolas ou saúde parece um negócio óbvio. No mundo todo, e nos países em desenvolvimento em particular, a China vem suprindo as carências de infraestrutura — e de maneira bastante significativa. Suas táticas estão ficando maiores e mais ousadas, assim como, inevitavelmente, as críticas que a China tem atraído.

Nem tudo é um mar de rosas

Ninguém pode dizer ao certo por quanto tempo o avanço chinês sobre os mercados de commodities do mundo continuará. Mas não é por falta de dinheiro que seu ímpeto vai diminuir.

Em 2011, as reservas internacionais da China — as maiores do mundo — haviam alcançado mais de 3 trilhões de dólares. Partes do vasto portfólio chinês cresceram a uma taxa de variação homóloga de 15% e obtiveram até um bilhão de dólares diários. Em 2011, a exposição financeira do portfólio chinês podia ser dividida mais ou menos da seguinte forma: mais de um trilhão de dólares alocados em títulos da dívida do governo norte-americano (aproximadamente 90% do investimento chinês nos Estados Unidos), cerca de 200 bilhões comprometidos com outros investimentos nos Estados Unidos, mais 100 bilhões de dólares em ações norte-americanas (o que permite à China assegurar parcelas proprietárias em companhias) e o restante distribuído livremente pelo resto do mundo. Dinheiro nessa ordem de grandeza certamente atrai tanto inimigos quanto amigos, e, por todo esse tempo, a corrida global chinesa por recursos tem sido chamada de muitas coisas por empresários internacionais, políticos e analistas da mídia — as acusações de irresponsabilidade e de pagar em excesso de forma irracional pelos ativos estão entre as mais comuns.

O rastreador de investimentos da China acompanha não só contratos fechados com sucesso; ele também mantém um histórico de "investimentos problemáticos" — acordos que foram cancelados ou cujos termos foram substancialmente alterados. Entre 2005 e 2009, 56 acordos, totalizando 140 bilhões de dólares, foram rejeitados. A despeito de seu progresso no cenário global, a campanha por amealhar recursos não tem sido nenhum mar de rosas para a China.

Em 2005, políticos norte-americanos barraram uma tentativa da CNOOC (um conglomerado petrolífero chinês) de comprar a Unocal por

18 bilhões de dólares e, em 2008, uma oferta feita pela Huawei (uma companhia chinesa de soluções em tecnologias de informação e comunicação), no valor de 600 milhões em participação na 3COM (uma fabricante americana de aparelhos eletrônicos digitais, posteriormente adquirida pela americana Hewlett-Packard, em 2010).

Organizações internacionais como o Fundo Monetário Internacional e o Banco Mundial também intervieram numa série de transações relacionadas com a China, particularmente quando ligadas a países africanos. Um acordo de 3 bilhões de dólares permutando infraestrutura por minérios e envolvendo o Export-Import Bank of China e a República Democrática do Congo (RDC), por exemplo, foi descartado em 2009, após o FMI ter objetado que o negócio teria um impacto negativo no nível global da dívida da RDC. Depois de muitas idas e vindas, os chineses deram o braço a torcer, aquiescendo às exigências do FMI de renegociar o investimento de um planejamento original de 9 bilhões de dólares para 6 bilhões.

A transparência — ou sua falta — também tem sido motivo de querelas nos negócios chineses. Todos os dias, centenas de negociações envolvendo o país são iniciadas sem conhecimento público. Essas transações no "mercado de balcão" ou fora da bolsa (isto é, negócios que ocorrem fora dos mercados organizados) possibilitam a comercialização de ações, títulos, commodities, moedas estrangeiras e seus derivativos diretamente entre as duas partes. Ao contrário da negociação em bolsas de futuros ou de valores, onde os negócios são (frequentemente) visíveis para todos, nas transações no mercado de balcão a precificação é oculta — ainda que esses negócios exerçam impacto na precificação mais ampla do mercado e em outros ativos. Mas a preocupação com a transparência vai além da questão dos preços. Muitas vezes há pouca informação sobre a duração dos negócios com os chineses, ou como e por que os termos são combinados da forma como são — ainda que esses fatores atuem no mercado mais amplo. Não obstante, devido aos volumes envolvidos e porque se trata da China, sempre há tentativas de expor os detalhes dos negócios de commodities do país mesmo quando são ostensivamente privados.

Em princípio, transações de balcão, ou seja, fora da bolsa ou privadas, nada são além disso — privadas, concluídas longe dos olhares atentos de quem está de fora. Na prática, mesmo esse tipo de acordo é monitorado e sujeito à aprovação reguladora, muitas vezes tanto no país beneficiado como na China. Mas dados o escopo e a abrangência do envolvimento chinês na área de commodities mundial, tem havido uma exigência (em grande parte não coordenada) dos operadores financeiros, legisladores internacionais, governos e populações em países ricos em commodities para que os detalhes dos acordos sejam revelados.

A China é acusada também de pagar em excesso por ativos de commodities — muito além de qualquer preço de mercado que o mercado consideraria como um valor justo. Pagamentos excessivos e prêmios enormes tornam os ativos inatingíveis para os potenciais competidores e asseguram que a China fique com os espólios — a todo custo. No caso da permuta petrolífera China-Rússia comentada anteriormente, estimativas do acordo sugerem que os chineses pagaram cerca de 35 dólares por barril (pelo petróleo russo sob o solo), quando o preço de mercado de um barril sob o solo pairava em torno de dez dólares. (Acima do solo o preço era próximo a 65 dólares.)

No nível mais amplo, e talvez essa seja uma grande ironia, dada sua história, a China também tem sido acusada de neocolonialismo — de executar uma estratégia que é meramente menos virulenta do que as campanhas coloniais do passado. Entretanto, se as antigas colonizações foram marcadas pelos relativamente poucos benefícios que levaram aos povos colonizados, a abordagem chinesa difere na medida em que oferece alguma coisa em troca para os países.

Em uma apresentação de março de 2010 intitulada "International Operation of Chinese Enterprises" (Operação internacional das empresas chinesas), Li Ruogu, diretor-presidente do Export-Import Bank of China, concordou que a campanha por recursos de seu país guarda características de incursões internacionais do passado, mas notou também diferenças importantes. Para as potências coloniais do século XIX, o comércio internacional tinha a precedência sobre o investimento. A China, contestou ele, tem cooperado com outros países em desenvolvimento baseada no princípio da igualdade e do benefício mútuo e seguiu as regras de mercado para adquirir os recursos. Na África, em particular, enfatizou ele, a entrada da China no mercado rompeu com o prolongado controle dos países ocidentais sobre a exploração dos recursos e sobre a determinação dos preços internacionais, desse modo possibilitando ao continente vender sua energia a preços de mercado pela primeira vez na história. Os comentários de Li

Ruogu foram educados, mas longe de apologéticos: a China, ele afirma em essência, planeja atingir suas ambições globais por commodities, comerciais e econômicas da maneira mais cordial e está disposta a pagar muito dinheiro para ser bem-sucedida.

Não precisamos aceitar que os motivos da China sejam qualquer coisa além de cuidar dos interesses do país, nem descartar a possibilidade de que haja potencial para abusos, inclusive sustentar regimes antidemocráticos, para concluir que a campanha por recursos chinesa é, pesados prós e contras, uma boa coisa. Seja pelo tão necessário investimento, geração de emprego ou comércio, centenas de milhões de pessoas em todo o mundo estão desesperadamente necessitadas exatamente do que a China fornece de bom grado.

Será que eles sabem de algo que não sabemos?

Um executivo bancário ocidental passou uma reprimenda em um representante chinês numa conferência internacional sobre commodities. Ele questionou publicamente o que via como um padrão consistente de má precificação nos recursos adquiridos pela China e nos negócios em que o país se envolvera. Admoestou o representante sobre a incapacidade chinesa de atribuir um preço correto às transações, advertindo o outro de que esses preços errados criavam o risco de pagamentos em excesso em futuras transações feitas pela China, o que adversamente distorceria os mercados de commodities em geral. Em seguida, exibiu modelos ocidentais detalhados e complicados que descontavam fluxos de caixa futuros, usando a taxa apropriada de desconto baseada no mercado, e discorreu sobre a estimativa do modelo para o valor justo mais precisamente calculado de qualquer dado recurso. O funcionário do governo chinês permaneceu em um silêncio desanimador.

Há uma opinião amplamente compartilhada entre empresários e outros atores do mercado internacional de que os chineses "simplesmente não entendem", imputando o que são vistas como gritantes precificações incorretas à ingenuidade, à ignorância e, possivelmente, até a uma falta de bom-senso.

Para os negativistas de plantão que criticam a estratégia chinesa, uma abordagem inteiramente diferente seria realizar uma engenharia reversa em seu modo de pensar: em lugar de presumir que as técnicas de precificação chinesas são primitivas, eles estão dispostos a se perguntar o que teria de ser verdadeiro para que os preços praticados pela China, em sua campanha massiva por commodities, estivessem corretos? Explicando de outro modo, se a política de preços da China é realmente sensata, o que teria de ser verdade? Para começar, o papel declarado pelo governo em uma economia seria um fator.

Assim, duas visões divergem radicalmente. O sistema de referência chinês está cauterizado em torno do papel amplo, com planejamento central, do Estado. Órgãos governamentais guiados pelo Estado controlam os negócios e empregam os fatores de produção — capital e trabalho — para atender as metas econômicas do partido. Essa postura diverge da abordagem capitalista mais laissez-faire, preferida nos Estados Unidos e na maioria da Europa Ocidental, onde, em grande parte, os indivíduos decidem qual o melhor modo de gastar seu dinheiro e empregar seu trabalho — e isso determina o cenário do comércio. É uma questão de grau, é claro, na medida em que há empreendimentos privados na China, e o governo norte-americano efetivamente desempenha um papel fundamental na determinação da propriedade dos negócios em determinados setores. Quem está com a razão?

A medida apropriada de envolvimento do governo em uma economia tem sido debatida há séculos. (A obra de Adam Smith, *A riqueza das nações*, publicada em 1776, é uma articulação precoce sobre a necessidade de limitar o papel do Estado.) Contudo, o celebrado sucesso econômico da China e os atuais apertos econômicos dos Estados Unidos trouxeram o debate outra vez à voga. Aqui estamos nós: dois vieses econômicos diferentes — um amplamente guiado pelo Estado, o outro motivado pelo setor privado — envolvendo dois países que não poderiam estar politicamente mais distantes. Mas ambos os modelos são uma prova positiva de que o crescimento econômico sustentado pode surgir de diferentes paradigmas econômicos e diferentes contextos políticos.

A despeito dos atuais desafios enfrentados pelas economias capitalistas de estilo ocidental ante as consequências da crise financeira de 2008 (desemprego elevado aliado a níveis elevados de descontentamento, como incorporado nas campanhas do Occupy Wall Street), o modelo de estilo ocidental tem conhecido amplo sucesso na melhoria do padrão de vida médio ao longo de décadas. Mas tal é o caso também da abordagem centrada no governo escolhida pela China. A diferença no estilo político, particularmente a abordagem estatal chinesa, dá à China uma nítida vantagem no acesso a recursos e na obtenção de suas metas econômicas mais amplas, como impulsionar o crescimento econômico e reduzir a pobreza. Mas também vai ao cerne da razão pela qual a China parece pagar substanciais quantias de dinheiro — ostensivamente sobre o valor — para ter acesso aos recursos. Tudo se resume ao contexto chinês ou à função de utilidade.

Eis como funciona: em economia, uma função de utilidade mede o grau de satisfação obtido por se consumir um bem ou serviço. Mais especificamente, o comportamento dos governos (e indivíduos) pode ser explicado como tentativas de aumentar ou diminuir utilidade. Embora os governos devam ter a mesma função de utilidade (todos obtêm satisfação com o aperfeiçoamento ou a melhora econômica de seus cidadãos), diferenças no papel prescrito para o Estado significam que seu escopo e capacidade de aumentar a satisfação vão diferir.

No caso em questão, o fato de que o governo chinês detém um papel mais amplo em impulsionar a economia e determinar os resultados econômicos significa que possui mais instrumentos para maximizar sua função de utilidade do que um governo com papel mais restritamente definido — como é o caso dos Estados Unidos, por exemplo — e esses são instrumentos de que a China lança mão mesmo ao acessar as commodities globais. Por exemplo, a campanha por commodities chinesa é muitas vezes acompanhada pela alocação de força de trabalho chinesa no exterior, o que ajuda a China a gerar empregos e a lidar com o desemprego doméstico.

Assim, quando a China "paga em excesso" por terra, água, energia ou minerais no exterior, está essencialmente pagando um preço com prêmio para compensar o acesso à commodity (de modo a atender suas necessidades domésticas de recursos para o crescimento econômico), bem como outros benefícios, como a redução do desemprego (tanto internamente como pelo emprego de trabalhadores chineses no exterior), o que pode impulsionar o país na conquista de suas metas de desenvolvimento e, de forma importante, manter a coesão social.

Em termos simples, se o governo chinês não cumprir suas promessas econômicas — tanto aquelas feitas explicitamente nos pronunciamentos do governo e nos relatórios do programa de trabalho como as feitas implicitamente ao alimentar as esperanças e expectativas de quase um bilhão de pessoas —, a China corre grande risco de enfrentar revoltas e tumultos, como os que o mundo testemunhou em 1989 na praça Tiananmen. Pressões como essas podem fazer os preços "pagos em excesso" pelas commodities globais parecerem uma barganha de venda de garagem. Ou, dizendo de outra forma, nenhum preço é grande demais para manter a paz no lar.

Lendo as folhas de chá

Quando se trata da cruzada por commodities da China, muitas questões permanecem. Peguemos o carvão, por exemplo. Em setembro de 2010, a China fechou um negócio com a Federação Russa comprometendo-se a emprestar 6 bilhões de dólares aos russos — destinados a projetos de exploração mineral, construção de vias para transporte de carvão, construção de ferrovias e estradas e aquisição de equipamentos para escavações minerais — em troca da promessa da Rússia de fornecer à China um suprimento constante de carvão ao longo do quarto de século seguinte.

Além do mais, a China importaria anualmente pelo menos 15 milhões de toneladas de carvão da Rússia ao longo dos cinco primeiros anos do período de cooperação de 25 anos. As importações anuais de carvão chegariam a 20 milhões de toneladas durante os vinte anos subsequentes. Como vimos no capítulo anterior, a China fez uma investida similar para reforçar seus estoques de cobre, mas no caso do cobre o desequilíbrio entre a demanda e a oferta se evidencia por si; carvão é outra história, completamente diferente. A China possui reservas imensas dentro de suas fronteiras. Por que, nesse caso, busca carvão tão agressivamente?

Na verdade, a corrida chinesa por carvão, no outono de 2010, é apenas um exemplo. Segundo um relatório da GaveKal Research, de outubro de 2010, a China era um exportador líquido de carvão até 2008; em 2009, a história mudou, e a China registrou importações líquidas de 100 milhões de toneladas, e, nos primeiros oito meses de 2010, suas importações líquidas de carvão foram de 145 milhões de toneladas. Embora essas importações respondam apenas por uma pequena parcela da demanda total por carvão no país (3%), elas correspondem hoje a cerca de 20% do comércio marítimo mundial de carvão.

PENHORANDO AS JOIAS DA FAMÍLIA

Ainda que essa seja sem dúvida uma boa notícia para exportadores de carvão, como Indonésia e Austrália, é curioso que a China tenha optado por importar recursos estrangeiros e economizar seus próprios recursos. O carvão não é o único mineral em que tais padrões parecem estar em ação. O pendor chinês por importar zinco (do qual o país dispõe de vastos depósitos) exibe padrões curiosamente semelhantes, ao importar minerais quando a China possui depósitos substanciais internamente.

Poderia ser um simples caso de que a China necessitasse de mais carvão e zinco do que está produzindo atualmente, ou de que o processo de extração chinês fosse talvez mais caro, ou que a infraestrutura para extração adicional precisasse de mais alguns anos para entrar em ação. Em alguns casos, os padrões de compra chineses são sintomáticos dos custos de transporte globais em declínio, com o advento da tecnologia, e são o artefato de um mundo em nivelamento.

Especificamente, os custos de transporte de bens e recursos de lugares remotos, como África ou América do Sul, para a China são mais baixos do que os custos totais de asfaltar estradas ou construir ferrovias para transportar produtos do oeste da China (que é onde os depósitos estão) para o leste, mais industrializado e economicamente desenvolvido. Esses custos totais aumentam ainda mais quando os custos de exploração, desenvolvimento, extração e produção dos respectivos minerais também entram no cálculo.

Por ora, porém, o nexo entre a compra agressiva de carvão pela China, os próprios recursos domésticos do país e o estoque finito do mundo está refletido nos preços das commodities nos mercados abertos. Assim, o que segue é um resumo sobre a maneira como os preços das commodities são determinados, particularmente com a China desempenhando um papel cada vez maior. O objetivo do próximo capítulo, quando ingressamos na parte final do livro, é obter uma melhor compreensão dos critérios de precificação e do funcionamento interno dos mercados de commodity mundiais, com vistas a entender de que maneira as idiossincrasias chinesas influenciarão os mercados globais e, em última instância, ditarão os preços dos mercados de recursos.

PARTE II

O que a corrida chinesa por recursos significa para o mundo

O que aprendemos até o momento sobre a China e seu afã por commodities?

Antes de mais nada, que embora a China ocupe uma massa territorial vasta e variada, suas ambições desenvolvimentistas e econômicas excedem, em muitos aspectos, seus próprios recursos. A desertificação avança a leste e ao sul a partir dos limites setentrionais do país. O suprimento de água doce ameaça ficar escasso num futuro não tão distante. Historicamente autossuficiente em alimentos, a China tornou-se uma importadora líquida de grãos pela primeira vez em 2010. A demanda crescente por proteína entre uma classe média em expansão tende a exacerbar ainda mais os problemas de alimentar uma população de 1,3 bilhão de pessoas em crescimento. As demandas habitacionais e de consumo de bens dessa mesma classe média em expansão significam também uma demanda crescente por energia e pelos metais e minerais brutos que entram na fabricação de casas e geladeiras, tevês de tela plana e automóveis.

A fim de encarar esses desafios, os líderes chineses embarcaram em um programa imensamente ambicioso, nos âmbitos doméstico e internacional: usinas de dessalinização, oleodutos, frotas cada vez maiores de embarcações marítimas. Como uma potência colonial do século XIX, a China tem percorrido o mundo todo para assegurar os recursos necessários à concretização de suas ambições. Mas, ao contrário da maioria das potências coloniais do passado, sua estratégia tem sido baseada menos na pilhagem dos recursos naturais dos outros países do que na efetivação de acordos de longo alcance envolvendo dinheiro em troca de commodities, primordialmente com o "eixo dos rejeitados" — países e regiões que o Ocidente tem amplamente ignorado (África, Brasil, Colômbia, Argentina, Cazaquistão, Mongólia e Ucrânia).

Muitas das ações chinesas na busca por recursos parecem perfeitamente razoáveis. Comprar uma montanha no exterior pode soar pródigo ao extremo — até você parar para pensar que a montanha em questão, o monte Toromocho, no Peru, contém um dos maiores depósitos mundiais de cobre, componente essencial de quase tudo, de fios elétricos a encanamentos, e um mineral pouco abundante na própria China. Outras jogadas são exatamente o oposto: desafiam a razão. Por que, quando a China possui uma barata reserva para cem anos de carvão em seu próprio território, ela se empenha com tamanho afinco em importar o produto?

O VENCEDOR LEVA TUDO

Sejam sensatas ou não, as medidas chinesas na busca por recursos repercutem enormemente no mundo. Parte disso deve-se ao mero tamanho envolvido: as quantidades e o dinheiro. Na maior parte, contudo, é a incerteza futura semeada por tantas dessas permutas, acordos comerciais e compras diretas. Qual é o grande plano por trás disso? Que efeito esse maciço amealhar da China terá sobre os preços dos recursos e sua disponibilidade a curto e longo prazos? Essas são perguntas atormentantes que valem bilhões de dólares, talvez trilhões. Mas existe, na verdade, um mecanismo apurado, ainda que mal compreendido, para aferi-las: o mercado global de commodities. É sobre ele que nos debruçaremos a seguir.

CAPÍTULO 5

O preço das commodities: um resumo

A CADA DIA, BILHÕES DE dólares em commodities são comercializados nas 57 bolsas de commodities espalhadas pelo planeta, de Catmandu a São Paulo, de Nairóbi a Mumbai. Estabelecida em 1848, a Chicago Board of Trade é a mais antiga bolsa de commodities, mas não a maior; em 2010, esse título fica com a New York Mercantile Exchange (NYMEX).

Os mercados de commodities transacionam produtos agrícolas como grãos, carnes e outras commodities agrícolas, incluindo açúcar, milho, algodão, cacau e café. São também plataformas para comercializar energia (petróleo, derivados de petróleo, gás natural, eletricidade), commodities pesadas como minerais e metais e commodities exóticas como urânio e créditos de carbono. No geral, as bolsas realizam ativamente negócios em tudo, indo de onças de ouro e toneladas de ferro a alqueires de trigo e quilos de borracha. Assim como os mercados de ações, as bolsas de commodities atuam como câmaras de compensação para que todos esses recursos sejam comercializados de maneira transparente, seja aos preços de hoje (isto é, à vista), seja como derivativos (como contratos a termo, de futuros e de opção). Mesmo assim, o caráter diverso da terra e da água significa que esses artigos não são comercializados nas bolsas de commodities globais, ao contrário da energia e dos produtos minerais, que o são em grande parte.

Realizando rápidos negócios

Embora os preços tanto da terra como da água estejam claramente embutidos em todo um leque de commodities para as quais preços transparentes e facilmente observáveis estão disponíveis, como trigo, cevada, milho, açúcar, algodão, gasolina, eletricidade e assim por diante, eles próprios não são comercializados nas bolsas de commodities globais.

O caráter único da terra (no sentido de que é um bem imóvel e de avaliação dispendiosa — você precisa estar fisicamente presente na Argentina para estimar a qualidade, acidez, adequação ao cultivo de um pedaço de terra, ao passo que as medidas de um barril de petróleo ou de uma barra de ouro são mundialmente padronizadas) significa que sua precificação e comercialização precisam ser feitas localmente, pois ainda não existe nenhum mercado para determinar ou compensar os preços da terra numa bolsa global centralizada. Esse é ao menos em parte o motivo por que o comércio de terrenos tende a ser fragmentado, intermediado pelas agências de corretores imobiliários locais.

Similarmente, inúmeros fatores complicam a atribuição de valor para a água como uma commodity. Por exemplo, embora a água mineral seja comercializada através das fronteiras internacionais e ofereça um preço por unidade de água transparente e (teoricamente) fácil de observar, o valor implícito da água em si é desconectado de seu preço, na medida em que o valor da água como sustentação da vida é muito maior do que um preço de mercado é capaz de realmente capturar. Além do mais, recursos hídricos em geral não possuem um título de propriedade claro e transferível — raramente um único indivíduo pode reivindicar os direitos sobre um reservatório ou lago específico —, desse modo dificultando a comercialização dos recursos hídricos, ao contrário das commodities mais convencionais.

Para ser comercializado nas bolsas globais de commodities, um recurso tem de ser transferível (mesmo se você estiver vendendo direitos futuros sobre ele) e precificados de forma transparente de modo que tenha significado para aqueles que o comercializam, onde quer que o façam no mundo.

Operadores financeiros e produtores

Falando de modo geral, os investidores em commodities encaixam-se em duas categorias: operadores financeiros e produtores.

Os operadores financeiros transacionam de maneira tática no mercado, focando em obter retornos financeiros (seja comprando, seja vendendo commodities) numa base diária, com horizontes relativamente curtos. Dentro dessa categoria uma distinção adicional existe entre os especuladores, ou investidores "ativos", que incluem fundos de *hedge*, Commodity Trading Advisors (CTAs, isto é, "consultores de operações com commodities") e corretores de *swaps*, e investidores de índices, ou "passivos". Estes últimos abrangem em grande parte fundos de pensão, fundos de doações, fundos de riqueza soberana e outros grandes investidores institucionais, cada um dos quais detendo grandes quantidades de poupança mundial.

Além dos investidores financeiros, há um segundo grupo de investidores abrangentes, os produtores de commodities, que adotam uma perspectiva mais estrutural — ou seja, uma visão mais de longo prazo sobre aonde irão os preços das commodities. As companhias envolvidas na extração, desenvolvimento e produção de minas, terras de fazenda e poços petrolíferos entrariam nessa categoria, assim como produtores e usuários finais das diferentes commodities, ou aqueles que em última instância desejam se apropriar fisicamente do recurso específico. Esses investidores tendem a ser mais focados na dinâmica fundamental oferta versus demanda e, desse modo, menos focados nas mudanças de mercado ou nas oscilações de preço diárias. Eles também tendem a ter propriedade ou acesso direto ao ativo subjacente, em vez de negociar em movimentos de mercado de variáveis financeiras associadas a commodities — ações, títulos, índices de commodities.[1] Em outras palavras, eles não ganham dinheiro diretamente ao negociar instrumentos financeiros nos mercados, mas antes lucram com a venda da própria commodity.

Um comércio financeiro

Muitos fatores impulsionam a oferta e a demanda — e, assim, os preços — das commodities.

O capítulo 1 detalhou como a velocidade e determinação com que a China persegue um tipo de paridade de consumo com o mundo desenvolvido, particularmente os Estados Unidos, continuará a turvar os mercados de commodities. Em relação a isso, aumentos na renda familiar podem resultar em consumidores que fazem escolhas alimentares mais discriminantes e preferem fontes proteicas de maior qualidade, novamente influenciando a demanda por determinadas commodities. Por exemplo, as tendências sociais podem influenciar consumidores finais a tomar decisões mais conscienciosas com a saúde, o que, por sua vez, causa impacto na demanda relativa de uma commodity sobre outra — digamos, produtos com proteínas, como carne, sobre carboidratos, como trigo.

Regulamentações governamentais e intervenções políticas, como subsídios e/ou impostos, também podem tornar as commodities mais ou menos caras, assim como as descobertas e os avanços científicos que criam substitutos de commodities — o advento de fibras ópticas para substituir o cobre, por exemplo. E, é claro, a instabilidade política, que pode interromper o abastecimento, também pode influenciar os preços do recurso e, em última instância, influenciar a decisão quanto a investir ou não nas commodities.

Além desses fatores, os investidores olham para três fatores financeiros que guiam suas decisões entre comprar, vender ou segurar um investimento na commodity ou não: carregamento, volatilidade e correlação.[2]

Carregamento

Carregamento é o custo (ou benefício) da posse de um ativo. Um carregamento negativo do ativo é aquele em que os custos incorridos em segurá-lo (digamos, o custo de tomar emprestado para comprar o ativo) excede quaisquer benefícios; o oposto é verdadeiro para um ativo dito de carregamento positivo.[3] Commodities são ativos de carregamento negativo se o custo da posse (digamos, custos de armazenamento, seguro, custos de segurança ou depreciação) é mais elevado do que qualquer ganho ou retorno por segurar o ativo.

Uma vez que commodities não produzem fluxos de caixa interinos como dividendos ou pagamentos de juros, para ser integralizado, o carregamento também inclui um fator único de ajuste conhecido como "rendimento de conveniência",[4] que reflete o benefício de que, ao contrário de outros ativos, é verdadeiramente possível segurar ou usar uma commodity física subjacente (um barril de petróleo, um alqueire de trigo etc.).

O carregamento influencia a inclinação ou curvatura das curvas de commodities. Essa curva é simplesmente um mapeamento do preço de uma commodity em qualquer dado momento no futuro, e a forma da curva nada mais é do que uma expressão da dinâmica entre a oferta e a demanda prevalente no mercado a qualquer dado instante no tempo.

Em geral, investidores de commodities estão procurando exatamente a mesma coisa que outros investidores: uma curva de preço ascendente sobre as commodities que estão tentando comprar ou segurar, e uma descendente que diga a hora de vender. Entretanto, existe um jargão especializado na negociação de commodities que reflete exatamente esse fato.

Especificamente, no jargão da comercialização de commodities, diz-se que uma commodity deve ser negociada em *contango* quando seu preço à vista (o preço da commodity hoje) é menor do que o preço a termo, sinalizando a existência de uma ampla oferta no mercado para atender à demanda. O oposto do *contango* é quando uma curva de commodity está em *backwardation*. Nesse caso, o contrato à vista é comercializado a um preço mais alto que os futuros. Essa curva descendente, ou em *backwardation*, sinaliza escassez da oferta de uma commodity. Em resumo, a distinção entre *contango* e *backwardation* é crucial para ajudar os observadores do mercado a aferir quando os mercados estão numa posição de estresse ou se aproximando dela.

Sob *contango*, o preço futuro da commodity diminui progressivamente para o preço à vista, de modo que o rendimento de rolagem é negativo — ou seja, o rendimento que um investidor de futuros, em posição comprada, captura quando o contrato de futuros converge para o preço à vista. Em um mercado de futuros em *backwardation*, o preço aumenta progressivamente para o preço à vista (um rendimento de rolagem positivo). Um exemplo simples de diminuição dos preços sob uma curva em *contango* é se o preço à vista for sessenta dólares e o preço futuro, em seis meses, for de 65 dólares, de modo que em seis meses o preço futuro iria recuar de 65 para sessenta dólares, consequentemente convergindo para o preço à vista e assim ostentando um rendimento negativo. Em um mercado de futuros em *backwardation*, se o preço à vista estivesse em noventa dólares e o futuro em 85 dólares, o preço iria avançar de 85 dólares a fim de convergir para o preço à vista corrente de noventa dólares. Basicamente, essa dinâmica de curva funciona como canários numa mina, para alertar os investidores quanto a tremores de superoferta ou suboferta de commodities assomando no horizonte.

Volatilidade

A volatilidade também ajuda os investidores a decidir se compram ou se vendem a descoberto (*go short*).[5] A volatilidade do preço de commodity é uma função da infraestrutura física — a facilidade com que as commodities são produzidas, transportadas e armazenadas — e, especificamente, o grau em que há restrições desses fatores. Em geral, volatilidade é uma função positiva do preço: ou seja, quanto mais elevados os preços, mais elevada a volatilidade. (Isso tende a ser o oposto com ações, para os quais a volatilidade mais alta tende a ocorrer quando os preços das ações despencam.)

A volatilidade do preço de commodity é também uma função dos inventários, ou de quanto estoque de um recurso está disponível ou armazenado. Em commodities, os inventários são geralmente medidos como "consumo em semanas" — uma estimativa do número de semanas de consumo que os inventários existentes podem durar. Quando eles caem abaixo de um certo número de semanas, rompem uma barreira psicológica na qual as pessoas ficam nervosas, e essa incerteza leva a volatilidade a aumentar exponencialmente.

As crescentes pressões de demanda que surgem das economias emergentes significam que as restrições de infraestrutura física (por exemplo, inventários de commodities e capacidade de armazenamento) estão se tornando mais limitantes, fazendo com que seja difícil para o mercado lidar fisicamente com choques de demanda. Mais importante, se a agressiva entrada da China na busca por recursos estivesse perturbando o equilíbrio entre a oferta e a demanda de alguma commodity em particular, seria de se esperar que sua volatilidade se acelerasse.

Correlação

A correlação mede o grau em que duas *securities* se deslocam uma em relação à outra. Correlação positiva perfeita implica que quando uma *security* se move, a outra se moverá no mesmo ritmo, na mesma proporção e na mesma direção. Se duas *securities* apresentam correlação perfeitamente negativa, então quando uma se move numa direção, o outro ativo vai na direção oposta. Da perspectiva da diversificação do portfólio, a inclusão de ativos negativamente correlacionados em um portfólio pode ajudar os investidores a atingir uma diversificação significativa.

No passado, as commodities estiveram correlacionadas negativamente de forma significativa com outras classes de ativos, como ações, e foram assim uma adição imperativa a um portfólio de investimentos bem balanceado como um todo, que se beneficiava fortemente de uma mistura dos dois. Contudo, um equilíbrio tão harmonioso é encontrado principalmente em um mundo ideal de modelos acadêmicos. Com o tempo, a correlação entre commodities e outras classes de ativos passou a ser positiva — claro que em detrimento de uma substancial diversificação de portfólio. Vamos considerar em mais detalhes como isso ocorreu.

Uma ilustração

Há uma década, as commodities eram vistas como ativos obscuros, ilíquidos e arriscados, restritos a apenas um punhado de investidores especializados que compreendiam verdadeiramente o funcionamento interno dos mercados de commodities. Isso levou o gerente de fundo de *hedge* e autoridade em commodity Jim Rogers a gracejar que "commodities não são respeitadas". Rogers despertou sozinho a indústria financeira ao observar profeticamente que não era possível ser um investidor de sucesso em ações, títulos ou moedas sem uma compreensão sobre as commodities.

Com o tempo, as commodities se transformaram numa importante classe de ativos, conforme investidores financeiros que tradicionalmente mantinham imensas exposições em ações e em títulos passaram a despejar bilhões de dólares em investimentos de commodities. Em 2000, o equivalente a cerca de 6 bilhões de dólares em aplicações financeiras foram investidas em commodities; em 2011, esses investimentos chegaram perto de 380 bilhões de dólares — um crescimento de mais de sessenta vezes em apenas uma década.

Aplicar em commodities se tornou lucrativo quando uma feliz confluência dos fatores discutidos anteriormente contribuiu para uma proposta atraente. As commodities eram em larga medida não correlacionadas com outras classes de ativos (como ações e títulos) e assim ofereciam diversificação. A volatilidade da commodity era baixa, o que fazia o índice de Sharpe — ou seja, a razão do retorno sobre o risco — parecer atraente (ou seja, mais alto), conforme os investidores auferiam relativamente mais retorno com uma quantidade menor de risco. Finalmente, muitas transações com commodities tinham carregamento positivo graças à curva em *backwardation*, o que indicava que muitos mercados de commodities estavam enfrentando cenários de escassez. A curva em *backwardation* significava, com efeito, que, só por manter a posição e não fazer nada, até o investidor mais passivo de todos podia ganhar dinheiro.

Operadores de mercado são conhecidos por seu comportamento de ir com a manada, ou seja, eles compram juntos e vendem juntos bilhões de dólares em investimento. E estimulado pela promessa de retornos substantivos e benefícios de diversificação, o negócio com commodities não tem sido exceção. *Investidores financeiros passivos* (fundos de pensão, grandes investidores institucionais e investidores de índices) foram os primeiros a investir em commodities, unindo-se aos produtores na compra e venda de ativos de commodity. Mais tarde, os *especuladores ativos* choveram sobre o mercado de commodities, investindo mais bilhões em capital. Tal foi o influxo de capitais nas commodities feito pelos investidores financeiros que os benefícios de diversificação que haviam existido começaram a se dissipar, arbitrados essencialmente pelo volume maciço de influxos de capital. Pior ainda, esse vasto influxo de capitais distorceu o real valor das diferentes commodities.

De ativos de investimento a ativos de consumo

O movimento multibilionário de dólares para o mercado de commodities pôs em destaque uma mudança psicológica mais fundamental, embora mais sutil, em que os investidores (erroneamente) acharam que estavam mudando de um investimento (digamos, ações) para outro (commodities), quando na verdade estavam mudando seu portfólio de ativos *de investimento* para ativos *de consumo*. Transferir o capital dos ativos de investimento para os ativos de consumo é debilitante, na medida em que reflete uma redução no capital de investimento cujos alvos são setores importantes, incluindo o setor de recursos. Além do mais, segurar os ativos de consumo equivale a fazer entesouramento, o que reduz a liquidez do mercado.

Ativos de investimento, ou que produzem dinheiro, geram benefícios na forma de retornos financeiros futuros, ou afluência de futuros fluxos de caixa. Exemplos de ativos de investimento incluem equipamentos, trilhos ferroviários, uma companhia, uma ideia. No contexto do setor de recursos, seriam como investir em uma mina, uma fazenda produtiva ou um poço petrolífero. Em cada caso, os investidores põem dinheiro nos ativos com a expectativa de que em alguma data futura vão gerar uma afluência de fluxos de caixa.

Ativos de consumo, por outro lado, não produzem um fluxo de caixa contínuo. Pense nos ativos de consumo como aqueles com os quais os investidores esperam obter um retorno ou benefício mais imediato com seu uso — digamos, uma casa, ou commodities que sejam consumidas. O mais importante, quando os investidores põem dinheiro em produtos financeiros como índices de commodities, eles estão, em essência, colocando dinheiro em um ativo de consumo, por oposição a um ativo de investimento (um índice de commodity é uma média de preços de commodity que rastreia a performance de uma "cesta" de commodities específica). Os índices de commodity oferecem aos investidores a possibilidade de angariar retornos mais elevados; entretanto, o capital aplicado nesses produtos financeiros não financia diretamente investimentos ou investimentos em projetos de companhias (digamos, em produção de alimentos ou suprimentos petrolíferos e minerais, como o fariam investimentos em ações ou títulos).

Quando as pessoas pegam seu dinheiro e compram ativos de consumo, o que estão de fato fazendo é pré-adquirindo consumo futuro. Por exemplo, quando uma pessoa compra uma casa para morar, o que ela está realmente fazendo é pré-adquirindo acomodação ou, pondo de outro modo, pagando antecipadamente, digamos, trinta anos de consumo de aluguel futuro. Similarmente, quando um fundo compra uma *strip* de petróleo (um investimento financeiro ligado a petróleo, no qual são previstas entregas sequenciais da mercadoria ao longo do tempo em um só contrato futuro), tudo que está fazendo é comprando antecipadamente anos futuros de consumo de petróleo. Ao aplicar dinheiro nos ativos (financeiros) de consumo, os investidores inadvertidamente fazem duas coisas. Em primeiro lugar, celebram um ganho (retornos melhorados) na ocasião em que os preços de alimentos/commodities sobem, quando na verdade a sociedade deve envidar esforços para manter o preço das commodities o mais baixo possível. Em segundo lugar, eles negligenciam o fato de que, no agregado, "ganhos" de portfólio que ocorrem quando os preços de alimentos/energia/commodities estão altos são na verdade contrabalançados pelo fato de que as pessoas (famílias, consumidores e os próprios investidores) se veem em pior situação, visto terem de enfrentar preços mais elevados na bomba e nos supermercados.

Investidores, é claro, estão sempre à procura de retorno elevado, mas, quando dinheiro destinado a investimento de longo prazo é desviado para retornos imediatos ou consumo, coisas ruins tendem a acontecer, independentemente do tipo de bolsa em que se esteja negociando. Prova disso foi a crise hipotecária do *subprime*, no setor habitacional, de 2008, em que os investidores tiraram dinheiro dos ativos de investimento — corporações manufatureiras ou industriais, digamos — e alocaram em ativos de consumo, incluindo índices habitacionais financeiramente construídos, o que permitiu às pessoas comercializar preços de moradias sem na realidade possuir uma casa. Nesse caso, quando a poeira assentou, não havia virtualmente nenhum valor subjacente.

De modo similar, no mercado de commodities, quando os investidores buscam recompensa imediata e ignoram os meios de produção que criam a commodity, sempre há o perigo de os preços crescerem sobre as costas de tolos maiores — a ideia de que os investidores compram ativos aos quais não atribuem grande valor, mas que, antes, acreditam ser capazes de vender a algum outro (um tolo maior) por um preço mais elevado. Isso acrescenta pressão para que os preços (das commodities) mudem. Mas seria incorreto sugerir que as subidas de preços das commodities (e, em particular, o envolvimento dos especuladores nos mercados de commodities) estão todas associadas com a teoria do tolo maior, ou que os especuladores se envolvem nos mercados financeiros apenas porque algum outro, um tolo maior, vai comprar o ativo a um preço mais elevado em alguma data futura. Na verdade, é bem mais frequente que os especuladores, como outros investidores envolvidos em comprar e vender ativos financeiros (commodities), estejam focados nos princípios da oferta e da demanda. No entanto, o perigo de os preços crescerem nas costas de tolos maiores pode levar a bolhas, que podem estourar e desembocar em períodos de desemprego elevado, crescimento econômico rastejante e dívidas e déficits consideráveis capazes de levar décadas para serem sanados. E de modo crítico, quando commodities estão envolvidas, o subinvestimento na produção de commodities advindo do desvio de capital gera desequilíbrios maiores entre a oferta e a demanda globais e a escassez geral de recursos.

O preço do arroz na China

Ao longo dos primeiros seis meses de 2011, o preço da carne de porco subiu quase 40% na China. Para corrigir o descompasso subjacente entre a oferta e a demanda desse que é um gênero básico na mesa chinesa, o governo liberou estoques de carne de porco congelada de sua reserva nacional de 200 mil toneladas. A medida apaziguou a inquietação social, mas, liderados pela carne de porco, os preços dos alimentos pressionaram ainda mais os números da inflação oficial chinesa, para um pico de 6,5% em julho de 2011, levando o governo a subir as taxas de juros e as exigências de reservas bancárias.

Outros governos nacionais não escaparam tão facilmente. Em 2007, tumultos por causa de alimentos irromperam no México, provocados pela alta dos preços do milho, usado para fazer tortilhas. Em 2008, tumultos e manifestações violentas foram registrados no Egito, no Haiti, na Costa do Marfim, em Camarões, na Mauritânia, em Moçambique, no Senegal, no Uzbequistão, no Iêmen, na Bolívia e na Indonésia — em cada ocasião, motivados pelos custos dos alimentos, que haviam subido em cerca de 40% no mundo todo em menos de um ano. No total, entre 2005 e 2008, os preços do milho quase triplicaram, o arroz subiu em 170% e os preços do trigo subiram cerca de 127%.

Inúmeros fatores conspiraram para essas dramáticas movimentações nos preços em todas as situações. Mas o ponto fundamental é que os preços das commodities causaram impacto direto nos padrões de vida, muitas vezes com efeitos deletérios. Os preços dos alimentos e da energia podem atiçar facilmente a inflação ao consumidor. Em economias mais pobres, compras de alimentos e relacionadas aos alimentos correspondem à metade dos orçamentos familiares. E os preços dos alimentos contribuem, grosso modo, em 20% para a inflação dos preços ao consumidor na Europa Ocidental e em cerca de 80% em países como a China.

Contudo, os fatores exatos que impulsionam os preços de commodities permanecem um tópico de considerável debate. Na maior parte, esses são influenciados por uma série de variáveis, particularmente durante picos de preços pouco característicos, mas, fundamentalmente, como todos os outros bens e serviços, os preços de commodities são determinados pela relação entre a demanda e a oferta. Vamos começar com a demanda.

Fatores de demanda específicos da China, como os obstáculos demográficos em relação à riqueza e urbanização detalhados em capítulos anteriores, exercem pressão sobre um recurso — e consequentemente seu preço — se a produção da commodity deixa de atender a demanda, assim como o faz a concomitante demanda dos consumidores originada dos mercados emergentes mais amplos, como a Índia e o Brasil.

Políticas fiscais e monetárias relativamente frouxas contribuem também para a demanda por recursos globais e para as crescentes pressões sobre os preços. Do início até meados da década de 2000, governos em todo o mundo industrializado perseguiram e presidiram uma expansão fiscal sem precedentes — permitindo que mais dinheiro fluísse pela economia — e ambientes historicamente com baixas taxas de juros, produzindo os hoje tão conhecidos débitos e déficits monstruosos. Essas políticas geraram um excesso de dinheiro barato disponível no mundo todo, o que perseguiu as propostas atraentes de investimentos em commodities, alentou uma maior demanda e forçou os preços dos recursos para cima.

Pelo lado da oferta, ligações notáveis existem entre as movimentações no preço da moeda e a disponibilidade de commodities — metais, minerais e produtos agrícolas, em particular. A causalidade depende da estrutura de custos e, especificamente, o tamanho relativo dos custos de capital versus os custos operacionais na produção da commodity.

Projetos de metal e mineração tendem a ter custos variáveis (operacionais) muito altos, mas relativamente menores exigências de capital inicial. Os custos variáveis são normalmente denominados nas moedas locais, ao passo que gastos de capital são em geral denominados em dólares. Desse modo, uma desvalorização do dólar eleva os custos operacionais (já que as moedas locais ficam mais caras), mas não exerce impacto algum nos custos de dispêndio de capital. Tais aumentos de custo põem pressão na produção e, em última instância, baixam a oferta de commodities afetadas. Em contraste, como a energia é uma indústria com intensidade de capital muito elevada, com custos variáveis ou operacionais muito baixos, movimentações no dólar tendem a ser precificadas inteiramente em movimentações nos preços do petróleo denominados em dólar, e, assim, os movimentos na moeda estrangeira praticamente não exercem impacto na energia.

O subinvestimento crônico na produção petrolífera tem contribuído para o déficit global na oferta de energia. Em particular, a incapacidade de o investimento em infraestrutura acompanhar o crescimento da demanda tem levado a persistentes desequilíbrios entre a oferta e a demanda em todo o espectro de commodities. O subinvestimento no setor energético (e também agrícola) significa que aumentos na demanda por recursos irão consumir os estoques e exaurir qualquer capacidade produtiva ociosa que porventura exista, e, como resultado, os fornecimentos de commodities são forçados para baixo. Com a oferta fixada e nova demanda a caminho, os preços das commodities são forçados para cima.

O suprimento de commodities também é influenciado pela codependência de diferentes recursos uns em relação aos outros. Por exemplo, a oferta e os preços de produtos agrícolas movimentam-se em conjunto com os preços não agrícolas, como os da energia. Custos energéticos em elevação aumentam os custos de fertilizantes, implementos e distribuição dos alimentos. Naturalmente, custos mais altos para transportar grãos do produtor para o consumidor traduzem-se em preços mais elevados dos grãos, da agricultura e dos alimentos. Impostos e tarifas mais altos sobre a água também pesam na produção de alimentos e energia e, consequentemente, têm o potencial de restringir a oferta de ambos os recursos e forçar os preços ainda mais para o alto.

A oferta de produtos agrícolas também é restringida por fatores exógenos como o clima. Episódios recorrentes de seca na Austrália (desde 1860 houve nove grandes secas na Austrália, com a seca de 2003 sendo considerada a pior de todas) e a geada de 1994 no Brasil que acabou com a produção nacional de café são exemplos clássicos de como padrões climáticos imprevisíveis podem sabotar gravemente a produção agrícola. Não é de surpreender que em anos assim, quando a proporção dos estoques em relação aos suprimentos desaba, os preços dos gêneros alimentícios disparam.

Os suprimentos de commodities mundiais são também impactados negativamente pela ação e interferência do governo. Programas de subsídios como a US Farm Bill (uma legislação referente às políticas agrícolas dos Estados Unidos, aprovada em média a cada cinco anos) ou a análoga Política Agrícola Comum da União Europeia (PAC) podem limitar a produção global. Nesse meio-tempo, políticas intervencionistas, como a proibição de exportação de arroz, em 2008, no Vietnã ou a proibição de exportação de trigo, em 2010, na Rússia, impõem restrições à oferta de commodities no mercado global. Obstáculos políticos ao livre fluxo de capital, trabalho e tecnologia também impedem o crescimento dos investimentos, independentemente do preço ou do retorno esperado, e isso pode gerar escassez de recursos físicos a longo prazo — novamente resultando em preços de commodities mais elevados.

Com tal quantidade de variáveis afetando tanto a disponibilidade como os preços das commodities, pareceria quase fútil tentar apontar de quem é a culpa pelos déficits e picos, mas isso não impediu alguns de fazê-lo.

Especuladores especulam

Em julho de 2011, o papa Bento XVI proclamou que transações financeiras baseadas em "atitudes egoístas" estão disseminando a pobreza e a fome e clamou por maior regulação dos mercados de commodities alimentícias para garantir a todo mundo o direito à vida. Nas palavras do papa: "Como podemos ignorar o fato de que os alimentos se tornaram objeto de especulação ou que estão ligados a movimentações em um mercado financeiro que, carecendo de regras claras e princípios morais, parece atrelado ao objetivo único do lucro?"

Um relatório do Banco Mundial de julho de 2008 aparentemente apoiava as preocupações do papa Bento. Ele revelava que, entre outros fatores, a "atividade especulativa" ajudara a aumentar os preços das commodities em até 75% de junho de 2002 a junho de 2008. Outras estimativas sustentam que, às vésperas de 2008, os especuladores aumentaram o preço do petróleo a uma média de 9,50 dólares o barril.

Críticos dos especuladores de commodities apontam para o fato de que enormes influxos de dinheiro em qualquer ativo terão impacto sobre os preços — especialmente nos pequenos mercados. O fato de que aumentos dramáticos nos preços das commodities, às vésperas de 2008, ocorreram mais ou menos na mesma época em que vastas somas de capital de investimento (incluindo produtos financeiros ligados a commodities) se deslocaram para as commodities fortalece ainda mais as alegações de que os atores do mercado financeiro distorcem a forma da curva futura e dos preços das commodities.

Pesquisas paralelas, contudo, não encontram ligação significativa entre a "financeirização" de commodities e as mudanças de preços, concluindo que os preços das commodities são impulsionados pelos fundamentos econômicos da oferta e da demanda. Em uma linha similar, análises empíricas de instituições financeiras rendem resultados mais nuançados, concluindo que investidores de índices, ou passivos, exercem pequeno impacto nos preços de commodities e que investidores mais ativos ou especuladores têm uma relação apenas vaga com os preços das commodities.

Na verdade, a despeito da crítica e do desprezo tão frequentemente lançados sobre os especuladores, pode-se defender o argumento de que, longe de prejudicar os mercados, os especuladores de commodities desempenham um papel muito construtivo em sua operação. De pelo menos duas formas eles mantêm o funcionamento eficaz e ordenado dos mercados financeiros e o mercado de commodities em equilíbrio.

Primeiro, pelo próprio dinheiro que investem e pela rapidez com que às vezes movimentam esse dinheiro por aí, os especuladores ajudam a azeitar os mercados, tornando possível que os ativos de commodity, sejam barris de petróleo, toneladas de ferro ou alqueires de trigo, possam ser mais facilmente comprados e vendidos, provendo assim mais transparência e preços competitivos. Isso reflete o fato de que os especuladores tendem a manter uma posição em commodity por curto período de tempo, por exemplo, uma questão de meses, ao contrário de muitos anos.

Segundo, os especuladores sinalizam quando cenários de escassez (déficit) ou sobra (excedente) no mercado de commodities têm probabilidade de ocorrer. O trabalho do mercado é mandar a oferta em excesso para armazenagem em tempos de excedente e tirar suprimentos do estoque durante tempos de relativa carência, e isso é precisamente o motivo pelo qual os especuladores são atraídos para mercados em que o descompasso entre oferta e demanda existe e nos quais os mercados não estão compensados. Criticar os especuladores por identificarem desequilíbrios entre a oferta e a demanda equivale a criticar um termômetro por indicar que um líquido está quente.

Por meio de suas ações, os especuladores também ajudam a orientar as decisões de investimento, assegurando que setores ou companhias que exigem investimento adicional obtenham-no e que aqueles nos quais houve superinvestimento façam o ajuste para baixo correspondente. Preços de commodities mais elevados induzidos por especuladores também encorajam os investimentos em alternativas de commodity a ocorrer, de modo que o mercado seja incentivado a buscar outras soluções para consertar os problemas entre a oferta e a demanda subjacentes. Com efeito, ao seguir os sinais constantes que os especuladores enviam, o mercado é incentivado a buscar outras soluções para consertar os problemas entre a oferta e a demanda. Como acontece nos mercados de ações, o sempre presente risco de que os especuladores vendam as ações de uma companhia de commodities induz os gerentes a avaliar e otimizar constantemente sua alocação de capital e trabalho, de modo a manter um enredo convincente para os investidores em mercados competitivos.

Explicando de outra forma, sem especuladores para expulsar as empresas ruins ou ineficientes, a economia fica com ações supervalorizadas e empresas com recursos mal alocados. Em termos de commodities, um mundo sem nenhum especulador significaria que acabaríamos com preços de commodities artificialmente baixos, subinvestimento em commodities e um mundo onde a economia global rotineiramente enfrenta escassez, em vez de ser induzida a atacar os desequilíbrios entre oferta e demanda subjacentes.

Açambarcadores açambarcam

Então, se o dinheiro especulativo não é o culpado pelo frequente sofrimento causado pelos picos e déficits, será que o oposto dos especuladores — grandes investidores institucionais que empatam seu dinheiro por longos períodos de tempo em instrumentos financeiros (tais como índices de commodity) e outros ativos de consumo, em vez de despejá-lo livremente sobre os ativos de investimento no setor de recursos — são os vilões?

Como observado antes, embora os ativos de consumo (por exemplo, índices financeiros) possibilitem aos investidores obter retornos com altas de preços, ativos de investimento direcionam o dinheiro para as companhias que põem seus fundos em ideias, inovação, produção, P&D e no desenvolvimento de capital humano no setor de recursos — tudo isso com amplos benefícios sociais. Em outras palavras, fazer um investimento no setor de recursos pode ser lucrativo de muitas maneiras além da mera valorização dos preços das commodities. Ausente tal investimento, a produção global, a infraestrutura e o fornecimento de recursos — alimentos, energia, minerais — acabam eventualmente desacelerando, e o que segue é escassez de commodities. Para a sociedade, esse é o *trade-off* entre possíveis ganhos financeiros de curto prazo sobre o portfólio de pensão dos indivíduos e insuficiências de energia e de alimentos, acompanhadas por preços de commodities mais elevados e piora nos padrões de vida, se o capital de tais indivíduos está destinado a investir em commodity do tipo consumo, em lugar do investimento.

Em seu papel como pastores e comandantes do capital das sociedades, os fundos de pensão e as companhias de seguro aparentemente teriam o compromisso obrigatório de pelo menos considerar os retornos mais amplos que a sociedade obtém na forma de empregos, novos produtos, impostos, progresso humano e abastecimento contínuo, não apenas focar nos ganhos financeiros de curtíssimo prazo. Afinal de contas, as agências internacionais como o Banco Mundial, a FAO e o Programa Mundial de Alimentos (WFP), as companhias alimentícias e os governos (que objetivam manter os alimentos o mais barato e acessível possível para sua população) são todos usuários e, assim, compradores naturais de alimentos no futuro ou de futuros de commodities de longo prazo — bem como beneficiários naturais de investimentos que enxergam, para além do retorno imediato, gratificações distantes.

Em última instância, é claro, devemos todos nos preocupar com os aumentos de preços das commodities, sejam eles oriundos de fatores fundamentais relativos à oferta e à demanda, sejam eles influenciados pelas escolhas de compra e venda de diferentes investidores. Mas felizmente as economias criaram gatilhos para ajudar a lidar com a força dos aumentos nas commodities.

Um equilíbrio delicado

Na prática, os mercados econômicos e financeiros trabalham para assegurar que o mundo nunca fique fora de equilíbrio — pelo menos, não por períodos prolongados de tempo. Isso é normalmente conseguido apoiando-se em fatores que agem como estabilizadores automáticos. Esses estabilizadores entram em ação para alterar a demanda (ou a oferta) de modo que o mundo seja forçado a voltar ao equilíbrio.

Digamos que a economia conheça um boom e que os consumidores estejam à procura de todos os tipos de bens e serviços. Em tal circunstância, o crescimento da atividade econômica teria um efeito direto na demanda de energia, de modo que, à medida que a economia prospera, a demanda por petróleo também sobe. Naturalmente, num mundo onde a oferta petrolífera é finita e a produção está no máximo, o efeito desse pico na demanda é que os preços do petróleo sobem rápida e significativamente.

Entretanto, o preço do petróleo não pode subir indefinidamente. Mesmo se a oferta não consegue acompanhá-lo, um gatilho geralmente é disparado, em que o petróleo fica tão caro que os consumidores se voltam aos substitutos — ou até dão um jeito de se virar sem o produto. Essa redução na demanda, conhecida como destruição de demanda, ocorre acima de um preço de reserva, o preço além do qual os consumidores buscam alternativas.[6] Com o tempo, esses valores devem se ajustar e forçar o crescimento da demanda para baixo, de modo que ela se iguale à oferta, e mais uma vez os mercados equilibrem-se. Isso posto, o problema de depender da destruição de demanda para moderar os preços é duplo.

Em primeiro lugar, é impossível conhecer o preço de reserva a priori. No caso do petróleo e da energia, à medida que mais demanda vai surgindo da China e de outras economias emergentes, o preço de reserva global, pode-se argumentar, sobe, e está fadado a subir ainda mais se nada mudar. Mais especificamente, a demanda aparentemente insaciável das economias emergentes tem significado que não apenas o preço de reserva (global) sobe (o preço máximo que as pessoas estão dispostas a pagar pela energia), como também que, globalmente, o valor mínimo (ou preço-piso) que os consumidores estão dispostos a pagar pelo petróleo também aumentou.

Em segundo, embora os consumidores ocidentais queiram ter acesso a commodities, o fato de que os consumidores chineses estão dispostos a pagar mais pelos mesmos recursos significa que, à medida que os preços das commodities sobem, os consumidores nas economias mais desenvolvidas são os primeiros a mudar de commodity (destruição de demanda), e isso pode ser prejudicial para os padrões de vida ocidentais. Ao longo da última década, uma demanda de 5 milhões de barris diários foi tirada dos mercados desenvolvidos, e isso está especificamente ligado a preços em alta, devido a uma carência global de oferta. De modo que, sim, os mercados de commodities podem se autocorrigir, mas o equilíbrio é delicado, e as correções não significam uma aterrissagem suave para todos os envolvidos.

Se mecanismos de autocorreção falham e se uma aterrissagem suave não é possível, o que segue é uma carnificina. Em particular, devido ao seu comportamento de manada, os especuladores podem contribuir para bolhas especulativas, em que o preço de mercado de um ativo ou commodity é negociado a um valor muito mais elevado do que seu valor intrínseco ou justo — testemunhas disso são as bolhas das ações de tecnologia e do mercado hipotecário/habitacional. Como os especuladores utilizam dinheiro emprestado para alavancagem e, desse modo, potencializam suas apostas, quando o estouro ocorre, a economia mais ampla pode ser prejudicialmente afetada.

Os mercados de commodities também são vulneráveis a bolhas; na verdade, algumas das bolhas mais espetaculares de todos os tempos vieram na forma de commodities. Talvez a mais famosa seja a "Tulipamania", que se instaurou na Holanda em meados da década de 1630. Em janeiro de 1637, o preço de um simples bulbo de tulipa White Croonen subiu 2.600% na bolsa holandesa — para despencar em 95% na primeira semana de fevereiro, após finalmente ter sido encontrado o último grande tolo disposto a gastar o valor de uma casa no grande canal de Amsterdá por um bulbo de tulipa.

Um recado para os mercados de commodities

A questão para os investidores em commodities — a China inclusa — é quão alavancados estão os preços de diferentes commodities em relação ao

O PREÇO DAS COMMODITIES: UM RESUMO

desequilíbrio global crescente entre a oferta e a demanda por terra, água, o complexo da energia e metais e minerais. Lembremos que a terra e a água são insumos diretos nas commodities alimentícias como trigo, milho e cevada, todas negociáveis nas bolsas de commodities; assim, seus preços de necessidade refletem, até certo ponto, a disponibilidade desses recursos subjacentes.

Mais fundamentalmente, se os desequilíbrios entre a oferta e a demanda piorarem em, digamos, 10% ou 20% ao longo da década seguinte, que mercados serão os mais afetados? E o impacto disso já está sendo computado nas sempre hipersensíveis curvas e preços das commodities? As respostas a ambas as questões estão contidas na tabela a seguir.

A Tabela 5.1 apresenta estimativas previstas de oferta e de demanda para várias commodities em 2020. Não é uma lista exaustiva, mas fornece, com efeito, um retrato de algumas das commodities que enfrentaram escassez e, especificamente, riscos associados à oferta e à demanda no futuro. Mas antes de passarmos aos dados e à tabela em si, duas ressalvas.

Em primeiro lugar, *ninguém* é capaz de prever a demanda e a oferta (ou o preço) de uma commodity com certeza. Isso é verdadeiro não só para os grandes produtores petrolíferos, como também para os mais experientes analistas e investidores, com vastas quantidades de dados à sua disposição. Em geral, os negociantes investem em commodities com barras de erro enormes e podem estar cronicamente equivocados por uma multiplicidade de razões já examinadas, como as mudanças imprevisíveis nos ventos econômicos, catástrofes climáticas e assim por diante. Em segundo, a demanda e a oferta para commodities individuais são dinâmicas, e, no entanto, a tabela fornece apenas uma fotografia estática em um determinado momento do tempo. Os preços de commodities mudando constantemente significam que a demanda e a oferta de recursos estão frequentemente indo e vindo e não são estacionárias, como a tabela pode sugerir.

A despeito dessas deficiências, tais estimativas fornecem um indicativo rudimentar da trajetória enxergada pelos comentaristas mais experientes para a demanda e a oferta de determinados alimentos, energia e minerais ao longo do tempo e, mais importante, contextualizam nosso discurso sobre as movimentações dos preços das commodities no futuro.

Tabela 5.1. Desequilíbrios futuros para as commodities globais (para 2020)

Commodity	Alguns usos	Demanda (previsões 2020)	Oferta (previsões 2020)	Déficit/excedente (previsões 2020)	Retrato da curva (5 jan. 2012)
	(a)	(b)	(c)	(d)	(e)
Cobre	fios e cabos, encanamentos (para água, refrigeração)	34.358	18.098	–16.260	* Backwardation
Chumbo	baterias, pesos, soldas, balas	13.712	4.205	–9.507	Contango
Zinco	galvanização e prevenção contra ferrugem	17.627	11.293	–6.333	Contango
Milho	gêneros alimentícios, biocombustível, plásticos, tecidos, adesivos	939.747	938.847	–900	Backwardation
Níquel	magnetos, baterias recarregáveis	2.326	2.155	–171	* Backwardation
Algodão	têxteis (toalhas, jeans), filtros de café, papel, barracas, redes de pesca	141.197	142.235	1.038	Backwardation
Trigo	biocombustível, gêneros alimentícios (pão, cereal, álcool)	715.909	717.909	1.882	Contango
Soja	ração animal, óleo	290.295	297.605	7.310	^Contango
Alumínio	embalagem, transporte	72.264	134.517	62.253	Contango

* Contango no início (*front end*); ^Altamente sazonal.
Fontes: Dados sobre metais e minerais de Wood Mackenzie; dados agrícolas da USDA.

A tabela lista os dados em ordem de desequilíbrio previsto entre a oferta e a demanda — ou seja, da commodity que se espera ter a escassez mais aguda (o maior déficit, caracterizado pela diferença entre demanda e oferta) para aquela com menos probabilidade de enfrentar estresse de recurso, e de fato até excedente (onde a oferta ultrapassa a demanda antecipada).

Grosso modo, na metade encontra-se o níquel, prognosticado para estar mais ou menos em equilíbrio em 2020 — ou seja, a demanda e a oferta vão se equilibrar. O cobre, como podemos ver, lidera a projeção de déficit, com chumbo e zinco não muito atrás. Entre os gêneros alimentícios, o milho exibe o maior déficit entre as commodities mostradas aqui, mas lembremos que o milho é cada vez mais cultivado para a fabricação de etanol.

No outro lado da equação, uma quantidade de commodities parece estar em excesso ou superávit de oferta em 2020. Por exemplo, a se crer nos dados, alumínio, soja e trigo irão todos conhecer um excedente e não parecem em risco de escassez. A evidência sugere que os produtores já terão reagido (e até supercompensado) os riscos de desequilíbrios globais nessas commodities com superinvestimento e aumento da produção. Outra explicação, obviamente, é que as pressões de demanda arrefecerão com o tempo, conforme a demanda por certas commodities for saciada.

Um exemplo disso na vida real é a visão mantida por muitos investidores de que a China, em larga medida, completou a implantação e a expansão de sua infraestrutura rodoviária. Com cerca de 85 mil quilômetros de redes de ruas e estradas (os Estados Unidos têm cerca de 75 mil quilômetros), a demanda chinesa por ferro como um insumo para a infraestrutura rodoviária está enfraquecendo e decaindo. Se fosse esse o caso, o declínio global na demanda de ferro poderia forçar os preços do ferro para baixo.

De um ponto de vista financeiro, os investidores procuram comprar na baixa para vender na alta as commodities com perspectivas de déficit ou escassez, antecipando que o preço irá subir. Eles planejam vender a descoberto as commodities que apresentam excedente, na expectativa de que um superávit de oferta forçará os preços dessas commodities a cair, e iriam "esperar e observar" as commodities que estão mais ou menos equilibradas. Neste último caso, os investidores atuariam de forma mais oportunista, capitalizando nas movimentações de preço à medida que as commodities oscilassem entre o déficit e o superávit.

Como qualquer investidor poderá lhe dizer, os investidores mais bem-sucedidos transacionam nos mercados (de commodities) com duas questões em mente: *O que eu acho que vai acontecer?* e *O que eu acho que as outras pessoas (como por exemplo investidores, tomadores de decisão, economistas, políticos e consumidores) acham que vai acontecer?* Essa última pergunta traz à lembrança o famoso concurso de beleza de John Maynard Keynes, em que ele opinou, a respeito das flutuações de preço nos mercados de ações, que a estratégia vencedora para o juiz era escolher não o rosto mais bonito, mas antes o que melhor refletisse quem a maioria das pessoas percebia ser o mais bonito.

A observação de Keynes continua a valer. Em meio às múltiplas variáveis do mercado de commodities, a percepção ainda conta um bocado, mas igualmente contam a massa, a determinação e a estratégia — a massa para mover o mercado, a determinação para fazer com que aconteça e a estratégia subjacente que dirige a massa e informa a determinação. E isso nos leva de volta à China.

Além das mudanças mais amplas na demanda e na oferta, as flutuações no preço das commodities irão futuramente ser alimentadas e dominadas pelas excursões globais chinesas. A influência do país na determinação dos preços globais das commodities não pode ser atribuída apenas ao fato de que a China quer os recursos, mas também ao modo como essa que é a mais populosa, e atualmente rica, das nações mundiais está procedendo para obter acesso a elas. E é a isso que nos voltaremos agora.

CAPÍTULO 6

Encurralando o mercado

ERA UMA VEZ UM país enorme e muito pobre, mas rico em recursos, que decidiu focar no desenvolvimento. "Precisamos modernizar nossa infraestrutura, construir ferrovias, importar novas tecnologias", disse o governo. Não tardou a receberem a visita de um grande e rico país asiático. Esse país asiático lhes ofereceu um acordo: vamos dar a vocês uma linha de crédito de bilhões de dólares e vocês podem importar nossas tecnologias. Nossas companhias podem construir portos para vocês, desenvolver suas usinas termelétricas e ajudá-los a modernizar suas minas. Vocês podem nos pagar com seu petróleo, seus minerais e acesso à terra. Muitos no país pobre ficaram intensamente desconfiados dessa rica potência asiática, mas concordaram com o negócio, e o trabalho começou.

Um desses países — o país grande e pobre, mas rico em petróleo — era a China, ao passo que o Japão era o rico benfeitor asiático.[1] Quando Deng Xiaoping propôs pela primeira vez abrir os recursos chineses à exploração japonesa, em meados da década de 1970, o país estava recém-emergindo da Revolução Cultural, e sua ideia foi intensamente controversa. Mas a vontade de Deng prevaleceu, e a China seguiu em frente e prosperou numa extensão que teria sido inimaginável na época. Hoje, essa história continua a ser contada pelo mundo, mas a China é agora o país asiático oferecendo acordos para nações pobres, mas ricas em recursos.

Ao longo das últimas décadas, a China executou uma troca de papéis notavelmente inteligente, transformando-se, no processo, de um país tomador de empréstimos para ser um emprestador global extraordinário. O aspecto mais interessante desse ímpeto, contudo, não é apenas que a China foi bem-sucedida em ir atrás de suas metas, mas também o sucesso com que prossegue em sua campanha por aquisição de recursos. Em termos simples, a China se consolidou no determinador dos preços mundiais por excelência para numerosas commodities, mediante seus relacionamentos específicos com países ricos em recursos.

Credor e devedores

A definição biológica de simbiose descreve uma interação próxima e muitas vezes de longo prazo entre diferentes espécies em relações que podem ir do mutuamente benéfico ao parasitário. A definição psiquiátrica é semelhante: uma relação entre duas pessoas em que cada uma é dependente e recebe reforço da outra, seja essa dependência benéfica ou prejudicial.

A estratégia de commodities global possui todas as características de uma relação simbiótica: as partes dependem umas das outras, quase ao ponto da sobrevivência. A China fornece o dinheiro que os outros países precisam em troca do acesso a recursos de que a China tão desesperadamente necessita. Ao fazê-lo, o equilíbrio simbiótico nascido de commodities estabelece um relacionamento de longo prazo que pode prosperar — pelo menos, até que os recursos cada vez mais escassos se esgotem.

Esse tipo de simbiose econômica dificilmente é rara. Um exemplo bem conhecido é a assim chamada relação Chimerica (jogo de palavras entre China/América e *chimerical*, "quimérica"), pela qual a China empresta vastas quantias de dinheiro ao governo norte-americano em troca de acesso virtualmente livre ao seu mercado consumidor. Como com qualquer relação simbiótica positiva, cada país consegue o que precisa. Washington continua a receber seus vitais empréstimos, e a China conserva o acesso ao mercado consumidor dos Estados Unidos.

A campanha de aquisição de commodities da China é projetada para forjar uma simbiose similar com países do mundo todo. Assim, da mesma forma que a China foi incentivada a pegar o dinheiro do Japão, em meados dos anos 1970, para alimentar seu próprio sucesso econômico via investimento em infraestrutura, igualmente as nações ricas em recurso hoje precisam dos investimentos financeiros da China, assim como ela precisa manter o fluxo dos recursos naturais desses países.

Tal dependência é fortemente reiterada pela ameaça de catástrofe financeira; quebrar esse ciclo exige a disposição de um país de danificar gravemente sua própria economia. Na relação Chimerica, os Estados Unidos poderiam dar um calote na China, mas isso aumentaria substancialmente os custos de tomar emprestado. Eles poderiam também impor tarifas sobre os bens chineses baratos, uma opção que abre a porta para barreiras comerciais similares sobre os produtos americanos (em detrimento da economia dos Estados Unidos). Igualmente, economias ricas em recursos envolvidas no comércio de commodities poderiam restringir o acesso chinês aos seus ativos, mediante, digamos, a nacionalização dos recursos, mas esse curso de ação, mesmo que outros compradores pudessem ser encontrados, significaria que os países recebedores dariam as costas ao que é basicamente um fluxo de dinheiro garantido proveniente da China para custear os projetos de que eles desesperadamente precisam.

Quer o ativo negociado seja o acesso ao maior mercado consumidor do mundo, quer ele seja minas de níquel africanas, o resultado e a essência do comércio são os mesmos — dependência de longo prazo, à qual os governos ficam atrelados indefinidamente, ou pelo menos até uma das partes envolvidas parar de obter o que precisa. Não há para onde correr, e todo mundo fica em dívida com a China. A China, é claro, ficaria igualmente em débito com qualquer nação que controlasse o bem que ela estava desejando se se tratasse de recursos encontrados num único lugar, mas a fonte dos recursos tende a ser plural, ao passo que a riqueza e o alcance da China são, por ora, singulares.

Isso não significa dizer que os países não tentam evitar serem sugados em ciclos de dependência. No momento, esse tipo de dependência do comércio é bem conhecido, e muitas nações ricas em recursos têm lutado para manter o equilíbrio entre garantir sua soberania e permitir que o necessário investimento de capital flua para seu país.

O governo brasileiro, entre outros, vem lutando com essa questão muito delicada, especificamente em relação à concessão de acesso à terra a países estrangeiros. No caso do Brasil, é provável que algumas leis nacionalistas sejam levadas a efeito sem muita demora. Embora essas novas regulamentações que regem o acesso à terra e sua propriedade possam levar algum tempo para penetrar na rede de interesses particulares e agendas divergentes, as regras quase certamente incluirão tetos mais agressivos sobre a posse e o acesso à terra por parte de estrangeiros, alguns limites quanto aos usos da terra — digamos, entre mineração, pasto para gado, indústria ou cultivo e produção de alimentos — e restrições quanto à posse legal permitida para acesso e controle da terra por parte de estrangeiros. O cada vez mais poderoso setor industrial brasileiro também tem mostrado resistência crescente às importações chinesas conforme os produtores locais estão cedendo parcelas do mercado para os produtos chineses. À medida que a China continua a pôr a mão no bolso e a comprar recursos, é de se esperar que tais atitudes de resistência se tornem cada vez mais comuns, particularmente, conforme os próprios parceiros simbióticos ficam mais ricos.

A ascensão do monopolizador de recursos

Em julho de 2010, a Armajaro, um fundo de *hedge* de commodities sediado em Londres, encurralou o mercado de cacau — ou pelo menos tentou fazê-lo.

Perto do encerramento desse dia de negociações na Bolsa Internacional de Futuros e Opções de Londres (LIFFE, London International Financial Futures and Options Exchange), o fundo de *hedge* acumulara uma posição comprada sobre 24.100 contratos futuros de cacau. Dado que um único "contrato" é equivalente a 10 toneladas de grãos de cacau, o lote de cacau da Armajaro era enorme, o suficiente para encher cinco graneleiros do tamanho do *Titanic* ou para fabricar 5,3 bilhões de barras de chocolate de cerca de 100 gramas. Na verdade, 241 mil toneladas de cacau equivalem a todo o suprimento do produto da Europa, e teriam alcançado perto de um bilhão de dólares ao preço corrente na época. E sem falar, é claro, que isso era uma proporção substancial do mercado de cacau. Ao adquirir, via sua posição comprada, uma quantidade equivalente a 7% da produção global anual — e fazendo isso numa época em que as safras africanas de cacau eram pobres —, o fundo de *hedge* lançou enorme pressão sobre o lado da oferta de um importante recurso alimentício. Se a Armajaro simplesmente mantivesse suas 241 mil toneladas fora do mercado (grãos de cacau podem ser armazenados por pelo menos dois anos), a demanda global nunca seria atendida. Nesse caso, o mercado reagiu da forma previsível, levando os preços do cacau a seus níveis mais elevados em quatro décadas, apenas para ver os preços baixarem outra vez alguns meses depois, graças a uma safra particularmente abundante na Costa do Marfim. No fim das contas, a Armajaro acabou perdendo dinheiro na aposta, em parte devido aos custos de armazenamento e conservação, que chegaram a 10 milhões por mês.

Essa não foi a primeira tentativa da Armajaro de encurralar o mercado de cacau. Não é à toa que o diretor do fundo de *hedge*, Anthony Ward, ficou conhecido no mercado de commodities como "Chocfinger", uma referência ao infame vilão dos filmes de James Bond, Goldfinger.

Já em 1996, o fundo de Ward tentara encurralar o mercado cacaueiro comprando 300 mil toneladas de futuros em cacau, o equivalente a 10% da safra anual na época, uma aposta ainda maior do que a que seria feita em 2010. Aqui, mais uma vez, os mercados de commodities reagiram, e a Armajaro terminou no lado vendido do negócio, mas se um fundo de *hedge* pode tentar uma empreitada tão arriscada como essa, por que uma nação com riqueza tão vasta como a China não poderia — ou não deveria, diriam alguns — tentar encurralar determinadas commodities, igualmente?

Se a China adquirisse o suficiente de diferentes commodities e acumulasse parcelas suficientes (ou mesmo a maioria) do mercado, então o país influenciaria fortemente os preços dos recursos. Mas encurralar um mercado de commodities não é a única forma pela qual a China poderia obter controle significativo sobre um recurso específico. O preço dos bens e serviços é determinado pela parte — comprador ou vendedor — que detém maior força na relação. O papel crescente e a relevância da China nos mercados de commodities globais significam que o país acabará por conduzir a direção tomada pelos preços dos recursos. Em grande parte, já é esse o caso.

Todos os caminhos levam ao monopsônio

Em economia, um monopólio existe quando um indivíduo ou empresa tem suficiente controle sobre a oferta de um produto ou serviço para determinar significativamente os termos, incluindo o preço, segundo os quais outros terão acesso a ele.

O oposto do tão conhecido monopólio, onde um vendedor se vê diante de muitos compradores, é um monopsônio — a forma assumida por um mercado quando apenas um comprador se vê diante de muitos vendedores. Como único comprador de um bem ou serviço, o monopsonista pode teoricamente ditar os termos para seus fornecedores da mesma maneira que um monopolista controla o mercado para seus compradores. Monopsonistas (e, aliás, monopolistas) diferem dos mercados perfeitamente competitivos em que as bolsas de commodities estão baseadas. Sob mercados perfeitamente competitivos, nenhum participante isolado é poderoso o bastante para determinar o preço de mercado de um produto homogêneo (isto é, produtos que sejam essencialmente idênticos).

A relação entre os supermercados e agricultores é um exemplo clássico de monopsônio. Pense na produção de tomate ou bife. Em ambos os casos, uma grande cadeia de supermercados, como o Wal-Mart (o único comprador), detém o poder de mercado para obter produtos e gêneros alimentícios com inúmeros agropecuaristas — múltiplos vendedores. Outros monopsônios são os sistemas de saúde pública, em que o governo é o único "comprador" dos serviços de saúde, ou armamentos sofisticados (como caças, tanques, artilharia etc.), em que apenas os governos nacionais podem — ao menos legitimamente — adquirir produtos de múltiplos fornecedores.

O papel proeminente da China como comprador de recursos exibe cada vez mais características monopsonistas. Na verdade, pelo atual andar da carruagem, a China vai se tornar o cliente preferencial: o comprador a quem todos acorrerão para vender seus recursos, o maior consumidor da produção mundial.

Déjà vu outra vez

Na primavera de 2011, os mercados de commodities (e o mercado de ações, aliás) foram arrebatados pela oferta pública inicial da companhia comercializadora de commodities Glencore — possível abreviatura de Global Energy Commodities Resources.

Até então, o diversificado portfólio de recursos da Glencore, abrangendo tanto recursos agrícolas como recursos pesados — produtos agrícolas, petróleo cru e gás natural, carvão, zinco etc. —, fora um segredo guardado a sete chaves. Uma vez aberto para inspeção, como parte da oferta pública de ações da companhia, revelou-se que o portfólio da Glencore controlava 60% do mercado de transações intermediadas de zinco (*third-party market*: transações envolvendo um investidor ou intermediário/negociante), 50% do de cobre, 45% do de chumbo, 38% do de alumina e quase um terço do de carvão térmico.

Não admira muito que quando a Glencore finalmente realizou sua oferta pública inicial (OPI), em maio de 2011, ela foi a maior já feita no segmento da Listagem Premium da Bolsa de Valores de Londres. Atualmente, a Glencore é uma empresa de capital aberto, mantendo uma listagem primária na Bolsa de Valores de Londres e uma listagem secundária na bolsa de Hong Kong.

A amplitude e extensão da propriedade da Glencore é uma mostra impressionante de controle e musculatura nos mercados de commodities para uma companhia que, em sua totalidade, foi estimada valendo em torno de 60 bilhões de dólares. Imagine a China assumindo uma estratégia similar, com suas vastas reservas financeiras! Um cenário desses dá fôlego à possibilidade de que a nação e suas companhias controlem amplos segmentos — se não todos — dos mercados de commodities mundiais.

Claro, há inúmeros obstáculos para que a dominação do mercado de commodities pela China se concretize. Outros países (como a Coreia do Sul e o Japão, bem como os grandes fundos soberanos estatais de países do Oriente Médio, como Qatar e Emirados Árabes Unidos) e corporações de recursos (como a própria Glencore, a gigante do petróleo norte-americana, Exxon, ou corporações alimentícias americanas, como Archer Daniels Midland, Monsanto ou Cargill) também estão fazendo suas manobras e competindo para obter a proeminência nos mercados de recursos. Claro, há ainda o risco de uma retração econômica na China tão severa que a demanda por commodities diminua. Entretanto, as bases econômicas da China, seu capital e o desejo de seus líderes de manter a economia progredindo rapidamente lançam grande dúvida sobre tal cenário.

Cada dia que passa, a China conquista parcelas e poder de mercado, e o poder de mercado se faz acompanhar da capacidade cada vez maior de influir nos termos e nas condições das transações, de modo que o preço de um recurso venha a ser determinado pelo seu único comprador — para todos os efeitos, a China. Em um mundo tão monopsonista assim, o preço não é mais imposto pelo mercado, como na competição perfeita; ele é determinado pelo comprador único, e a única restrição que o monopsonista enfrenta é o limite de fornecimento do mercado. Inúmeros fatores fazem da probabilidade de que a China detenha significativo poder monopsonista no mercado de commodities uma possibilidade real.

As fontes da força monopsonista chinesa

Monopsônios obtêm sua força de mercado primordialmente ao erigir barreiras à entrada. Essas barreiras desencorajam os potenciais competidores — outras corporações ou fundos que viriam a ser compradores — de entrar no mercado ou, pelo menos, atrapalham significativamente sua capacidade de competir. As três maiores barreiras à entrada são aquelas baseadas em política, as econômicas e as legais.

Uma barreira com base política existe quando uma corporação (ou, nesse caso, um país) faz conluio ou faz lobby com autoridades governamentais, para excluir os competidores ou eliminar a competição. Nos mercados de carvão mundiais, a China já é vista por muitos como sendo monopsonista.

Barreiras econômicas incluem economias de escala, as vantagens de custo que um negócio obtém devido à expansão e exigências de capital, o capital mínimo que deve ser disponibilizado para uma empresa abrir as portas. A China claramente é dotada dos músculos financeiros para atender os pedidos de financiamento necessários à participação na arena das commodities, onde os custos (de abrir negócio) podem ser onerosos e são normalmente seguidos de custos de manutenção recorrentes, tais como manter o maquinário de mineração funcionando ou conservar a infraestrutura para que uma fazenda continue operando. O verdadeiro teste de capacidade financeira é ser capaz de manter a continuidade das operações nos bons e nos maus momentos — ou seja, ao longo dos ciclos de commodities, estejam os preços altos ou baixos. Esse desafio e o risco de pedidos de capital substanciais favorecem implicitamente os monopsonistas.

Para piorar as coisas, as exigências de capital em projetos de recurso natural estão associadas a substanciais custos irreversíveis (custos irrecuperáveis, como os que estão associados com o planejamento e a construção de uma mina), e esses custos fixos grandes tornam difícil para os atores menores se expandirem, quanto mais entrar no setor, para começo de conversa. A riqueza substancial da China significa que nenhum desses custos representa um obstáculo intransponível para seus planos de recursos.

Uma barreira econômica relacionada que surge de uma estrutura industrial monopsonista/monopolista é a de economias de escala advindas dos custos financeiros declinantes sobre uma ampla gama da produção. Na medida em que a China pode ser caracterizada como quase monopsonista (dada sua significativa representação na esfera de compra de commodities), esses benefícios de economias de escala vão caber também à China, aumentando a barreira à entrada para os supostos competidores. Além do mais, como detalhado anteriormente, o subsídio governamental chinês a arriscados empreendimentos globais em commodities concedido a companhias estatais ou favorecidas pelo Estado resulta em custos consideravelmente mais baixos do que os dos competidores. Na prática, essa estrutura de custos significa que entidades chinesas estatais têm um custo de capital perto do zero.

Juntos, os benefícios ampliados e o regime de custos subsidiados da China fazem com que os custos de suas companhias estejam abaixo dos do mercado — mais baixos que os custos que outros países ou companhias e indivíduos não chineses enfrentariam nos mercados financeiros. Assim, a presença maciça de companhias chinesas nos mercados de commodities tende a distorcer as leituras dos modelos-padrão de avaliação financeira de estilo ocidental, fazendo os projetos chineses parecerem antieconômicos e, dessa forma, pouco atraentes para a competição. Vistos pelo prisma chinês, que valoriza e apoia investimentos em commodities além de simplesmente obter acesso lucrativo ao recurso, as negociações enfrentam obstáculos menores ao financiamento para sobrepujar. Em termos simples, e como mencionado anteriormente, os chineses atribuem valor onde outros não veem nenhum.

Invariavelmente, o mero tamanho e a enormidade do poder de compra chinês atual, aliado ao seu irreal custo zero de capital, deixam a maioria dos potenciais competidores impotentes. Com o tempo, conforme a China for percebida como a única participante do jogo — certamente no que diz respeito às commodities —, seus custos de fechar negócios declinaram. Com um número declinante de compradores oferecendo preços competitivos, os vendedores entram na fila para realizar negócios com a China como comprador preferencial — e não o contrário. Quando isso acontece, o monopsônio se torna muito rentável.

Um dumping chinês?

A redução do valor do ponto de equilíbrio entre receitas e despesas (ponto onde não há lucro, nem prejuízo) no setor de commodities é, alguns diriam, equivalente ou pelo menos análogo a certas formas de dumping (mais comumente visto em monopólios do setor manufatureiro).

Um dumping bem-sucedido ocorre quando o perpetrador consegue baratear os custos do setor o suficiente para não ser mais economicamente viável que algum outro investidor racional permaneça no jogo e tente vender bens. No comércio internacional, dumping refere-se a uma situação em que um país exporta e vende bens em outro país a preços que são consideravelmente mais baixos do que aqueles praticados em seu mercado doméstico. Com o tempo, os bens importados estrangeiros podem dizimar os produtores locais, conforme os consumidores dão preferência aos produtos importados, que são mais eficientes em custos, em detrimento dos bens produzidos domesticamente, mais caros. Embora não diretamente análogas, as consequências de tais tendências podem ser vistas nos Estados Unidos, onde o setor manufatureiro tem estado em queda livre há décadas (por exemplo, cerca de 15 milhões de trabalhadores americanos envolvidos no setor estão desempregados, uma vez que são incapazes de competir com produtos manufaturados mais baratos dos mercados globais liderados pela China). Em linhas de pensamento similares, um comprador monopsonista — nesse caso, a China — é capaz de aumentar o seu lance (o preço que está disposto a pagar pelos recursos, justificado pelos amplos benefícios e os custos zero de capital) a níveis tão elevados que os outros não conseguem acompanhar e são postos fora do mercado.

Bem ciente dessa tendência, o presidente da Korea National Oil Corporation, Kang Young-won, em 2010, mandou uma mensagem inequívoca para bancos de investimento oferecendo alvos de aquisição para sua estatal: "Fiquem atentos à competição da China e saiam do caminho das companhias chinesas maiores e mais capitalizadas." Em outras palavras, não proponham projetos que possam levar a uma guerra de lances com a China.

A influência chinesa impactou substancialmente os mercados financeiros no passado. Em 2004, por exemplo, ela conseguiu sozinha se tornar o formador marginal de preço dos títulos de dez anos de rendimento do Tesouro norte-americano, previamente considerado um mercado "perfeitamente competitivo".[2] Mesmo hoje, a visão preponderante de muitos participantes do mercado é — correta ou incorretamente — de que se a China parasse de comprar títulos do Tesouro americano, o custo da dívida dos Estados Unidos subiria substancialmente e o dólar enfraqueceria significativamente. Por quê? Porque a China, como emprestador de última instância, não emprestaria mais.

A ideia de que os preços podem ser determinados de forma monopsonista, com a China como única compradora, é considerada sacrílega pelos adeptos ferrenhos do livre-mercado. Nesse contexto, os esforços da China são vistos como uma clara afronta à santidade do modelo econômico competitivo capitalista. As atividades de acumulação de recursos globais da China — sua predisposição de pagar acima dos valores justos e "razoáveis" do mercado e o zelo com que subsidia a complexa e elaborada rede de corporações chinesas — degrada os princípios dos mercados perfeitamente competitivos com um efeito prejudicial: os preços dos ativos sobem — haja vista os preços altíssimos do petróleo e dos alimentos — e os recursos vão parar nas mãos de um só detentor, a China.

Na maioria das vezes, o que poderia ser considerado uma afronta ao puritanismo capitalista tem pouco efeito sobre a China. As substanciais quantias de dinheiro possibilitam ao país se tornar o comprador marginal de todo um espectro de commodities — o comprador que oferece os melhores lances pelos recursos e, desse modo, dita os preços do mercado. Há uma chance (uma chance remota, diriam alguns) de que mercados perfeitamente equilibrados entrem em colapso se a ascendência chinesa nos mercados de commodities continuar, fazendo da China o formador de preços supremo, e de que a China supere em muito os feitos aquisitivos em commodities da Glencore. A China poderia, efetivamente, encurralar o mercado.

Sob a proteção da lei

Além das barreiras de políticas públicas e econômicas, as estruturas legais e regulamentadoras também podem encorajar as condições não competitivas monopolistas e monopsonistas dentro das indústrias.

Os direitos legais conferidos a uma corporação, uma indústria ou mesmo um país oferecem a oportunidade de monopolizar rapidamente um mercado. Um exemplo clássico de controle monopolista legalmente permitido de uma indústria é o usufruído pelas companhias farmacêuticas, cujas patentes são uma salvaguarda legal para serem as únicas vendedoras de novos remédios por um período especificado. A companhia que desenvolve o produto detém todo o mercado do medicamento, da produção à distribuição. Situações semelhantes podem ser encontradas em todo o domínio da propriedade intelectual, de copyrights de livros a tecnologias protegidas por patentes. Esses direitos exclusivos — um tipo de monopólio — são amplamente planejados para encorajar a inovação, bem como a pesquisa e o desenvolvimento, recompensando investidores e criadores. Mas como os monopólios são, em geral, considerados inadequados ao bom funcionamento de uma economia, salvaguardas legais são muitas vezes impostas para manter as indústrias competitivas.

Mercados perfeitamente competitivos são favorecidos porque propiciam o melhor preço e o mais amplo leque de opções ao consumidor. Entravando-se a competição, é de se imaginar que um mercado em estilo darwiniano emergiria, que o mais forte e mais apto sobreviveria, de modo que o mercado consistiria em um produtor oferecendo (ou, no caso de monopsônio, um comprador adquirindo) toda a produção e, desse modo, controlando e determinando o preço de toda a demanda — ou, no monopsônio, toda a oferta.

O comércio internacional, a regulamentação antitruste e, com efeito, processos legais antitruste plenamente desenvolvidos sugerem que, se deixados por conta própria, os mercados devem de fato tender a equilíbrios monopolistas. Assim, a lei internacional busca policiar mercados titubeantes que, de outro modo, possibilitariam que atores monopolistas emergissem. Em 1998, órgãos reguladores americanos e europeus, separadamente, acusaram a Microsoft de abusar de sua posição dominante no mercado do software para expulsar competidores; os dois casos terminaram em penalidades significativas à empresa. A União Europeia (UE) ordenou à Microsoft que pagasse quase 500 milhões de euros (cerca de 800 milhões de dólares), a maior multa já aplicada pela UE até então, bem como concedeu à Microsoft apenas 120 dias para divulgar sua informação computacional. As multas sobre a Microsoft e a estrutura legal mais ampla por trás delas são construídas na pressuposição de que os mercados naturalmente tendem aos monopólios, embora, ironicamente, como veremos na próxima seção, essas regras e regulamentos possam na verdade municiar a China em sua busca pelo controle do mercado de commodities.

Um vácuo legal

As leis antitruste de muitos países são especificamente elaboradas para regular a atividade corporativa, mas existe pouca legislação antitruste que se aplique a atividades de governos soberanos. Em outras palavras, muitas das proteções do mercado criadas para impedir alguma entidade de obter um controle absoluto sobre uma indústria não se aplicam a muitas incursões por commodities da China. Na verdade, ao regular estritamente as empresas, ao mesmo tempo em que permite aos governos agir livremente, o ambiente legal internacional dominante ajuda a China. Eliminando parte da provável competição da China na aquisição de recursos, essas regulamentações inadvertidamente ajudam o país a se tornar o monopsonista formador de preços na indústria de commodities global. O controle chinês na disputa por terras e produtos agrícolas, seja no Brasil, seja na África, é um caso em questão. Embora exista um óbvio vácuo legal, as políticas públicas globais têm se mostrado ineficazes, em parte devido à inação, em parte a uma atenção imprópria e em parte à impotência.

Agências internacionais de ponta, como o Banco Mundial, divulgam trabalhos sobre o estado do mercado de commodities, e governos nacionais criam políticas públicas em torno de suas necessidades e produção individual, mas a despeito das consequências potencialmente devastadoras da demanda não saciada por commodities num mundo de escassez de recursos mais premente — incluindo a probabilidade de conflitos relacionados a recursos pelo planeta —, nenhum órgão global coordenado lida de forma singular e abrangente com as questões legais e de políticas públicas ligadas a recursos.

Decisões ad hoc tomadas por governos individuais talvez bloqueiem o entusiasmo chinês — por exemplo, os Estados Unidos bloqueando as aquisições chinesas —, mas impedindo a criação de uma estrutura legal universalmente aceita para governar o comportamento do Estado chinês, a maioria dos tomadores de decisões sobre políticas públicas continuarão a adotar uma esfera de atuação mais nacional do que global, despreparados para os muitos riscos reais transfronteiriços que serão enfrentados no terreno das commodities nos anos que estão por vir.[3] Nesse meio-tempo, a China continuará provavelmente a ampliar sua fatia de mercado, seu acesso a ele e o controle sobre a terra, a energia e os minerais no mundo todo.

Um campo minado legal

A meta chinesa de uma participação no controle dos mercados de commodities pode representar um novo desafio para o mundo, mas a falta de leis internacionais governando essa área nebulosa não é nova.

Por exemplo, não resta dúvida de que se os membros da Opep fossem empresas privadas, não nações, teriam recebido pesadas multas ou seus executivos teriam ido para a cadeia nos Estados Unidos ou no Reino Unido por conluio na produção de petróleo, influenciando os preços e violando as leis antitruste. Em vez disso, os tribunais norte-americanos se recusaram a exercer sua jurisdição sobre a Opep. O Congresso dos Estados Unidos tentou remediar a situação passando uma lei anticartel para a produção e exploração petrolíferas, em 2007 (a lei Nopec, ou No Oil Producing and Exporting Cartels Act). Mas, por motivos de política externa, o presidente Bush vetou a medida.

Porém o mais revelador, na verdade, foi a declaração que a Casa Branca divulgou após a rejeição da lei. "Esta lei tem o potencial de levar a interrupções do fornecimento petrolífero e a uma escalada no preço da gasolina, do gás natural, do aquecimento domiciliar e de outras fontes de energia", observava o comunicado. E ainda: "O governo apoia um sistema internacional de comércio e investimentos em energia baseado no mercado. Contudo, o governo acredita que os meios apropriados de atingir tal objetivo residem nos esforços diplomáticos dos Estados Unidos em relação aos países envolvidos nesse setor, e não em processos legais contra essas nações nos tribunais americanos." Finalmente, percebendo que a aprovação da lei Nopec traria retaliações contra os Estados Unidos e afetaria o abastecimento petrolífero do país, a Casa Branca explicou que "um resultado desses pouco faria em prol de um livre mercado no comércio petrolífero internacional, acarretaria substancial prejuízo a outros interesses americanos no exterior e desencorajaria fortemente o investimento na economia dos Estados Unidos".[4] Em resumo, o desafio legal pode ser válido, mas os Estados Unidos preferem reunir-se privadamente com os líderes das nações da Opep do que se verem enredados numa feia guerra com o maior bloco produtor de petróleo do mundo.

É razoável supor que a China pense numa saída similar.

Embora uma acusação plausível contra os chineses possa ser feita com base nas leis antitruste, dado o significativo espaço ocupado atualmente pelo país nos mercados de commodities, o precedente da Opep sugere que isso é improvável. E, de fato, a influência exercida pela China pode significar que uma estrutura legal mundial que tratasse especificamente das incursões chinesas pelas commodities talvez ficasse por ser cumprida. Em última instância, exceções nas negociações comerciais são feitas o tempo todo, com barganhas políticas por contratos de investimento (diretamente em fábricas ou em títulos), acordos comerciais e até negócios de commodities, todos sobre a mesa.

A despeito de a baixa probabilidade de processos legais bem-sucedidos serem empreendidos contra a China hoje, a abordagem do país para competir internacionalmente está evoluindo de modo rápido, com a pressuposição de que, com o tempo, a competição e a lei antitruste irão quase certamente se aplicar a transações de recursos de uma forma similar à que fazem com as transações industriais (como no caso das multas para a Microsoft). Em anos recentes, a China tem presenciado algumas de suas principais corporações caírem sob o escrutínio dos legisladores antitruste no mundo todo. Em 2003, a TCL chinesa e a Thomson francesa combinaram seus negócios de tevê e DVD para criar o maior fabricante mundial de televisores. Sete anos depois, a companhia automotiva chinesa Zhejiang Geely Holding Group adquiriu a marca sueca Volvo por 1,8 bilhão de dólares. Embora ambas as ações tenham sido em última instância autorizadas, os líderes chineses foram lembrados de que uma regulamentação antitruste mais ampla e mais agressiva dirigida a igualmente grandes aquisições de commodities não podia tardar muito. Afinal, ao contrário das transações industriais, a campanha por commodities da China tem consequências de mais longo alcance para todos os consumidores, uma vez que causa impacto no preço global dos recursos e, por fim, nos custos dos bens e serviços para os consumidores médios; líderes políticos de qualquer nação ficariam em alerta por isso.

A abordagem chinesa das transações de commodities deve certamente mudar quando as atitudes tanto de compradores quanto de vendedores mudarem. Até o momento, a campanha por recursos da China tem sido favorecida em parte pelo descaso com a soberania da lei, especialmente quando dirigida a países ricos em recursos e menos desenvolvidos, onde sua aplicação carece de força, está centralizada na mão de poucos ou inexiste, virtualmente. Por exemplo, o alarido das objeções vem aumentando tanto contra as companhias chinesas como contra os trabalhadores chineses atuando em alguns países africanos. Conforme a insatisfação pública se volta para a demanda por recursos cada vez maiores da China, a paisagem operacional tende a mudar, com algumas nações de acolhimento impondo maiores exigências à China e limitando a flexibilidade do país.

Dinâmica similar irá encorajar um relacionamento diferente entre os compradores chineses de commodities e as leis dos países que detêm os recursos. Os compradores vão perceber, cada vez mais, que precisam levar em consideração tanto a lei de competição chinesa como estrangeira, além de conseguir atender às sensibilidades, quando fazem investimentos no exterior. De modo mais geral, isso é um sinal de que, à medida que a China obtém mais experiência comercial no terreno das commodities e que suas capacidades se elevam continuamente a padrões internacionais, há maior probabilidade de que a abordagem de investimentos agressiva e oportunista da China sobre as commodities globais sofrerá uma sintonia fina e evoluirá para um modelo mais maduro. Um modelo possuidor de mais elementos de transparência — no mínimo transparência na precificação das transações e em outros termos dos negócios. Claro que maior transparência no preço das commodities e nas dinâmicas de oferta e demanda que estão movendo esses preços é sempre uma boa coisa.

Seja qual for o caso, a campanha agressiva da China continua a crescer, assim como sua influência sobre os preços e sobre como o mundo, de uma forma geral, interage na totalidade do universo das commodities. O problema é que, numa realidade de escassez crescente de recursos, a ascendência do resto do mundo sobre a China está em declínio.

CAPÍTULO 7

Interferência nos mercados

AMARTYA SEN, O ECONOMISTA premiado com o Nobel, observou certa vez: "Problema alimentar apolítico é algo que não existe." Sua declaração, ao menos em parte, reflete o fato de que os governos pelo mundo afora tentam impedir as crises — como escassez de alimentos — com uma ampla variedade de dispositivos políticos para influenciar tanto a demanda como a oferta. Na China, por exemplo, a diretriz do filho único ajuda a reduzir a demanda geral por alimentos.[1] Enquanto isso, mediante a proteção à agricultura via subsídios, Estados Unidos e Europa encorajam maior oferta de alimento. Todo ano, esses governos (e muitos outros) destinam centenas de bilhões de dólares a subsídios agrícolas para restringir as importações e fornecer apoio financeiro para a agricultura doméstica produzir mais alimentos, geralmente além da demanda.

Embora o Estado chinês esteja realizando ações agressivas nas commodities globais, o país não está sozinho na intervenção sobre os mercados de recursos. O resultado geral dessa interferência é que as ações do governo somam-se à presente redução dos recursos naturais com consequências significativas para a oferta e a demanda por commodities.

O debate sobre o papel econômico ideal do Estado é tão velho quanto a própria economia. O episódio recente mais famoso é seguido das intervenções de muitos trilhões de dólares para impedir o total colapso econômico na esteira da crise financeira de 2008. Isso posto, onde o envolvimento do governo é debatido, torna-se importante compreender como um colapso do crédito fundamentalmente difere de uma crise de commodities. Em qualquer mercado, mas em particular em mercados negociados publicamente, os legisladores têm o dever de diminuir a probabilidade — ou, ao menos, limitar os danos — de colapsos do mercado. Isso não é tarefa das

146

mais fáceis. Considere o funcionamento de um mercado de commodities em relação ao do mercado de crédito.

De volta ao básico

Imagine que um período de clima ruim acabe com toda uma safra de batatas, reduzindo dramaticamente a oferta. O custo humano seria devastador — a praga da batata no século XIX na Irlanda levou à diminuição da produção em 30%, contribuindo para a Grande Fome de 1844 a 1849, em que um milhão de pessoas morreram. Em termos de mercado, o colapso na disponibilidade do tubérculo não muda imediatamente a demanda por batatas, então o preço do produto sobe para se ajustar ao novo equilíbrio entre a oferta e a demanda. A elevação nos preços da batata então atrai e encoraja outros produtores (estejam onde estiveram, no país ou no exterior) a compensar a falta da oferta cultivando mais batatas. Com o tempo, à medida que a oferta de batatas aumenta, o preço de mercado se reajusta e estabiliza num ponto mais próximo ao preço original de equilíbrio entre a oferta e a demanda. Em mercados que estão funcionando, como os de commodities, esse autoajuste ocorre naturalmente, de modo que a intervenção do governo não é necessária para arrumar o mercado; na verdade, a ação do governo pode ser prejudicial. Por exemplo, se o governo intervier e se encarregar do fornecimento de batata, a interferência pode desencorajar permanentemente os possíveis plantadores do produto de participar de sua comercialização.

Agora considere os mercados de crédito. Quase todas as crises bancárias começam quando os bancos experimentam um crescimento na inadimplência, à medida que os tomadores de empréstimo se mostram incapazes de ficar em dia com o pagamento de suas dívidas. A crise financeira de 2008 seguiu exatamente essa mecânica, quando os tomadores de empréstimos *subprime* começaram a faltar com suas obrigações. De repente, os bancos com elevada alavancagem — muitos dos quais também haviam tomado emprestado o dinheiro que emprestavam — ficaram devendo grandes somas de dinheiro para seus correntistas, que por sua vez deviam para outros bancos, criando assim a escalada do problema num círculo decididamente não virtuoso. A natureza delicadamente interligada dos mercados de crédito significou que a velocidade e escala em que as inadimplências ocorreram tiveram consequências dramáticas não apenas para os bancos, mas também para a economia mundial como um todo.

Em março de 2007, as hipotecas *subprime* norte-americanas foram avaliadas em cerca de 1,3 trilhão de dólares, com mais de 7,5 milhões de hipotecas *subprime* com prioridade de penhora (*first-lien*) inadimplentes.[2] Em julho desse mesmo ano, essas hipotecas representavam apenas 6,8% dos empréstimos inadimplentes, mas representavam 43% das execuções, e em outubro, cerca de 16% dos empréstimos de hipoteca *subprime* de taxa ajustável estavam com três meses de atraso ou em processo de execução — o triplo de 2005. Em janeiro seguinte, a taxa de inadimplência subira para 21%, e em maio de 2008, era de 25%. A consequência: em meados de 2008, grandes bancos e outras instituições financeiras pelo mundo registravam perdas de quase 500 bilhões de dólares.

Enfim, sem o dinheiro das prestações vindo dos tomadores de empréstimos *subprime*, muitos bancos não tiveram liquidez suficiente para tocar suas operações. Conforme a pressão aumentava para manter suas operações solventes, os bancos começaram a apertar os clientes, na esperança de reaver ao menos parte dos empréstimos que haviam concedido. Esses clientes reagiram à pressão dos bancos retirando seus depósitos de outros bancos, o que levou os últimos a procurar por seus próprios correntistas, com o efeito dominó causando um estrago generalizado em bancos, famílias, corporações e até governos. Embora as crises no mercado de commodity (a batata) e no mercado de crédito possam ambas provocar danos irrevogáveis nas pessoas e mesmo em países inteiros, os mercados de crédito possuem características únicas que os diferenciam dos mercados de commodities (bem como de outros mercados).

Para começar, os mercados de crédito tendem a sofrer repetidas crises, ao passo que outros não são assim. Em *This Time It's Different: Eight Centuries of Financial Folly* [Dessa vez é diferente: oito séculos de loucura financeira], Carmen Reinhart e Kenneth Rogoff contam a história de 235 crises financeiras, indo da inadimplência da Inglaterra no século XIV à recente crise financeira do *subprime* norte-americana, cobrindo 66 países pela África, Ásia, Europa, América Latina, América do Norte e Oceania. A análise dos autores mostra que as crises de crédito têm origens e características semelhantes.

Além do mais, mercados de crédito são o sangue vital não apenas da economia de um país, mas também da economia global, com significativos efeitos secundários em outras indústrias e setores pelo mundo. Especificamente, essas interdependências em rede significam que as falhas do mercado de crédito alimentam a economia mais ampla e podem se expandir para além das fronteiras soberanas; elas têm a tendência de ser significativamente ampliadas e agravadas, em particular num mundo interligado e globalizado. É por isso que as falhas dos mercados de crédito carregam consigo um "risco sistêmico" — o risco de colapso geral de todo o sistema financeiro ou, como testemunhamos em 2008, toda a economia global.

Finalmente, mercados de crédito não se autocorrigem da mesma forma que os mercados de commodities. (Uma plantação de batata é perdida em um país e os agricultores em outro mudam para o produto a fim de tirar vantagem da escassez de oferta.) Assim, o governo deve se apresentar para evitar consequências muito prejudiciais.

Essas características únicas das crises do mercado de crédito são o motivo pelos quais há dois exemplos incontroversos em que a intervenção do governo em uma economia é justificada: 1) deter a atividade criminosa e 2) resolver as falhas quando os mercados fracassam em encontrar um equilíbrio, particularmente quando os problemas em um setor podem solapar a economia como um todo.

Como a questão da intervenção do governo no mercado de commodities fica fora desses critérios, o patrocínio estatal chinês (ou de qualquer outra nação, aliás) nos mercados de commodities mais amplos — e as responsabilidades possíveis implicadas — leva a questões muito mais complexas.

Intervenção do governo

Em setembro de 2010, o *Washington Post* publicou uma matéria surpreendente. O Departamento de Defesa norte-americano, segundo o artigo, estava tentando comprar toda a primeira tiragem — cerca de 10 mil exemplares — de um livro de memórias escrito por um ex-agente da Defense Intelligence Agency (Agência de Inteligência do Departamento de Defesa dos Estados Unidos), a fim de destruir o livro. Embora os detalhes dessa intervenção do governo permaneçam escassos, foi um duro lembrete de que o espectro do governo está sempre presente. Mais fundamentalmente, seja a China estatal atuando nos mercados de commodities, seja o governo americano, ostensivamente adepto do laissez-faire, agindo sobre a produção editorial, os governos podem tomar atitudes e não deixam de fazê-lo. Livros, é claro, são uma coisa, e commodities, outra, mas se a propriedade sob proteção é intelectual ou física, a motivação para a intervenção do governo assume duas formas básicas.

Primeiro, as nações talvez intervenham com considerações *políticas* em mente, tal como proteger segredos de estado ou o abastecimento alimentar do próprio país. Criar autossuficiência alimentar — ainda que apoiada em políticas públicas que distorçam o mercado — assegura que uma nação não fique vulnerável à escassez de alimentos caso a capacidade de determinado setor no país de produzir e fornecer alimentos fique restringida por, digamos, desastre natural ou guerra. Nessa linha, o premiê russo Vladimir Putin impôs em 2010 uma proibição da exportação de grãos para preservar o abastecimento doméstico de alimentos. Em 2008, China, Índia, Paquistão, Camboja e Vietnã restringiram suas exportações de arroz a fim de assegurar que houvesse o suficiente para alimentar seus cidadãos. Os motivos políticos para a intervenção também podem se estender a questões de orgulho e propriedade nacional: a ideia de que os recursos naturais de que um país é dotado pertencem a essa nação e seu povo, não a indivíduos ou corporações.

O Estado também intervém nos mercados de commodities por razões *econômicas*, como proteger os empregos e a renda dos agricultores domésticos. Os subsídios com que Estados Unidos e Europa fortalecem sua lavoura interna são políticas econômicas elaboradas para persuadir seus cidadãos a preferir bens e serviços produzidos no país, em vez de produtos estrangeiros. Para além das distorções de políticas comerciais, como subsídios, tarifas e manipulações da moeda, encontram-se as situações em que os governos fazem valer seus direitos sobre os recursos. Um exemplo clássico é o cuidado que os países costumam devotar ao petróleo. Devido ao valor e à importância da commodity na economia global, o petróleo é frequentemente controlado por companhias estatais. De fato, medindo pelas reservas, as 13 maiores companhias petrolíferas mundiais são possuídas, e operadas em parte ou totalmente, por governos. Companhias estatais como a Saudi Aramco, da Arábia Saudita, a National Iranian Oil Company, Petróleos de Venezuela (PDVSA), Gazprom e Rosneft da Rússia, a China National Petroleum Corporation, a Petronas da Malásia, e a brasileira Petrobras controlam mais de 75% das reservas e da produção de petróleo globais. Como resultado, esses países são capazes de influenciar diretamente os volumes tanto da oferta como da demanda para todo o mercado mais amplo.

Na China, três atores estatais-chave participam do mercado petrolífero: Petrochina, Sinopec e CNOOC, com este último primariamente focando nos recursos petrolíferos marinhos da China. Embora o país abrigue também mais de seiscentas companhias petrolíferas privadas, essas "Três Grandes" possuem a maior fatia da atividade do setor energético chinês. Entre si essas companhias de controle governamental vendem, refinam, produzem e distribuem a vasta maioria do petróleo chinês.

Reservas petrolíferas maciças são outro mecanismo controlado pelo governo e que é capaz de influenciar os mercados de energia. A Reserva Estratégica de Petróleo dos Estados Unidos (SPR, na sigla em inglês), por exemplo, é uma das maiores do mundo; com quatro locais, as cavernas têm capacidade de 727 milhões de barris. Outros países com reservas petrolíferas incluem África do Sul, Quênia e Malauí, na África; Índia, Tailândia e Coreia do Sul, na Ásia; e muitos países no Oriente Médio. Em março de 2001, a AIE (que inclui os Estados Unidos, o Reino Unido, Japão e muitas das principais economias europeias) determinou que todos os 28 membros do grupo tenham uma reserva petrolífera estratégica igual a noventa dias das importações líquidas de petróleo do ano anterior para seus respectivos países. A União Europeia também determina exigências específicas para as reservas estratégicas de seus países-membros. Segundo a EIA, aproximadamente 4,1 bilhões de barris de petróleo diários são mantidos em reservas estratégicas no mundo todo, dos quais 1,4 bilhão estão sob controle governamental.

O estabelecimento de reservas estratégicas físicas ajuda a suavizar e estabilizar os déficits de oferta e, assim, o preço da gasolina que os consumidores encontram na bomba. Isso é particularmente verdadeiro em tempos de significativa volatilidade de preço do petróleo nos mercados globais mais amplos. Um caso recente ocorreu em junho de 2011, quando os Estados Unidos e a AIE coordenaram um movimento para liberar 30 milhões de barris cada um de suas reservas estratégicas. Essa medida foi resposta, em grande parte, pelas significativas altas e volatilidade do preço do petróleo: esses valores estavam em cerca de noventa dólares o barril, e os americanos enfrentavam um preço médio da gasolina de cerca de 3,60 dólares o galão. A volatilidade era, ao menos em parte, motivada pela incerteza política nas nações produtoras de petróleo do Oriente Médio e do Norte da África — particularmente a Líbia, que fornece em torno de 1,5 milhão de barris de petróleo diários aos mercados e estava na época em plena agitação da Primavera Árabe.

Nesse ínterim, reconhecendo que os recursos de commodities — e o petróleo, em particular — constituem ativos em diminuição, os governos dos países produtores de petróleo criaram o que pode ser visto como reservas estratégicas fiscais, na forma de fundos soberanos, levantados com a receita do petróleo. Em geral, quando lucros muito grandes são obtidos com alguma commodity, eles são postos de lado ou vinculados, de modo a serem separados dos cofres e orçamentos regulares de um governo. O Fundo de Riqueza Soberana da Noruega (também conhecido como Norges Bank Investment Management) é um bom exemplo disso. O fundo tem a responsabilidade por investir o dinheiro que a Noruega obtém com suas riquezas petrolíferas no Mar do Norte. Com cerca de 550 bilhões de dólares sob gerenciamento, em outubro de 2011, ele está entre os três maiores fundos soberanos do mundo. Contudo, o governo permite que apenas uma pequena parcela dessa riqueza seja consumida atualmente, preferindo, em vez disso, poupar e investir uma vasta proporção do fundo em prol das futuras gerações.[3]

As holdings de petróleo estão entre as reservas mais conhecidas, mas os governos também açambarcam outras commodities em grandes quantidades para garantir a segurança econômica e nacional em épocas de crises de commodity. Arábia Saudita, Rússia e Egito, por exemplo, possuem todos reservas estratégicas de trigo. Como observado anteriormente, a China detém uma reserva estratégica de carne de porco.

Não obstante, a intervenção nos mercados de energia pode ser muito insidiosa, com os governos burlando os mercados de petróleo em todos os estágios da cadeia de valor. Da produção (por exemplo, controlando as licenças, os governos determinam o quê e quanto pode ser extraído do solo) à distribuição, aos usuários finais, aos consumidores e à gestão das operações de processamento e distribuição, os governos estão envolvidos e, certamente, o Estado chinês está envolvido.

O longo braço do Estado chinês

O setor energético da China opera sob os amplos auspícios de seu czar da energia — a Administração Nacional de Energia (NEA, em inglês). A China estabeleceu uma reserva estratégica de petróleo, uma rede de bases controladas pelo governo e umas poucas entidades comerciais designadas que mantêm as reservas petrolíferas chinesas. E assim como é com outros países, a China açambarca estoques para ajudar a nação a evitar deslocamentos econômicos devido a flutuações nos preços da energia mundial. Em essência, essas reservas agem como uma salvaguarda, de modo que as reservas petrolíferas, acumuladas quando o preço do petróleo mundial está relativamente baixo, podem se exaurir quando estes preços estão altos ou quando a oferta de petróleo está relativamente escassa nos mercados internacionais. A NEA tira vantagem dos baixos preços da energia para reabastecer e aumentar o petróleo nas reservas.

A China tem fortalecido agressivamente seus estoques de petróleo por meio do sistema SPR desde que a alta nos preços do petróleo em 2004-2007 levou o país a enfrentar uma severa escassez energética. Essa crise expôs a vulnerabilidade dos planos econômicos e programas de desenvolvimento chineses, que estão sujeitos aos caprichos dos mercados de energia internacionais, levando diretamente a esforços de expandir de forma significativa as reservas, de modo que a China não fique em desvantagem quando comparada a outros grandes consumidores de petróleo mundiais.

A China terá construído oito novas bases de reservas estratégicas de petróleo até 2013, que virão se somar às quatro existentes. No total, isso ampliará a capacidade da reserva estratégica de petróleo cru da China para quase 300 milhões de barris. De forma geral, a trajetória planejada das reservas estatais chinesas deixará o SPR do país com quase 500 milhões de barris, ou um fornecimento para cerca de 54 dias, em 2016. Além do mais, a China tem uma capacidade de armazenagem comercial de cerca de 300 milhões de barris de petróleo cru e está construindo um suprimento de petróleo refinado de 80 milhões de barris. No total, isso equivaleria a um fornecimento para cerca de 95 dias. Nesse contexto, durante o período 2004-2007, o estoque nacional de petróleo da China cobria apenas 21 dias de suas necessidades econômicas, se comparada, digamos, ao Japão e aos Estados Unidos, ambos com reservas para cem dias.

Dizer que as preocupações energéticas são uma importante preocupação estratégica para a China é dizer pouco. Como segundo maior consumidor de petróleo mundial, a China se apoia em importações para mais ou menos a metade de suas necessidades petrolíferas — as importações líquidas de petróleo da China, em 2010, foram de 4,8 milhões de barris diários, e espera-se que isso aumente para 5,9 milhões de barris diários em 2012. Mesmo assim, a China precisa desesperadamente de energia. A NEA planejou garantir uma produção doméstica anual de petróleo de 200 milhões de toneladas de 2009 a 2011, mas, mesmo com isso armazenado, a tendência à dependência crescente do petróleo importado continuará. Na verdade, projeta-se que a China continue a importar até 60% de seu petróleo em 2020, e isso pode chegar a 72% em 2035.

A capacidade de reserva estratégica ampliada é claramente uma reação comum do governo à volatilidade do preço do petróleo e à oferta; entretanto, há outras maneiras pelas quais o governo chinês gerencia ativamente o mercado do petróleo, indo além das manipulações que outras economias desenvolvidas veem como necessárias. A China impõe tanto tetos como controles sobre os preços da energia. Essa técnica permite ao país determinar o valor do petróleo que os consumidores enfrentarão na bomba — e se alinha com a estratégia geral do governo chinês de ter uma mão muito visível em tudo.

Igualmente, companhias estatais como a China National Petroleum Corporation (CNPC) e a Sinopec controlam as licenças de importação de petróleo com o objetivo de assegurar um mercado petrolífero ordenado.

A visão oficial, articulada por Tong Lixia, pesquisador do Ministério do Comércio, é de que, "se as licenças de importação são concedidas a companhias privadas e não há um gerenciamento adequado, isso pode levar à especulação e desordem no mercado petrolífero, e até ameaçar a segurança nacional" — justificativa melhor que essa para a intervenção governamental é impossível, presumindo, é claro, que a premissa esteja correta.

O resultado final de toda essa interferência do governo — seja por meio de subsídios, tarifas ou açambarcamento — são substanciais distorções de preços, oferta e demanda, todas as quais em última instância impedem os mercados de commodity de operar eficientemente. Com efeito, as distorções de mercado — seja quando envolvem a China coletando ativos de recursos em um vasto portfólio global e ostensivamente encurralando muitas partes dos mercados de commodities, seja com economias ocidentais impondo cotas e subsídios nos mercados agrícola ou de energia — resultam no mesmo desfecho: uma afirmação do controle dominador nos mercados de commodities, e isso pode ser preocupante para os consumidores globais.

De fato, muitos governos são culpados em algum grau por essas atividades e suas distorções, mas uma grande quantidade de atores nos mercados de commodities argumentam que as intervenções americanas e europeias fazem relativamente pouco para causar impacto na capacidade de os investidores serem punidos ou recompensados por ler os sinais fundamentais do mercado; em vez disso, suas intervenções tendem a ser quantidades conhecidas, com muita visibilidade e comunicação relativamente ao período em que as políticas estão sendo implementadas e executadas. Há, em resumo, um razoável grau de transparência nas intervenções dos Estados Unidos e da Europa.

Por outro lado, existe tanta incerteza rondando a missão chinesa de recursos — quando a China compra, como ela compra e quando há armazenagem — que muitos participantes do mercado se veem num cenário turvo em que predizer corretamente os impactos do comportamento chinês é muitíssimo arriscado. (Inversamente, se interpretadas de forma correta, essas apostas em situações nebulosas podem gerar retornos financeiros reais e significativos.)

Façam o que eu digo, mas não façam o que eu faço

Além de manipular os preços (via subsídios e assim por diante), influenciar a produção com o racionamento conduzido pelo Estado (pense no cartel da Opep) e açambarcar estoques, os países também conseguem seu acesso aos recursos simplesmente mantendo de fora outros países ou corporações internacionais. Impedir a entrada de agentes estrangeiros é uma abordagem muito mais agressiva para manter o controle sobre as commodities, mas é também uma técnica usada por governos no mundo todo.

Por exemplo, entre 1988 e 2008, o governo americano rejeitou quase 2 mil propostas de entidades estrangeiras para adquirir negócios domiciliados nos Estados Unidos. São cem rejeições por ano — quase duas por semana. Para efeitos de comparação, apenas duas transações foram rejeitadas pelas leis de Revisão de Investimento Estrangeiro do Canadá desde seu início, em 1973. Em 2008, as autoridades canadenses negaram a proposta de aquisição da MacDonald Dettwiler and Associates (MDA) pela Alliant Techsystems Inc. americana. Depois, em novembro de 2010, o governo canadense deliberou contra a proposta de 38 bilhões de dólares da gigante da mineração BHP para adquirir a Potash Corporation. Ambas as rejeições eram justificadamente de interesse nacional. A MDA é uma empresa industrial de alta engenharia envolvida em materiais de defesa e aeroespaciais, e a Potash é a maior empresa de fertilizantes do mundo, com importantes operações de produção de commodity em fosfato e nitrogênio.

Nos Estados Unidos, o Comitê sobre Investimentos Estrangeiros nos Estados Unidos (CFIUS, em inglês) analisa as implicações para a segurança nacional dos investimentos estrangeiros em companhias ou operações norte-americanas. Como no caso dos canadenses — só que de longe com muito maior frequência —, um grande número das negativas americanas são na área da segurança nacional e dos recursos de commodities, como na tentativa fracassada, em 2005, do conglomerado petrolífero chinês CNOCC de comprar a Unocal por 18 bilhões de dólares. Embora as companhias chinesas não sejam o único grupo a quem é negado acesso e controle de operações comerciais sediadas nos Estados Unidos, à medida que crescem as preocupações com os movimentos agressivos da China em relação aos mercados e com suas práticas relativamente obscuras, o país parece sofrer com a reticência não só norte-americana, mas também internacional. Realmente, como detalhado antes, as investidas da China foram esnobadas não apenas por países-alvo como os Estados Unidos, mas também pela oposição de terceiros como o FMI.

A propriedade é nove décimos da lei

Acordos fundados em commodities têm a péssima reputação de serem presas de políticas que, com o tempo, se revelam inconsistentes por parte dos governos cedentes do recurso. Num minuto eles cortejam você; no minuto seguinte, não pensam duas vezes antes de voltar atrás.

No interior dos mercados de commodities, problemas específicos — e notórios — de acesso e propriedade repetidamente voltam a incomodar. Os governos de acolhimento contam com um trunfo para jogar a pressão sobre os investidores estrangeiros que querem seus recursos: é muito mais caro — e geralmente impossível — que companhias de mineração ou perfuração petrolífera realoquem suas operações industriais do que, digamos, uma fábrica de calçados. Como quase todos os recursos estão dentro (minerais, petróleo) ou diretamente ligados ao solo (madeira, agricultura), as operações extrativas podem facilmente ser vítimas dos governos de acolhimento determinados a mudar, por exemplo, os arranjos sobre a divisão dos lucros. E há o eterno temor de expropriação pura e simples de uma operação de produção de commodity.

Alguns países com os maiores depósitos minerais (por exemplo, a República Democrática do Congo, RDC), e os grandes prospectores de petróleo (por exemplo, a Venezuela) não mostraram a menor reticência em rasgar — com pouco ou nenhum aviso prévio — um contrato legítimo e retomar a posse do recurso. Se alguma coisa deixaram transparecer, em diversas ocasiões o que mostraram foi uma total tendência a voltar atrás no que haviam combinado. Sem se importar com o capital já alocado pelos investidores e corporações (estrangeiras). Sem se importar com os empregos perdidos pelos que trabalhavam na mina. Nos mercados de commodities, os tomadores de decisões podem e mudam de opinião ao sabor dos próprios interesses.

As questões de propriedade e acesso a energia e minerais são ainda mais complicadas do que questões de controle envolvendo água e terra. Estas últimas são, em larga medida, resolvidas por fronteiras e geopolítica. A propriedade de commodities comercializáveis, como petróleo e diversos minerais, por sua vez, está embutida em preços publicamente observáveis. Na verdade, a informação de preço contida em mercados de commodities publicamente negociados é um bom guia para enfatizar a tensão entre a propriedade pura e simples (digamos, conforme estipulada por contrato público) e o controle apenas nominal de um ativo de recurso natural (onde apenas os direitos para acesso e algum uso do recurso são conferidos).

A incerteza política quase sempre eleva o custo do capital e invariavelmente reduz o investimento, à medida que alguns investidores potenciais preferem não colocar seu dinheiro numa proposta arriscada. Como resultado, as companhias que operam em áreas de extrema incerteza têm os preços das

ações transacionados a um desconto ou parecem persistentemente deprecia-
das — independentemente da qualidade e quantidade do ativo ou depósito
subjacente. Muitas empresas de mineração que operam na RDC entrariam
nessa classe. Para piorar as coisas, o ambiente de incerteza política significa
que muitas vezes essas companhias precisam financiar a si mesmas, desembol-
sando capital inicial próprio (o que é mais dispendioso), em vez de contrair
dívida (o que sai mais barato), já que poucas pessoas emprestariam para elas.

Em ambientes de estresse econômico e incerteza política (que podem
vir lado a lado — quanto mais problemas econômicos, maior a volatilidade
política), o custo do capital às vezes sobe a um ponto que os mercados
públicos de dívida têm as portas abaixadas. Se e quando as incertezas que
pairam em torno forem resolvidas, o preço das ações da companhia volta a
subir, passando a refletir muito mais fielmente fatores tradicionais, como
gestão, fluxos de caixa, qualidade dos ativos e assim por diante, que estejam
associados com o ativo em questão.

Propriedade versus controle

Uma das maneiras de compreender esses problemas de propriedade versus
controle que cercam os investimentos em petróleo e minerais é imaginan-
do uma distribuição do tipo normal. Um extremo, numa ponta da distribuição, ocorre quando os preços das commodities estão notavelmente elevados, como quando o preço do petróleo por barril pairou em torno de
145 dólares, em julho de 2008, por comparação à média de vinte dólares
o barril nas décadas precedentes. Nessa situação, o risco de expropriação é
considerável, com a propriedade do ativo inclinando-se na direção do governo. O envolvimento cada vez maior do governo também pode assumir
a forma de royalties ou taxação mais elevados sobre o ativo ou ditar o tamanho e a direção das vendas. Por exemplo, encorajado pelos altos preços,
o presidente venezuelano Hugo Chávez rotineiramente ameaça deter as
exportações para os Estados Unidos feitas pela companhia petrolífera estatal da Venezuela, a PDVSA, a despeito de os Estados Unidos serem seu
maior parceiro comercial nesse setor.

O outro extremo da função em forma de sino ocorre quando os preços do mercado entram em colapso, como no dia 19 de outubro de 1987

— conhecido como a Segunda-Feira Negra —, quando os mercados de ações pelo mundo todo perderam um valor enorme em um tempo muito curto. A Média Industrial do Dow Jones, por exemplo, caiu mais de quinhentos pontos (ou quase 23%) em questão de horas. No cenário de commodities análogo, é provável que o investimento caia, na medida em que as companhias já no setor não conseguem arcar com seus custos e, em vez disso, fecham minas e campos de petróleo — às vezes, permanentemente. Nesse extremo, como no caso descrito anteriormente, o resultado final é o governo assumindo a propriedade do ativo subjacente, mas por motivos inteiramente diferentes.

Este último cenário se desenrolou na Zâmbia, em 2002, quando a queda brusca nos preços do cobre tornou as operações da respeitável companhia Anglo American antieconômicas e a levou a abandonar suas operações locais, deixando a mina nas mãos do governo. No fim, os ativos de cobre foram privatizados e vendidos para companhias privadas, que retomaram a produção, ainda que, por meio de seu próprio veículo de investimento, o governo da Zâmbia tenha retido uma participação acionária minoritária em muitas minas.

Outra forma de compreender o comportamento de um governo rico em recursos é a lógica do mercado de opções, que são instrumentos financeiros que concedem ao comprador da opção o direito — mas não a obrigação — de comprar ou vender um ativo subjacente, ao passo que o vendedor da opção concede o direito de comercializar (comprar ou vender) o ativo a um determinado preço no futuro. Como detêm os direitos sobre a mina, o poço de petróleo, a terra e assim por diante, os governos estão, para usar o jargão financeiro, em uma posição comprada no ativo subjacente. Quando os preços das commodities sobem muito, as demandas do governo de acolhimento sobre um dado ativo, como receitas fiscais e royalties mais elevados, podem subir exponencialmente. No extremo, essas demandas resultam em expropriação ou nacionalização do ativo. Em termos de mercado, isso seria como exercer a opção de compra sobre a propriedade (já que o governo ganha conforme o preço da commodity dispara).

Inversamente, quando os preços da commodity despencam e as companhias lutam para conseguir fazer face aos custos da operação de seus negócios, elas provavelmente vão "pôr" (*put*, também se refere à opção de compra, que, em inglês, é *put option*) o ativo de volta no governo — ou seja, essencialmente, vender uma opção de compra. Nesse caso, o governo acaba possuidor de uma quantidade maior do ativo, conforme seu valor despenca, e a companhia, em essência, "ganha" (isto é, limita as perdas), pois pode encerrar as operações e se afastar do ativo à medida que os preços da commodity caem. Mais uma vez, a posse do ativo recai sobre o governo, que é forçado a assumir a mina, o poço petrolífero ou a fazenda, de modo a ajudar a manter os cidadãos locais empregados no projeto abandonado.

Em suma, quando os preços das commodities estão muito altos ou relativamente baixos, o governo assume a propriedade e o controle do ativo subjacente. Quando os preços da commodity são negociados dentro de um leque moderado, os investidores assumem pelo menos algum controle (nominal) sobre o ativo, porque não há significativo potencial de valorização ou risco de perdas nas mudanças de preço da commodity, como nos extremos da distribuição normal. Os chineses têm desempenhado o papel tanto de país de acolhimento como de investidor estrangeiro, segundo essa lógica.

Assim como a China se expandiu rapidamente enquanto comprador de recursos estrangeiros, também expandiu seu acesso a recursos sobre um portfólio diversificado de países, uma estratégia para minimizar o risco de choques no fornecimento de commodities, caso o comportamento de um governo de acolhimento mude. Os chineses têm tentado também reduzir o risco — ou salvaguardar as exposições em commodities —, pondo em ação estruturas simbióticas como empréstimos a baixo custo, criação de infraestrutura e outros incentivos em troca de acesso aos ativos de commodities. Essas relações não trazem apenas benefícios para ambas as partes; também dissuadem ambas de abandonar seja lá que acordos possam existir entre elas.

Como país de acolhimento, a China nem sempre costuma estender o tapete vermelho aos interessados. Embora companhias estrangeiras operando no setor da mineração, por exemplo, tenham achado relativamente fácil obter licenças de exploração quando as possibilidades de encontrar ouro são entre exíguas e inexistentes, as coisas se tornam mais restritivas à medida que as probabilidades de fazer descobertas minerais aumentam. Do desenvolvimento da mina à fase de produção — quando uma companhia começa a colher os frutos ao extrair e vender o recurso —, os direitos de uma companhia estrangeira para uma licença declinam exponencialmente a cada novo passo.

Assim como em outros países, o Estado chinês detém uma opção de compra livre, na qual seus direitos de propriedade aumentam à medida que o valor do ativo sobe. Os custos de exploração são quase inteiramente assumidos pelo grupo estrangeiro, mas, uma vez surgida a evidência de que existe o mineral, as vantagens (quase sem restrições) passam à China. Isso não significa dizer que as corporações em nada ganhem. Elas ganham, e são esses potenciais lucros que incentivam os investidores estrangeiros a investir nos setores de recursos junto com muitos outros — bancos, venda a varejo etc. Mas esses ganhos são consideravelmente mais baixos do que poderiam ser se o governo chinês retivesse fatias menores nas marés boas.

É provável que essa prática mude à medida que a China expanda seu já extenso perfil de commodities? É difícil imaginar um motivo para a China abandonar o que constitui, afinal de contas, uma prática global, mas à medida que a balança das bolsas de commodities pende em favor da China, o país talvez ache simplesmente tentador aumentar a pressão ainda mais sobre aqueles que desejam realizar negócios no interior de suas fronteiras.

Os limites do capitalismo

Na teoria, se os mecanismos de preço estão funcionando com eficiência, a cruzada por commodities chinesa deveria melhorar a vida de todo mundo. Os que mais desejam commodities, como a China, se mostrarão dispostos a pagar o maior valor por elas, e seu lance por todo tipo de recurso deveria significar uma bonança econômica para pessoas do mundo todo. Na prática, porém, a demanda por commodities finitas pode, com a mesma facilidade, elevar os preços dos recursos e semear a inflação, que empurra os padrões de vida mundiais para baixo.

Especificamente com respeito à China, há outro perigo. Como "proprietária" de ativos pelo mundo todo, ela pode se mostrar relutante em dividir ou vender suas commodities — risco que aumenta conforme as restrições aos recursos se tornam cada vez mais inevitáveis. Um cenário assim quase sempre leva à instabilidade política, expropriação e até conflitos abertos, conforme os diferentes países lutam por acesso aos recursos.

O principal é o seguinte: de Pequim a Bruxelas, Washington ou Caracas, e além, a interferência estatal nos mercados de commodities é endêmica. Seja qual for a intervenção política na qual ela se apoie — protecionismo, subsídios, açambarcamento, até imposições —, o resultado é o mesmo: a introdução de incerteza na decisão sobre investimentos. Livros didáticos, ao menos no nível introdutório, sacralizam a interação de livre-mercado entre a oferta e a demanda, mas atualmente a verdade é que a dinâmica de recursos naturais imediata tem mais a ver com a política e os políticos do que com a economia ou os ideais. E a estratégia da China de se aproximar de governos pelo mundo afora mostra exatamente como isso se faz.

CAPÍTULO 8

A geopolítica disso tudo

A ASCENDÊNCIA CHINESA NOS MERCADOS de recursos traz consigo transformações geopolíticas e sociais reais e abrangentes, além do mero impacto causado nos preços das commodities.

Isso em si não é incomum. Qualquer ator em rápido crescimento — e certamente um com o alcance e a agressividade da China — irá inevitavelmente alterar não apenas a paisagem de como o negócio é feito, mas também o próprio modo como os países são geridos. Embora os resultados políticos e sociais da busca chinesa talvez não estejam em sua agenda de jure, é quase certo que figurem em sua agenda de facto, como consequências inesperadas da corrida por commodities.

Em meio à cruzada por recursos, é impossível para a China deixar de exercer impacto em questões de soberania nacional e geopolítica, assim como o país não pode evitar o envolvimento com a comunidade internacional, nem se abster de ter influência sobre, digamos, as leis trabalhistas e as políticas ambientais nos países cedentes dos recursos. Mas a China pode, em grau elevado, orientar as direções específicas para as quais essas mudanças caminham, e os próprios países cedentes podem se mostrar resistentes ou receptivos quanto ao impacto chinês em seus assuntos internos. A despeito das alegações em contrário, esses impactos sociais não são universalmente negativos.

Um lobo em pele de cordeiro?

Em junho de 2011, durante as reuniões do fórum da African Growth and Opportunity Act (Lei de crescimento e oportunidades para a África), na África, a secretária de Estado norte-americana, Hillary Clinton, advertiu a África sobre os perigos do "neocolonialismo" e lembrou aos presentes que "vimos no período colonial como é fácil chegar, tirar os recursos naturais, subornar os líderes e ir embora". Embora a China em nenhum momento tenha sido explicitamente mencionada, seus comentários foram logo interpretados como um ataque não muito velado contra o país.

Como era de se esperar, a sugestão de que a influência chinesa na África poderia disseminar um "neocolonialismo" foi recebida com desdém pelos representantes chineses. Hong Lei, um porta-voz do Ministério do Exterior chinês, rejeitou os comentários, dizendo que a China nunca impôs sua vontade sobre os países africanos. Hong Lei externou a esperança de que os negativistas pudessem avaliar a cooperação sino-africana de forma objetiva e justa, e em seguida enfatizou que a China tinha um compromisso de respeitar os países africanos e cooperar com eles em prol de um "ganho mutuamente benéfico". Embora os comunicados oficiais à imprensa emitidos por qualquer governo, inclusive os da China, devam ser recebidos com um pé atrás, dessa vez o porta-voz chinês estava com a razão ao seu lado.

Define-se a soberania como a autoridade independente e suprema de um país sobre uma área, região geográfica ou um território predefinido. O colonialismo inverte essa condição, de modo que a soberania nacional é, em vez disso, reivindicada por outro país. Embora o acordo colonial reconheça os direitos dos colonizados — da administração de seu próprio governo à supervisão dos assuntos econômicos e sociais —, o relacionamento entre a potência dominante e a população nativa, mais fraca, é em última instância desigual.

O colonialismo moderno data do século XV, quando os Estados europeus se apossaram de terras na Ásia, na África e nas Américas. Nos séculos que se seguiram, os motivos para essas expedições foram da pura busca de lucro (impulsionada pelo comércio e pela necessidade de obter matérias-primas baratas) a razões ostensivamente mais altruístas, como disseminar o cristianismo, bem como os sistemas científico e político da Europa. Sejam quais forem os motivos por trás delas, as investidas coloniais de Espanha, França e Inglaterra cobriram cerca de cinco séculos, alterando os mapas políticos para sempre.

As acusações de neocolonialismo que a secretária Clinton dirigiu presumivelmente contra a China baseavam-se na ideia de que, à medida que a China continua a expandir suas operações de extração de recursos nos países mais pobres, esse relacionamento desigual entre dominador e dominado está sendo recriado, e não causa surpresa que a secretária de Estado não estivesse pregando no deserto. Muitas outras vozes, principalmente na Europa e nos Estados Unidos, vêm acusando a China de empreender, da forma mais traiçoeira, uma estratégia para assumir a soberania de países do mundo todo, incluindo algumas das economias pobres (ainda que ricas em recursos) mais subdesenvolvidas política e economicamente, em particular muitas na África. Porém, o fato é que os chineses, até o momento, não exibiram nenhum dos aparatos do colonialismo europeu, como conversão religiosa, uso de força militar ou manipulações na liderança política local. Além do mais, a China e, mais importante, muitos dos países presumivelmente vítimas desse "neocolonialismo" enxergam as coisas de forma bem diferente dos céticos, na maioria das vezes ocidentais.

Atendo-se simplesmente à definição básica de colonialismo, a China não vai por esse caminho. Os atuais interesses chineses são em grande medida transparentes e conduzidos por sua motivação tenaz e restrita de estabelecer parcerias comerciais. Está bem claro que a ambição da China não é por dominação sobre algum estado soberano, mas antes sobre recursos. A incursão chinesa — largamente limitada a commodities, pelo menos até agora — apresenta um modus operandi que desafia quaisquer alegações literais de neocolonialismo. Na verdade, a China parece totalmente *desinteressada* em assumir a responsabilidade pela soberania e particularmente por moldar a infraestrutura política e social das nações nas quais busca recursos, e o país tem feito repetidas declarações públicas a esse respeito.

A China, quando muito, pode ser criticada com alguma justiça por se mostrar excessivamente desinteressada nas instituições sociais e políticas em diversos desses países. Embora os chineses em geral se abstenham de perseguir agressivamente o controle político, eles têm sido vistos, em certo sentido, desprezando as leis trabalhistas, ao passo que negligenciam questões ambientais e mostram pouco interesse pela política dos países, a não ser na medida em que ela afete diretamente sua busca de recursos. Com efeito, uma postura de laissez-faire como essa exerce um impacto mensurável nas sociedades em que a China opera, mas isso está mais próximo de um anticolonialismo do que de um neocolonialismo.

Um contrato de trabalho

Nas colinas ondulantes a noroeste de Florença fica a pouco conhecida cidade italiana de Prato. A população de Prato está estimada em cerca de 185 mil habitantes, dos quais 11 mil estão oficialmente registrados como chineses. Extraoficialmente, porém, algumas fontes calculam até 36 mil habitantes chineses — cerca de 20% da população de Prato. Há ainda umas 3 mil companhias ligadas a esses imigrantes, que juntas vêm se tornando fonte de grande consternação para os moradores locais, particularmente com o crescimento da população de imigrantes.

Alocar a mão de obra chinesa pelo mundo afora é uma parte central da estratégia por recursos da China. Grande número de trabalhadores do país muitas vezes acompanha o fluxo do capital chinês. Na Turquia, por exemplo, a polícia captura, aprisiona e deporta quase 60 mil trabalhadores ilegais todo ano, pelo menos 1/3 dos quais são chineses. Um artigo em 2006 na revista *The Economist* exemplifica melhor o alcance e o crescimento da diáspora chinesa:

> Em seu escritório em Lusaka [Zâmbia], Xu Jianxue senta entre um retrato de Mao Zedong e um calendário chinês. Sua empresa de engenharia civil e construção está indo bem e, com a ajuda de seus quatro irmãos, ele também investe em mineração de carvão. Ele é um otimista quanto a fazer negócios em Zâmbia: "É um território virgem", diz, com poucos produtos fabricados no país e pouca competição. Agora ele pensa em expandir suas atividades para os vizinhos Angola e Congo. Quando chegou em 1991, apenas trezentos chineses viviam em Zâmbia. Agora, ele calcula que haja 3 mil.

Três mil chineses, em uma população total de cerca de 13 milhões, vamos admitir, não é nenhum exército de trabalhadores invasor, mas constitui mesmo assim um número notável e que está em crescimento.

A escala da alocação internacional de mão de obra chinesa não diz respeito apenas a extrair o máximo de recursos possível no tempo mais curto possível; a alocação também se presta a fins domésticos da China. A transferência de trabalhadores para o estrangeiro diminui a taxa de desemprego no país, aliviando desse modo suas próprias pressões trabalhistas e reduzindo o risco de tumultos sociais, talvez até mesmo de uma revolução. A despeito do fato de a crescente diáspora da mão de obra chinesa ser um fenômeno mundial, o grosso das queixas sobre essas práticas trabalhistas se origina na África.

Não surpreendentemente, à medida que o número de trabalhadores estrangeiros aumenta, as reclamações também se espalham, incluindo acusações de que as companhias chinesas não contratam localmente, preferindo em vez disso contratar (e importar) seus próprios trabalhadores. A veracidade dessas alegações, porém, varia de país para país. Por exemplo, em Zâmbia, aproximadamente 15 trabalhadores locais foram contratados para cada chinês, ao passo que em Angola não mais do que um morador local é contratado para cada trabalhador chinês. Essa proporção provavelmente é reflexo da relativa carência de mão de obra angolana qualificada, num país que está emergindo de muitas décadas de guerra civil. Proporções similares de mão de obra podem ser encontradas em outros países africanos que também conheceram episódios recentes de violência e instabilidade política: Sudão (três sudaneses para cada trabalhador chinês), Moçambique (dois para um) e Serra Leoa (quase seis para um).

Como sugere a Tabela 8.1, o tipo de projeto sendo desenvolvido também desempenha um papel na determinação da razão entre trabalhadores chineses e trabalhadores locais. Os investimentos chineses ligados a projetos que demandem uma equipe altamente qualificada — engenheiros e trabalhadores com maior formação técnica — favorecem a importação de trabalhadores chineses, sobretudo nas nações africanas com uma infraestrutura educacional pobre. Mas os postos de trabalho em projetos com pesada demanda por trabalho braçal — como o sistema de água para as aldeias tanzanianas ou a mina de carvão Collum, em Zâmbia — são em larga medida ocupados por mão de obra local. Em última análise, a proporção de empregados locais para trabalhadores chineses numa ampla amostra de países africanos é decididamente assimétrica, mas favorecendo o trabalho local.

A questão do caráter

Para além do mero número de chineses que desembarcam nas costas e cidades pelo mundo afora, está o problema da natureza desses trabalhadores. Suposições de que muitos dos milhões de trabalhadores chineses são detentos cumprindo programas de trabalho em liberdade circulam amplamente tanto dentro como fora da África. Esses trabalhadores em regime de servidão enfrentam uma escolha entre permanecer como prisioneiros na China ou cumprir sua pena trabalhando em algum poço de mina longínquo.

Em julho de 2010, uma de tais acusações de utilização do trabalho de detentos chineses no estrangeiro ganhou as manchetes. Um artigo escrito pelo dr. Brahma Chellaney, analista de segurança do Centre for Policy Research (Centro de Pesquisa em Políticas), de Nova Déli, alegava que a China estava empenhada no "envio forçado de prisioneiros para trabalhar nos seus projetos de infraestrutura no estrangeiro", que o Sri Lanka tinha "milhares de condenados chineses" trabalhando em projetos de infraestrutura, e que condenados chineses estavam também construindo 4 mil casas como parte do projeto de ajuda chinesa para a reconstrução das Maldivas devido aos estragos feitos pelo tsunami. Contudo, apesar da evidência escassa — o dr. Chellaney não fornecia fontes, evidências ou detalhes para sustentar sua alegação —, seu artigo foi publicado em inúmeros veículos de imprensa internacionais, incluindo o *The Washington Times*, o *Sri Lanka Guardian*, o *The Japan Times*, o *The Globe* e o *Mail* do Canadá, além da versão on-line do *The Guardian* do Reino Unido.

Mas não são apenas as acusações solitárias de indivíduos que preocupam: pelo mundo todo, políticos — principalmente se fazem parte da oposição, e não do governo em exercício — têm feito alegações infundadas semelhantes, embora muito graves. Em junho de 2010, por exemplo, políticos da oposição no Sri Lanka afirmaram que 25 prisioneiros chineses estavam trabalhando no país. *Der Spiegel*, a revista alemã, citou uma declaração de Michael Sata, na época líder oposicionista em Zâmbia e depois eleito presidente, em setembro de 2011, de que 80 mil "ex-prisioneiros" da China estavam trabalhando no país. Comprovadas ou não (e normalmente a segunda opção é a correta), essas alegações despertam facilmente os temores dos países hospedeiros.

Há o medo de que, como os trabalhadores chineses são conhecidos no mundo todo por sua produtividade, em vez de contratar um morador local para o que deveria ser um trabalho razoavelmente bem remunerado, as operações chinesas teoricamente trarão um custo quase zero, o que é

Tabela 8.1. Fato, não ficção: trabalhadores chineses na África

Ano	País	Projeto	Nº de moradores locais contratados	Nº de chineses contratados	Proporção de trabalhadores locais: chineses	Fonte
1983	Serra Leoa	Represa Hidrelétrica Goma	600	105	5.71:1	Brautigam, Chinese Aid e African Development
1998	Sudão	Oleoduto	45	15	3:1	Human Rights Watch, Novembro 2003
2007	Tanzânia	Sistema de Água para Aldeias	500	50	10:1	Entrevista, Pascal Hamuli, Janeiro 2008
2007	Zâmbia	China National Overseas Engineering Corporation Project (Projeto da Corporação Nacional de Engenharia Além-Mar da China)	n.a.	n.a.	15:1	*The UK Guardian*, Fevereiro 2007
2008	Gana	Represa Bui	560*	110	5.09:1	Labour Institute and Policy Institute, Gana, Maio 2009
2010	Moçambique	Estádio	1.000	500	2:1	*The Africa Report*
2010	Angola	Estádio	250	700	0.36:1	*The Africa Report*
2010	Angola	Ferrovia Benguela	300	300	1:1	*The Railway Gozette*, Abril 2010
2010	Congo-Brazzaville	Represa Imboulou	2.000	400	5:1	*Reuters Africa*, Janeiro 2010
2010	Zâmbia	Mina de Carvão Collum	855	62	13.79:1	*New York Times*, Novembro, 2010
Em andamento	Angola	19 Projetos de Infraestrutura			1.17:1	Ministério das Finanças, Angola

* O pico esperado da força de trabalho é de 2.600 ganenses e 400 chineses.
Fonte: Deborah Brautigam, *China in Africa: The Real Story: Chinese Workers in Africa*. Disponível em: http://www.chinaafricarealstory.com/.

basicamente uma força de trabalho em regime de servidão. Lançando mais lenha na fogueira, a presença de trabalhadores chineses, sejam prisioneiros ou não, é uma questão particularmente delicada em países pobres que já enfrentam altas taxas de desemprego. Um Relatório da Organização Internacional do Trabalho de 2010 estima que o desemprego entre jovens (pessoas de 18 a 25 anos de idade) no mundo todo gire em torno dos 80 milhões. Como alguns dos países mais ricos em recurso e com mais terras férteis têm populações preponderantemente jovens, com pelo menos 50% da população abaixo da idade de 24 anos, a pressão para criar empregos para os habitantes locais é extremamente alta.

Segundo estatísticas oficiais do Ministério do Comércio, desde o fim dos anos 1970 a China já enviou cerca de 5 milhões de pessoas para o exterior. Desse modo, acusações de haver prisioneiros entre essa força de trabalho são incrivelmente prejudiciais. Não causa surpresa, portanto, que as alegações acerca do uso do trabalho de detentos chineses tenham suscitado fortes reações do governo chinês.

Em 10 de agosto de 2010, um artigo no jornal chinês *People's Daily* descartou como notícias infundadas de periódicos estrangeiros as informações de que a China estava enviando prisioneiros para trabalhar em projetos no exterior a fim de aliviar a pressão sobre as prisões domésticas superlotadas. O artigo observava então que as regulamentações exigiam que os projetos contratados no estrangeiro, que as empresas envolvidas nesses projetos e que a associada cooperação do trabalho cumprissem as condições legais relevantes e designassem trabalhadores que fossem tecnicamente qualificados e sem nenhum histórico de conduta imprópria ou ficha criminal para trabalhar no exterior.

Referindo-se especificamente a muitas das alegações negativas destacadas anteriormente, um funcionário chinês do Ministério do Comércio argumentava também que "as notícias de que a China está enviando prisioneiros para trabalhar no exterior são puro disparate e atendem a segundas intenções", e apelava aos órgãos de mídia em questão que "respeitem os fatos e tomem medidas rápidas para corrigir suas matérias imprecisas". No momento em que escrevo, ainda não havia qualquer sinal claro de que alguma das agências de notícias que haviam ajudado a espalhar a história houvesse, em face da veemente negação chinesa, respondido, se retratado ou se corrigido.

A percepção é a realidade

Além das alegações de favorecimento chinês e esvaziamento das cadeias, matérias e artigos de jornais, como a publicação do relatório do Observatório dos Direitos Humanos 2011 (*Human Rights Watch*), "You'll Be Fired if You Refuse: Labor Abuses in Zambia's Chinese State-Owned Copper Mines" (Você vai ser despedido se recusar: abusos trabalhistas nas minas de cobre estatais chinesas em Zâmbia), acusam as operações chinesas de condições de trabalho insalubres e perigosas, incluindo má ventilação, equipamento de proteção inadequado e horários de trabalho excessivos.

Essas acusações merecem ser investigadas.

Antes de mais nada, porque existem questões legítimas sobre o modo como os trabalhadores são tratados *dentro* da China, as dificuldades trabalhistas a resolver fora da China podem ser menores. Isso posto, embora as acusações se multipliquem, a evidência é muito mais vaga. E as notícias sobre esse tema têm exibido uma predileção por ficção em excesso e fatos insuficientes. Parte do problema, como insinua a *The Economist*, talvez se resuma de forma simples a percepções equivocadas: "A China também é frequentemente acusada de levar mão de obra presidiária para a África — os habitantes locais presumem que os altamente disciplinados trabalhadores chineses, com seus macacões idênticos, que eles veem mourejando dia e noite, devem estar fazendo isso sob coerção." Em um mundo de celulares com câmeras sempre a postos, é de se imaginar que seria difícil esconder (e fácil de documentar) tais transgressões, mas na realidade a evidência real é escassa.

Como resultado da falta de nuança nessa e em outras famosas críticas às ações chinesas, um estranho cisma surgiu entre a maioria dos estrangeiros e jornalistas ocidentais, que parecem preferir pintar as incursões chinesas como unanimemente ruins, e como as presumíveis vítimas desses abusos os habitantes locais, que muitas vezes veem a presença chinesa em termos geralmente positivos. Consideremos alguma evidência.

O Pew Report de 2007, "Global Unease with Major World Powers" (O desconforto global com as principais potências mundiais), fez um levantamento pelo mundo para verificar quais são as nações mais e as menos preocupadas com a economia em crescimento da China. Em primeiro lugar em termos de preocupação estava a Itália, onde 65% concordaram que isso era "algo ruim". Em segundo lugar veio a França (64%) e em quinto a Alemanha (55%). (Coreia do Sul e República Tcheca ficaram com o terceiro e quarto lugar.) Entre as nações que consideraram a economia em crescimento da China como "algo bom", as três primeiras eram todas africanas: pela ordem, Costa do Marfim (96%), Mali (93%) e Quênia (91%), com Malásia em quarto.

Quando os pesquisadores do Pew perguntaram sobre a crescente capacidade militar chinesa, o resultado foi similar. A França (84%), a República Tcheca (83%) e a Alemanha (77%) estavam entre as primeiras cinco nações que consideravam isso "algo ruim". (Compreensivelmente, a Coreia do Sul liderou a votação negativa, com 89%.) No extremo oposto, as três principais nações com avaliação positiva foram o mesmo trio de nações africanas, com ligeira alteração: Costa do Marfim (87%), Quênia (69%) e Mali (67%).

Quanto aos Estados Unidos, 68% dos consultados via a ascensão militar chinesa negativamente, e apenas 15% como uma coisa boa. Na questão sobre o crescimento econômico, a pesquisa obteve um empate técnico: 45% dos americanos consultados responderam que o crescimento econômico chinês era ruim, e 41% o viam como bom. Questionados especificamente se o impacto econômico da China era "algo ruim para seu país", idênticos 45% dos americanos responderam afirmativamente. Na França e na Alemanha, esse número foi significativamente mais elevado: 55% na Alemanha e 64% na França.

Esses dados de pesquisa, é claro, não oferecem uma prova positiva de que a crítica ocidental à presença da China na África seja exagerada ou de que as respostas oferecidas pelo governo chinês para refutá-las sejam 100% precisas. Mas os dados sugerem fortemente que quanto mais perto do solo africano chegamos, mais bem vista é a participação chinesa.

Pesar as por vezes válidas acusações acerca dos abusos trabalhistas chineses contra os elementos positivos do investimento gerou uma situação delicada para os líderes africanos. Entre outras coisas, porque mesmo uma pesquisa exaustiva que levante dados e fatos não produz uma evidência sólida. Na grande maioria, até os mais heréticos políticos africanos tendem pelo lado dos chineses — cujos investimentos são tangíveis e podem ajudar na redução da pobreza e no crescimento econômico —, ignorando ao mesmo tempo o que muitos veem como diatribe estrangeira. (Essa última questão talvez reflita a posição rancorosa de ter perdido a oportunidade de se relacionar com a África travando negócios, em vez de se empenhar na ajuda assistencial eivada de piedade.)

Na verdade, as alegações de que a influência chinesa sobre as condições de trabalho da África é quase sempre negativa podem ser descartadas sem mais considerações. As potências estrangeiras possuem um longo histórico de abuso da força de trabalho africana, até de dominação. Mas os críticos das práticas trabalhistas chinesas se esforçam por mostrar a evidência de um padrão difundido ou catalogar ações prejudiciais deliberadas da China para solapar as nações africanas e subjugar seus povos; certamente se trata de um caso em que, se eles possuem uma prova válida, ela ainda está por ser amplamente apresentada ou vir à tona. Os resultados da pesquisa citada anteriormente (e mais dados do mesmo levantamento apresentados a seguir) apontam, na verdade, para a direção oposta. Lembremos também que a China investe de bom grado uma soma de dinheiro substancial em países onde as restrições trabalhistas, ambientais e políticas são claramente mais bem definidas; os chineses investem na Europa e nos Estados Unidos. Isso sugere que o que a China faz ou deixa de fazer é em grande parte determinado pelos países que a acolhem como parceira.

E quanto ao meio ambiente? Os críticos mais duros da China afirmam que sua campanha por recursos vai deixar a terra pobre e degradada, as águas poluídas e as minas exauridas. Eles questionam a qualidade do "benefício" duradouro para as nações hospedeiras — estradas, pontes, prédios —, acusando os chineses de erigir estruturas falhas, com materiais de qualidade inferior, mais uma vez danificando o ambiente.

Finalmente, no front político, a China é repreendida por celebrar e cortejar alguns dos déspotas mais notórios do mundo. Embora ela certamente tenha se disposto a lidar com regimes antidemocráticos que por vezes suprimiram violentamente a liberdade de expressão política, os críticos ocidentais tendem a evitar mencionar os ditadores pouco palatáveis com quem seus próprios países costumam fazer negócios. Há na verdade pouca coisa que distinga a postura democrática dos parceiros de negócios da China da dos parceiros dos Estados Unidos, por exemplo, que transacionam com Angola, Venezuela e Arábia Saudita, entre outros. Isso não quer dizer que tais ações sejam justificáveis, mas sugere que o envolvimento com regimes de reputação duvidosa (seja por parte dos chineses, seja dos norte-americanos) parece ser um mal necessário.

O prazo de validade da estratégia

Séculos atrás, quando os países europeus colonizaram o mundo, eles cometeram um erro fatal: não levaram em conta a opinião dos nativos e, desse modo, nunca fizeram com que a colonização valesse a pena para eles. Com o tempo, isso contribuiu para a derrocada de seus impérios. Os chineses aparentemente aprenderam com essa experiência, preferindo em vez disso dar aos países com quem negociam exatamente o que estes pedem — dinheiro, estradas, ferrovias —, em troca do acesso a seus minerais, terras etc.: todos os envolvidos ganham.

Talvez não continue assim para sempre. A China pode acabar tendo visões de grandeza colonial. De fato, os livros de história estão repletos de exemplos de potências coloniais que trocaram a abordagem suave pela dura — digamos, balas em vez de Bíblias. Mas com a população da China se aproximando de 1,5 bilhão — 2/3 dos quais ainda vivendo na pobreza —, faz sentido reservar tais ambições para um futuro próximo. E isso é em grande medida o que a China tem feito. A estratégia do país passa longe do antigo modelo colonial em que a relação com a metrópole — e, talvez, em última instância, a sua derrocada — se sustentava no estabelecimento de uma relação desigual entre a potência conquistadora e a população nativa conquistada.

Dizer que a incursão chinesa é oriunda de algum particular apreço — ou ódio — por outras raças ou populações é perder de vista seu inabalável foco na motivação econômica. De fato, a China é, quando muito, indiferente ou agnóstica em relação a qualquer coisa que não seja sua cruzada por recursos. Sua escolha de alvos pode ser vista pelo prisma da mais pura forma de investidor econômico racional. Para a China, a corrida por recursos é parte central de uma corrida econômica contra uma revolução: o risco de que uma revolução estoure se o bilhão de chineses empobrecidos não convergir para os padrões de vida dos cerca de 300 milhões da classe média que já usufruem dos padrões econômicos de vida dos ocidentais.

A China está na África (e em outras partes) por causa do petróleo, do ouro, do cobre e da terra. Dizer que a África passa por uma recolonização — como acontece com tanta frequência — ou que o africano médio não está se beneficiando da presença chinesa é inteiramente falso. Claro que a predileção da China pelo continente africano não deixa de ter complicações — todo relacionamento em desenvolvimento tem seus desafios —, mas, a se crer nas pessoas que vivem ali, os sentimentos antichineses são amplamente exagerados. Nesse aspecto, uma nova olhada nos resultados do levantamento contido no Pew Report de 2007 pode ser revelador. Mais especificamente, três pontos importantes emergem da pesquisa Pew sobre como muitos africanos enxergam a recente incursão chinesa em seus países.

Primeiro, as opiniões favoráveis sobre a China e seus investimentos na África superam os juízos negativos numa razão de pelo menos dois para um, em virtualmente todos os dez países pesquisados: Etiópia, Costa do Marfim, Gana, Quênia, Mali, Nigéria, Senegal, África do Sul, Tanzânia e Uganda. Como vimos antes, a vasta maioria pesquisada na Costa do Marfim, Mali e Quênia acredita que a China tem sido uma influência positiva em seus países, mas eles não estão sozinhos, muito pelo contrário. No Senegal e no Quênia, 81% veem a China de maneira positiva. Três quartos dos pesquisados em Gana e Nigéria aprovam a presença chinesa, assim como 2/3 dos etíopes. Em Uganda, a proporção de opiniões favoráveis sobre as negativas é o dobro, ou 45% e 23%, respectivamente. Em termos de tendência, só no ano passado a visão positiva da China na Nigéria cresceu 16 pontos percentuais, indo de 59% para 75%.

Em segundo, a pesquisa Pew revelou que, em quase todos os países africanos do levantamento, a visão positiva sobre a influência chinesa é maior do que sobre a influência americana. Uma maioria em quase todos os países africanos acredita que a China "exerce pelo menos uma razoável dose de influência em seus países". Na Costa do Marfim, Mali e Senegal, há uma significativa margem que observa maior influência chinesa do que americana: 79%, 83% e 72% para a China, contra 65%, 66% e 54% para os Estados Unidos, respectivamente. Mesmo quando os países veem tanto a influência chinesa como americana como benéfica, o envolvimento da China na África é encarado sob uma perspectiva muito mais positiva do que o dos Estados Unidos. Por exemplo, 86% no Senegal dizem que o papel da China em seu país ajuda a tornar as coisas melhores, comparado a 56% para os Estados Unidos. Um padrão similar se observa no Quênia, onde 91% acreditam que a influência chinesa em sua economia é boa, contra 74% dos Estados Unidos.

Terceiro, por toda a África a influência chinesa é vista como em crescimento mais acelerado do que a americana, e a China é quase universalmente vista como "exercendo um impacto mais benéfico nos países africanos do que os Estados Unidos". Por exemplo, embora a vasta maioria dos etíopes veja tanto a China como os Estados Unidos como influenciando o modo como as coisas transcorrem em seus países, a China é avaliada muito mais positivamente do que os Estados Unidos. Por uma margem de 61% a 33% os etíopes veem a influência chinesa como benéfica ao país, ao passo que a influência norte-americana é tida como mais prejudicial do que útil por uma margem de 54% a 34%.

As margens são ainda mais pronunciadas na Tanzânia, onde 78% acreditam que a influência da China é boa (contra 13% que mantêm uma opinião desfavorável), ao passo que 36% veem a influência americana como boa, contra 52% como ruim. Em grande parte da África, a influência chinesa já é tão observável quanto a americana e está crescendo a um ritmo muito mais perceptível do que a dos Estados Unidos. No Senegal, 79% veem a influência chinesa como crescente, enquanto para os Estados Unidos a proporção é de 51%. Os resultados de pesquisa são semelhantes na Etiópia, Costa do Marfim e Mali.

No momento em que escrevo, cinco anos se passaram desde que esse levantamento foi feito, mas há motivos para crer que os números permanecem. Os chineses — e qualquer um pode ver — constroem em geral estradas, ferrovias, escolas, fábricas e hospitais, todos (pesados os prós e os contras) vistos como contribuições positivas do envolvimento chinês. Menos tangível, mas igualmente importante, é o benefício comumente expresso de que, na melhor das hipóteses, os chineses tratam os cidadãos locais em seus próprios países como iguais, parceiros de negócios, e, na pior das hipóteses, sentem-se desobrigados de construir qualquer coisa que não esteja ligada aos negócios.

Compare-se essa abordagem com a tradicional postura assistencialista, que tende a favorecer uma cultura de "nós contra eles" em muitos aspectos do envolvimento e se presta a retratar os africanos como povos desamparados e que não fazem por merecer o esforço de se construírem relações de negócios a longo prazo. Felizmente, essa abordagem está mudando, devagar, à medida que a África e outras regiões emergentes começam a ser vistas como destino de negócios. Essa mudança de abordagem, entretanto, também deriva do fato de que os próprios países ocidentais enfrentam graves problemas econômicos e não podem mais se apoiar nas tradicionais ferramentas políticas, como ajuda estrangeira, caso pretendam ter algum tipo de reputação no mundo emergente.

Finalmente, as piores acusações, de que a China está esgotando os recursos desses países, simplesmente não fazem sentido quando observadas da perspectiva de um experimento notável que mapeia os ciclos de vida das doenças.

A vida imitando a biologia molecular

Conta-se que Gerald Edelman, o vencedor do Prêmio Nobel, tinha um gráfico muito interessante pendurado acima de sua mesa na Universidade Rockefeller, em Nova York. O gráfico mostrava a evolução, do início à extinção, de algumas das doenças mais mortíferas e devastadoras conhecidas pelo homem. Ao representar a mortalidade associada de diferentes infecções, da peste bubônica às pestes da França e da Grã-Bretanha (que custaram à França 66% de sua população e aos britânicos 50%, na época), e à epidemia de Aids/HIV dos tempos modernos, um padrão fascinante emerge: em todos os casos, a curva das taxas de mortalidade segue uma trajetória em forma de morro notavelmente similar.

Nos estágios iniciais, assim que a doença surge, o número de vidas perdidas aumenta exponencialmente, à medida que o vírus começa a se espalhar pela sociedade. Quando o vírus chega à adolescência, ele espalha a destruição, conforme o número de mortes concomitantes atinge seu pico — em geral, um número extraordinariamente elevado. Finalmente, em todos os casos, com a maturidade da doença, as fatalidades associadas a ela diminuem dramaticamente. Contudo, embora a taxa de mortalidade decline, nunca chega realmente a zero.

O padrão observado revela um ponto interessante. Na ausência de medicação ameaçando sua existência, de algum modo o vírus aprende rapidamente que a fim de sobreviver ele deve manter seu hospedeiro com vida, também. Em outras palavras, durante metade de sua vida, um vírus pode passar da destruição de seus hospedeiros à luta por preservá-los, de modo que também ele viva. Em uma inexorável busca pela sobrevivência, o vírus sofre mutações, evolui e altera sua constituição, descobrindo que deve se adaptar a condições variáveis e coexistir com seu hospedeiro.

Mesmo se compararmos a fome chinesa por recursos a uma doença mortal — a crítica mais hiperbólica imaginável —, simplesmente não é interesse da China arruinar um país (hospedeiro) por completo. Investimentos em negócios necessitam de infraestrutura — estradas, portos, aeroportos — e ambientes políticos relativamente estáveis para prosperar. De fato, o ímpeto chinês por adquirir recursos tem seus desafios, mas seus líderes sabem tão bem quanto um vírus que seus hospedeiros precisam sobreviver — devem permanecer como Estados bem-sucedidos — a fim de atender à oferta de commodities.

Na verdade, para a maioria dos países hospedeiros, o pior cenário possível é a *partida* da China. Caso a China retire seu capital investido em minas, poços petrolíferos, fazendas e projetos de infraestrutura, os padrões de vida de muitos milhões de pessoas serão grave e negativamente impactados, relegando-as à pobreza.

Em meados do século XIX, o algodão para os ingleses era suprido principalmente pelo Sul dos Estados Unidos — era o *King Cotton*, a espinha dorsal da economia sulista. Esse ramo sofreu um imenso revés durante a Guerra Civil americana, e as importações britânicas despencaram, de modo que a Grã-Bretanha (e a França) recorreram ao Egito, investindo pesadamente no cultivo de algodão. Acreditando-se invencível, o governo egípcio também pegou substanciais empréstimos junto aos bancos europeus, e o comércio de algodão egípcio floresceu. Contudo, quando a Guerra Civil americana chegou ao fim, os comerciantes britânicos e franceses abandonaram o mercado egípcio, lançando o país num colapso financeiro que terminou com a decretação de falência, em 1882.

Se a China for pelo mesmo caminho de Grã-Bretanha e França e decidir que investir em um país particular para ter acesso aos seus recursos simplesmente não vale mais a pena, o fluxo de caixa vital para o país hospedeiro em questão estancaria de repente, deixando seu povo em maus lençóis.

A China policiando a polícia

Como as pesquisas revelam que a opinião dos africanos sobre a China é de modo geral positiva, e como as evidências disponíveis sugerem fortemente que os chineses estão construindo estradas e hospitais e fornecendo o tão necessário dinheiro de investimento para as nações africanas, ao mesmo tempo em que mostram pouco interesse em controlar o processo político de seus países hospedeiros, as questões respeitantes aos problemas sociais devem, em última instância, recair não sobre a China, mas em vez disso sobre os próprios governos das nações hospedeiras.

Falando de modo geral, o governo de uma nação soberana independente tem três responsabilidades. Primeiro, precisa fornecer um conjunto de bens públicos — os bens de que todos se beneficiam, como educação, saúde, segurança nacional e infraestrutura. Segundo, deve estabelecer uma estrutura política abrangente e funcional para beneficiar e melhorar as vidas (financeiramente e tudo mais) de toda a sua população, ao oferecer incentivos positivos para que os cidadãos inovem e trabalhem duro. Terceiro, o país necessita regular o modo como a sociedade opera, efetivando suas leis e diretrizes, incluindo suas orientações sociais, ambientais e políticas.

Sem dúvida, um pretendente aos recursos das dimensões de riqueza da China detém muitas maneiras de fazer balançar os governos em seu favor, mas a responsabilidade última sobre os cenários sociológico, econômico e ambiental deve caber ao país hospedeiro.

Isso posto, é difícil argumentar que meio século de envolvimento ocidental nos assuntos africanos contribuiu muito para incentivar melhores governos no continente. Repetidas vezes as nações ocidentais desenvolvidas preferiram tratar os governos das nações africanas mais pobres com luvas de pelica, com frequência lhes fornecendo um passe livre para uma corrupção gritante e desvio de recursos públicos, ao mesmo tempo em que continuavam a recompensar seus líderes de governo com ainda mais assistência financeira, a despeito da piora na expectativa de vida, no analfabetismo aparentemente incontornável e no crescimento econômico errático. O vilão é esse sistema, não a China. E apenas sua *completa* revisão — a mudança de um sistema que premia o mau comportamento para um que incentive e apoie melhoras nas condições econômicas e de vida — vai mudar a situação. No momento, a China parece ser uma das forças ativamente em trabalho para melhorar a África e as perspectivas de seu povo — não só a África, mas também as vidas de centenas de milhões de pessoas em todo o mundo emergente e além.

Sem fazer prisioneiros

O falecido economista do Massachusetts Institute of Technology (MIT), Rudiger Dornbusch, certa vez opinou que as crises sempre chegam depois do esperado, mas, quando chegam, quase sempre são maiores do que o esperado. Uma crise atualmente em gestação — e não difícil de perceber — gira em torno da tentativa impetuosa de a China adquirir recursos, enquanto outras nações do mundo e da comunidade internacional como um todo praticamente só assistem. Uma apreciação honesta sobre o futuro da estratégia de campanha por commodities chinesa rapidamente suscita questões sobre o futuro da interação chinesa com seus governos hospedeiros, bem como com as organizações internacionais: o que acontece se um país quer restringir a oferta ou expropriar seus ativos da China? Ou se dois ou mais países conluiam contra a China e restringem seu acesso aos recursos? O que acontece quando um país pobre sem nenhuma força militar possui vastos depósitos minerais que um país com poderio militar — mas talvez sem recursos suficientes para saciar sua demanda — cobiça?

A questão que se impõe aqui é vislumbrar o ponto de virada em que a China vai mostrar de fato as garras e começar a flexionar seus músculos militares. Se um único país nacionalizasse algum recurso que a China está obtendo em muitos países diferentes, o impacto na estratégia chinesa poderia ser relativamente pequeno, embora isso dependa, é claro, da contribuição em recursos do lugar em questão (por exemplo, um país sentiria no bolso se um grande produtor de petróleo como a Arábia Saudita decidisse estancar seu fornecimento de petróleo). Mas se dois ou mais países em conluio negarem à China um dado produto, o quadro se torna mais incerto e perigoso. Acrescente-se ao cenário um terceiro ou quarto país — uma ação coordenada e coletiva — e de repente o portfólio de recursos supostamente bem suprido e diversificado estaria com problemas.

Até o momento, a estratégia de acúmulo de recursos globais dos chineses tem sido executada sem a necessidade de recorrer a ataques militares violentos. A China tem consistentemente utilizado o *soft power* e sua vasta poupança para cortejar governos pelo mundo afora e acessar os recursos globais — fazendo o comércio de commodities valer a pena para os países hospedeiros da China sem a necessidade de utilizar ação militar. Mesmo quando a petrolífera chinesa CNPC viu-se diante da nacionalização de dois blocos petrolíferos na Venezuela, ela reagiu com moderação. A CNPC continuou no país e a China continuou a municiar o governo sul-americano com empréstimos.

Mas para um grande país com capacidade militar em rápido crescimento, o exercício do *soft power* pode muitas vezes se tornar bem pouco atraente, uma vez que os pedidos sejam rejeitados.

A história nos diz que países mais fortes em termos militares raramente resistem — e quase sempre recorrem — ao uso da força para obter acesso aos recursos naturais que precisam junto a economias mais pobres, com pouca capacidade militar; a invasão do Iraque pelos Estados Unidos e seus aliados é um exemplo recente. A despeito do pendor agressivo que a China raramente mostra — lembremos do incidente com o barco pesqueiro em setembro de 2010, que ocasionou um confronto entre China e Japão por causa das ilhas Senkaku/Diaoyutai, ricas em petróleo —, as investidas militares chinesas para obter recursos são, até hoje, poucas, felizmente. Mas isso não quer dizer que continuará a ser assim no futuro — ainda que seja sob o eufemismo de "proteção dos investimentos".

Como ficará esse jogo de xadrez? As etapas de ascensão da China podem ser vistas perfeitamente como algo como isso: rápido desenvolvimento econômico, ocasionando acúmulo de vastas somas de capital e a um excedente comercial persistente, levando por sua vez à tarefa de assegurar recursos e matérias-primas, focando no acesso ao mercado global e terminando com a institucionalização e ascensão dos campeões nacionais chineses — as etapas precursoras de uma potência política e militar. Embora os líderes chineses se empenhem ao máximo para tranquilizar o mundo sobre sua "ascensão pacífica", essa é uma perspectiva atemorizante e não facilmente descartada. Mas o resto do mundo — em particular, o Ocidente desenvolvido — até o momento não fez quase nenhum esforço real ou coordenado para enfrentar esse provável desafio.

É preciso uma crise

A triste verdade é que, nas democracias com ciclos de eleição regulares, os governantes se concentram de forma racional nos "perigos iminentes". Sob as pressões da urna eleitoral, temas urgentes tomam o lugar dos importantes. Uma maneira mais brutal de dizer isso é afirmar que os governos não dão a mínima para as futuras gerações; esses supostamente desejáveis modelos de governo na verdade encorajam a miopia política.

Quando se trata de alimentos, água, energia e minerais, por exemplo, há claros sinais atualmente de que esses recursos vitais não serão suficientes para suprir a todos num futuro próximo. Conforme testemunhamos o crescimento da população mundial e a riqueza e a prosperidade se expandem, o suprimento global luta para atender à demanda, mas os investimentos ficam para trás e a oferta da natureza chega ao seu limite. Se tudo permanecer igual, a situação só vai piorar com o tempo.

Uma atitude política que espere pela chegada de um novo suprimento de recursos sem apoiar-se em grandes investimentos com essa finalidade, ou que alimente a esperança por uma diminuição da demanda, é tolice. Porém, a despeito de todas as evidências, a comunidade internacional está fazendo relativamente pouco para deter a maré. Preferimos ignorar o que está acontecendo. Aparentemente será necessária uma crise global para nos impelir à ação a fim de evitar uma crise — por mais tortuoso que isso pareça.

Blecautes recorrentes e interrupção no fornecimento de energia, aquecimento, resfriamento e combustíveis, bem como manifestações contra os preços dos alimentos no mundo todo não têm ajudado muito a motivar ações sérias. Embora tais problemas sejam relativamente raros nos mercados mais desenvolvidos, eles são comuns no resto do mundo. As pressões da demanda suscitadas pelo rápido crescimento populacional (a população da Índia é estimada em um crescimento de um milhão de pessoas por mês) e pelo aumento da riqueza, particularmente no mundo emergente, significam que os riscos de escassez e interrupção no fornecimento de energia e água continuarão a ser fatores crônicos e debilitantes, não só nas economias emergentes que lutam por prosperar, como também nos países desenvolvidos. Afinal, todos nós extraímos nosso sustento de um mesmo fundo comum e finito de recursos globais.

Quando o dia do acerto de contas chegar, na forma de escassez de recurso, como quase certamente virá — aparentemente, mais cedo do que tarde —, quem estará preparado, a postos com seus estoques, protegido contra tempos difíceis? Agindo com precisão, determinação e previdência, a China está fazendo tudo para se preparar para esse momento fatídico. Mas quanto ao restante, sem se concentrar em esforços conjuntos, muitas centenas de milhões de pessoas perecerão devido à fome, conflitos e coisas piores. Talvez isso seja exatamente o que o mundo precisa para arregaçar as mangas: uma crise de commodities que venha com outro nome.

CAPÍTULO 9

Um arauto do que está por vir

O MUNDO PRECISA ENCARAR A dura verdade: o cenário das commodities é em essência desanimador.

Como vimos, a perspectiva de uma população global maior, mais rica, lançando demandas cada vez maiores sobre um suprimento global limitado de commodities pesadas e agrícolas pressagia uma terrível alta de preços mundial e, pior ainda, pode levar a conflitos pelo mundo afora, conforme as nações, corporações e pessoas competirem para satisfazer suas necessidades de recursos.

Enquanto a China toma as providências para se posicionar e prosperar nos duros anos que virão, a comunidade internacional como um todo nem sequer prioriza ainda — e muito menos implementa — a busca por fatores atenuantes capazes de oferecer uma saída, uma alternativa ou o adiamento de um cenário apocalíptico de guerras por commodities. Porém, embora a busca de paliativos não traga boas notícias — e os aspectos positivos que podem ser encontrados baseiam-se em suposições capazes de se desfazer rapidamente —, vale a pena dar uma olhada neles.

A escassez é de alimentos, não de terras

Todos os dias cerca de um bilhão de pessoas passam fome.

Surpreendentemente, esse número permaneceu inalterado em cinquenta anos, de 1960, quando o mundo contava 3 bilhões de habitantes, até hoje, quando a população mundial está em 7 bilhões. Embora seja possível dizer que as estatísticas da fome estão melhorando (proporcionalmente), elas continuam enormes e inaceitáveis, em particular quando tanta terra arável existe pelo mundo afora.

A dinâmica dessa situação é complexa, mas, no nível mais simples, as questões que determinam a insegurança do abastecimento mundial de alimentos e, em última instância, a fome reduzem-se a três: desperdício de alimentos, má alocação dos alimentos e políticas que desestimulam a produção de alimentos. Vamos tratá-las aqui uma a uma.

Desperdício

Os americanos desperdiçam pelo menos 75 bilhões de dólares em víveres a cada ano, em parte devido aos 14% de comida que uma família média americana joga fora. Isso significa espantosos seiscentos dólares anuais por família — uma bela fatia da conta anual de supermercado —, incluindo carnes, frutas, legumes e grãos que nunca chegarão à mesa. Uma pesquisa da Universidade do Arizona indica ainda que de 14% a 15% dos mantimentos norte-americanos não são nem tocados ou abertos, totalizando 43 bilhões de dólares em alimentos que poderiam ter sido consumidos, mas que são descartados. Mas a escala mais ampla, que inclui o desperdício industrial e comercial, é ainda pior. Um estudo custeado pelo National Institute of Diabetes and Digestive and Kidney Diseases (Instituto Nacional de Diabetes e de Doenças Renais e Endócrinas) revelou que 40% de toda a produção alimentícia nos Estados Unidos vai parar no lixo.

Não muito atrás, o Reino Unido desperdiça cerca de 30% dos seus alimentos. Isso dá aproximadamente 6,7 milhões de toneladas de comida comprada e consumível que é jogada fora todo ano, ou 10,2 bilhões de libras anuais (aproximadamente 15 bilhões de dólares). Ou, ainda, algo entre 375 a seiscentos dólares anuais por família.

Esse desperdício nos países mais ricos acarreta graves desdobramentos no mundo em desenvolvimento, não sendo o menor deles o fato de que a comida que termina no lixo é suficiente para saciar a fome mundial várias vezes. Mas a mecânica desse sistema é ainda mais complexa, como delineada num encontro do Food Ethics Council (Conselho de Ética Alimentar), uma entidade assistencial sediada no Reino Unido. Funcionários do governo, especialistas em alimentos e representantes do comércio varejista demonstraram como a compra de alimentos que são depois desperdiçados reduz a oferta mundial total e empurra os preços para cima, tornando os alimentos menos disponíveis para os povos pobres e desnutridos em outras partes do mundo.

Os custos associados ao desperdício de alimentos estendem-se também às esferas social, econômica e ambiental. Em países como os Estados Unidos e o Reino Unido, por exemplo, alimentos descartados representam cerca de 19% do que vai parar nos aterros sanitários, onde acabam por apodrecer e produzir metano, um gás venenoso. No Reino Unido, a produção e distribuição de alimentos consumíveis que são desperdiçados gera 18 toneladas de dióxido de carbono. Esse desperdício é responsável por 5% das emissões de gases do efeito estufa do Reino Unido, gases que, segundo se acredita, são os responsáveis pelo aquecimento global. Só para contextualizar, se todo o alimento desperdiçado não tivesse sido produzido, o impacto nas emissões de dióxido de carbono seria equivalente a tirar um de cada quatro carros circulando atualmente pelas ruas e rodovias britânicas.

Além disso, a água para irrigação usada pelos agricultores para cultivar os alimentos que vão ser desperdiçados seria suficiente para atender às necessidades domésticas de mais de 9 bilhões de pessoas. Sem a menor sombra de dúvida, atacar a enorme quantidade de desperdício oferece uma grande oportunidade de obter um alívio na pressão sobre a oferta global de alimentos, com desdobramentos positivos para o meio ambiente quase incalculáveis.

O mundo desenvolvido tem feito algum progresso em evitar que a comida vá parar na lata do lixo e em redirecioná-la aos abrigos de necessitados, mas conseguir uma destinação apropriada em pequenos bolsões localizados é muito mais barato e menos complicado do ponto de vista logístico do que a distribuição maciça do excedente produtivo pelo mundo, como às vezes é feito em situações emergenciais, como secas e inundações. Atualmente, não estamos nem perto de contar com coordenação suficiente para transportar, digamos, o excedente não processado de grãos do mundo desenvolvido para áreas carentes de alimento no mundo. Há aí, no entanto, oportunidades suficientes para diminuir a gravidade da futura escassez de alimento, mediante a realocação da produção alimentar global.

Má alocação

O bilhão de pessoas do planeta que, estima-se, passam todos os dias sem comida é quase perfeitamente contrabalançado por um bilhão de pessoas consideradas clinicamente obesas, doença atribuível ao menos em parte ao hábito de comer em excesso.

Essa simetria chocante sugere que, além da questão do desperdício, o alimento é gravemente mal alocado. Mas embora reduzir o desperdício e alocar comida de forma mais equitativa sejam possibilidades que rapidamente venham à mente, são também medidas muito caras e, em última instância, deveriam ser desnecessárias porque muitas regiões hoje com problemas de desnutrição, como a África, possuem abundância de terras aráveis que permanecem sem plantio. Essas terras improdutivas no meio de um continente assolado pela fome são, por sua vez, em larga medida o resultado de um sistema de incentivos e desincentivos à produção de alimentos.

Já vimos como todo ano muitos países, incluindo algumas das principais economias industrializadas do mundo, buscam subsídios agressivos e programas fiscais que efetivamente impeçam a entrada de produtos agrícolas vindos do resto do mundo. A Farm Bill, dos Estados Unidos, e a PAC, da União Europeia, injetam centenas de bilhões de dólares cada para insuflar artificialmente seus agricultores e seus setores agrícolas domésticos. Ao cobrir grande parte do custo de produção internamente, esses subsídios favorecem preços que deixam outros países fora do mercado de alimentos. Tais políticas de governo fazem mais do que apenas desencorajar a produção de alimentos em outros países; elas na verdade encorajam a superprodução domesticamente. As distorções comerciais resultantes tendem a trazer desvantagens desproporcionais aos países mais pobres em produção agrícola no mundo, como os da África e da América do Sul.

Os Estados Unidos e a França estão entre os maiores culpados. Com medo de depender de outras nações para obter seus alimentos no caso de uma nova guerra mundial e dispostos a proteger seus mercados agrícolas e obter o apoio de seus poderosos lobbies da agricultura, esses países têm buscado restrições ao comércio, pacotes de subsídio e barreiras para manter de fora a produção estrangeira. Só nos Estados Unidos, a quantia anual total de subsídios agrícolas gira em torno de 15 bilhões de dólares. A US Farm Security and Rural Investment Act (Lei da Segurança Agrícola e do Investimento Rural dos Estados Unidos), de 2002, recompensou os fazendeiros americanos com cerca de 200 bilhões de dólares em subsídios nos dez anos subsequentes, 70 bilhões a mais do que programas precedentes e representando um crescimento de até 80% em determinados subsídios.

Os programas de subsídios norte-americanos têm os maiores efeitos nos grãos, incluindo trigo, milho, sorgo, cevada, arroz e aveia, mas incluem também amendoim, tabaco, soja, algodão, açúcar e leite. O excesso de produção é muitas vezes desperdiçado ou, em uma reviravolta cruelmente irônica, enviado como ajuda humanitária para regiões onde a produção agrícola tem sido dizimada pelas mesmas políticas governamentais que desencorajaram essas regiões mais pobres a cultivar suas colheitas.

No caso do açúcar ou do leite, o governo dos Estados Unidos estabelece o preço mínimo para a produção doméstica, ao passo que os produtores estrangeiros têm que pagar enormes tarifas para entrar com suas commodities no país. Depois, assim que o leite e o açúcar do exterior chegam às prateleiras das lojas e dos supermercados norte-americanos, eles são vendidos pelos mesmos preços (no mínimo) de seus concorrentes americanos (em geral, as tarifas significam que a produção estrangeira recebe um preço mais elevado do que os produtos domésticos subsidiados). Consequentemente, os produtores estrangeiros tornam-se inúteis para os consumidores americanos, pois não têm condição de oferecer valores competitivos. Mas os Estados Unidos estão longe de ser o único país a distorcer os preços de mercado para favorecer seus produtores domésticos.

Os membros da OCDE gastam quase 300 bilhões de dólares em subsídios agrícolas todo ano. Na Europa inteira, a PAC[1] representa cerca de metade do orçamento da União Europeia, de 122 bilhões de euros (160 bilhões de dólares), com apenas os subsídios agrícolas diretos respondendo por quase 40 bilhões de euros (50 bilhões de dólares).

O efeito dessas políticas sobre as nações candidatas a exportadoras de commodities inclui duros golpes nos seus tesouros nacionais. A entidade de caridade Oxfam (Oxford Committee for Famine Relief – Comitê de Oxford para o Alívio à Fome) estimou que esse regime comercial de subsídios, preços mínimos e proibições sumárias privou Etiópia, Moçambique e Malauí de ganhos potenciais com exportação de pelo menos 238 milhões de dólares desde 2001. A Oxfam estimou que o Malauí poderia ter aumentado significativamente suas exportações para a União Europeia em 2004, caso as restrições de mercado não tivessem privado o país de potenciais 32 milhões de dólares em entradas de divisas estrangeiras, o equivalente a cerca de metade do orçamento para a saúde pública do país. A supressão dessas indústrias traz um efeito devastador também para o emprego no setor agrícola doméstico.

Em 2003, por exemplo, os subsídios norte-americanos do algodão para os poucos milhares de famílias que cultivam o produto chegou a 4 bilhões de dólares. Como resultado desses subsídios volumosos, cerca de 6 milhões de famílias no meio rural do outro lado do Atlântico, na África Central e Ocidental, foram incapazes de competir com o imenso mercado americano, a despeito de seus baixos custos produtivos. O potencial comércio bloqueado por esses subsídios exerceu graves efeitos negativos nas nações africanas. Em Mali, por exemplo, mais de 3 milhões de pessoas, 1/3 de sua população, dependem do algodão para sobreviver; em Benin e Burkina Faso, o algodão responde por quase a metade das exportações comerciais. Contudo, por causa dos subsídios, o Mali perde quase 2% do PIB e 8% dos rendimentos com exportações, Benin perde quase 2% de seu PIB e 9% dos rendimentos com exportações e Burkina Faso perde um por cento de seu PIB e 12% de seus rendimentos com exportações.

Em maio de 2003, desencorajados por tais distorções que os expulsavam desses mercados grandes e ricos, os ministros do Comércio de Benim, Burkina Faso, Chade e Mali impetraram uma queixa oficial contra os Estados Unidos e a União Europeia por violar o regulamento da Organização Mundial do Comércio em relação ao mercado do algodão. Os países alegaram perder cerca de um bilhão de dólares anuais como resultado dos subsídios ao produto, soma substancial para países cuja média total do PNB fica muito abaixo dos 10 bilhões de dólares. Embora o algodão não seja um alimento, o efeito desses subsídios norte-americanos ilustra a devastadora mecânica de tais políticas, que distorcem o mercado, e as precárias condições de vida resultantes para os povos do mundo todo.

Infelizmente, a organização à qual essas nações recorreram, a OMC, normalmente se revela impotente para cumprir sua obrigação de fornecer estrutura legal e institucional para a implementação de acordos comerciais, resolver disputas comerciais entre os países e assegurar regras de jogo equilibradas para todos. Os países individualmente podem ignorar os tratados e as regras comerciais em prol de seus próprios objetivos nacionais, restando pouco a fazer para os queixosos, na medida em que a OMC é apenas um fórum para negociar acordos comerciais, sem real poder coercitivo.[2]

Como não existe penalidade substancial por agirem assim, outros países de fora da OCDE também têm apoiado suas indústrias do algodão, inclusive a China, com uma estimativa de 1,5 bilhão anualmente, bem como Turquia, Brasil, México, Egito e Índia, que colocaram 0,6 bilhão de dólares em seus setores algodoeiros durante 2001 e 2002. Mas a relativa impotência da OMC não favorece simplesmente as nações mais ricas e poderosas, que podem se dar ao luxo de grandes subsídios, tampouco redunda simplesmente em distorções de mercado que têm efeitos negativos para as nações candidatas a exportadoras. Na verdade, essa falta de capacidade para fazer valer a lei, bem como a pouca coordenação com outros órgãos internacionais, como a OCDE, contribui para o despreparo do mundo ao tratar da questão da escassez de commodities. Afinal de contas, muitas dessas organizações zelam pelas necessidades de seus países-membros constituintes, dando menos importância às consequências mais globais dessas políticas que precisam ser avaliadas.

Com uma população já considerável e em crescimento, a China está muito exposta aos potencialmente ferozes desequilíbrios alimentares que ocorrem quando a oferta de terra arável disponível entra em declínio. Contudo, bastante ironicamente, o protecionismo praticado de modo amplo pelos países ocidentais — e isso os órgãos internacionais têm se mostrado incapazes de mudar — na verdade auxilia a agenda chinesa de obtenção de recursos. Forçados a ficar de fora dos mercados europeu e americano, os agricultores na África e em outros países pobres com capacidade de produção agrícola veem a grande e faminta China como um mercado muito atraente.

A abordagem da China está erigindo relacionamentos diretos no mundo todo, criando pelo menos dois efeitos benéficos. Em primeiro lugar, o investimento chinês — incluindo recursos, mas não limitado a eles — ajuda a gerar empregos e a firmar a autossuficiência entre os habitantes locais, que se tornam então capazes de alimentar a si mesmos. Em segundo, investindo diretamente em fazendas e produção de alimentos, o investimento chinês abre os canais para o comércio de gêneros alimentícios que programas de subsídios dão um jeito de bloquear.

Problema estrutural

Entre o bilhão de pessoas que passam fome diariamente, a concentração mais elevada, em torno de 400 milhões, fica na África subsaariana.

A África é também a única região onde episódios de fome têm ocorrido repetidamente ao longo dos últimos trinta anos, fazendo do continente o único no mundo incapaz de prover a própria alimentação. E, contudo, a despeito desses fatos desagradáveis, 1/3 da terra arável não utilizada restando no planeta também fica na África. Esses dados sugerem três coisas: a África deve ser capaz de se autoalimentar, deve ser um fornecedor abrangente de alimentos para o resto do mundo e, finalmente, a situação com que estamos lidando é um problema fundamental, estrutural, de demanda não atendendo à oferta.

A produção de alimentos, em seu nível mais básico, depende da qualidade da infraestrutura física — estradas, maquinário e implementos de irrigação — e da obrigatoriedade legal de se respeitarem direitos de propriedade e escrituras. Muitas nações africanas abençoadas com terras aráveis são também oneradas por governos não confiáveis e regimes inconstantes demais, contribuindo para a ineficácia e a falta de rigor no cumprimento da lei. Nenhum investidor razoável de longo prazo está disposto a pôr dinheiro num lugar que carece da infraestrutura necessária ou de um sistema legal efetivo referente à propriedade. E é por esse motivo muito racional — a ausência não só de infraestrutura, mas também de direitos sobre a terra — que muitos investidores, tanto internamente como no exterior, tradicionalmente se mostram avessos a ingressar no setor agrícola africano. Mais uma vez é aí que entra a China, uma nação disposta a preencher o vácuo de investimento, oferecendo infraestrutura e reais perspectivas de desenvolvimento econômico sustentável. A China mais uma vez satisfaz suas necessidades de recursos ao mesmo tempo em que desponta como um farol em meio ao desolador panorama econômico oferecido pelas outras nações.

Um alívio para a oferta de energia no xisto

O combustível aparentemente é outro apetite global insaciável. Até onde podemos enxergar em um futuro próximo, combustível refere-se aos combustíveis fósseis, como gás natural, carvão e petróleo.

Com a demanda por petróleo em alta, e o produto se revelando crítico para o crescimento econômico, esforços para alterar e melhorar o desequilíbrio entre a oferta e a procura por energia são tão importantes quanto os esforços de busca por possíveis paliativos para a crise de alimentos que se anuncia. Entre outras possibilidades, como por exemplo a produção de eletricidade a partir de energia solar ou eólica, a produção do gás de xisto tem sido anunciada como a potencial salvadora do setor energético, um recurso capaz de retirar o mundo novamente do fundo do poço da escassez, levando-o a um cenário de fornecimento pelo menos adequado.

Tabela 9.1. A revolução do gás de xisto: os 12 principais países em recursos

País	Recursos de gás de xisto tecnicamente recuperáveis (tmc – trilhões de metros cúbicos)	Reservas de gás natural comprovadas (tmc)
China	36,108	3,030
Estados Unidos	24,412	7,731
Argentina	21,920	0,379
México	19,286	0,340
África do Sul	13,735	n.a.
Austrália	11,215	3,115
Canadá	10,988	1,756
Líbia	8,213	1,549
Argélia	6,542	4,503
Brasil	6,400	0,365
Polônia	5,296	0,164
França	5,098	0,006

Fonte: Fereidun Fesharaki, "Asia Pacific Oil Market in a Global Context: Hot Topics", RS Platou 3rd Shipping & Offshore Conference on FACTS Global Energy, 7 de outubro de 2011, Cingapura.

Nos últimos vinte anos, os Estados Unidos têm sido um importador líquido de petróleo. Contudo, segundo algumas projeções, o xisto pode ter a capacidade de tornar o país independente em energia nos próximos vinte anos. Se os Estados Unidos se libertasse da sua necessidade de recorrer a fontes energéticas externas, as consequências seriam revolucionárias. Economicamente, a autossuficiência em energia eliminaria a necessidade norte-americana pelos mais de 10 milhões de barris diários de energia petrolífera importada, dinheiro que poderia ser empregado com outra finalidade. Os EUA também não precisariam mais tolerar regimes autoritários a fim de obter acesso a seu petróleo, tornando muitos governos despóticos no mundo mais vulneráveis e, assim, mais responsáveis em relação às necessidades dos seus cidadãos. Uma revolução do xisto teria também significativas implicações para a China e para outros países com grandes recursos exploráveis de xisto.

Como mostra a Tabela 9.1, China, Brasil e muitas outras economias em rápido desenvolvimento e famintas por energia são também dotadas de enormes reservas de gás de xisto. O xisto pode transformar os riscos globais de escassez de energia em uma história de fartura energética, situação que também ofereceria um alívio nos preços de energia globais. Talvez em antecipação a um resultado desses, a West Texas Intermediate (WTI), um mercado de petróleo fechado que historicamente negociou o Brent Crude (o petróleo internacionalmente negociado) com um prêmio de aproximadamente três dólares, estava negociando o Brent Crude com um enorme desconto de cerca de 25 dólares no início de 2011. Muitos negociantes de petróleo e gás viram essa inversão de preço como um sinal de que a WTI apresentava um excedente ou uma superoferta.

Assim como ocorre com muitas novas tecnologias, panaceias e potenciais salvadores da economia, grande parte da euforia que cerca o xisto e suas perspectivas de transformação do setor energético é devida a cenários teóricos excessivamente otimistas. Como sempre, a história, na prática, é bem mais complicada.

Os Estados Unidos já produziam mais de 700 mil barris diários de gás de xisto no verão de 2011. A projeção é de que a produção de líquidos com base no xisto (incluindo gás de petróleo, propano e butano liquefeitos) chegará a cerca de 2 milhões de barris por dia em 2015. Em comparação, a produção norte-americana de petróleo cru caiu de 6 milhões de barris diários em 2003 para aproximadamente 5 milhões de barris diários em 2009. A despeito desse crescimento, o tamanho e a escala das operações de xisto são enormes e dispendiosos, tornando a continuidade do crescimento da produção nesses patamares algo menos certo.

O fraturamento hidráulico, processo de perfuração usado para a obtenção de gás de xisto, exige que se perfure mais de 1,5 quilômetro sob a superfície da terra. Essas técnicas horizontais e de fraturamento exigem também imensas quantidades de água e podem causar subsidência, um incidente em que a terra se desloca para baixo, tornando o óleo mais difícil de acessar. As exigências de infraestrutura são igualmente desestimulantes. Uma operação média de xisto pode demandar mais de duzentos tanques para fluido de fraturamento em um campo de perfuração, 87 mil barris de água para fraturar um único poço de óleo e de oitenta a cem pessoas trabalhando 24 horas por dia até cinco dias. Tais exigências para a produção de xisto significam uma vida útil de cerca de dois a três anos para equipamentos de xisto, contra dez anos para maquinário de petróleo convencional.

Além do mais, essas tecnologias intrincadas e disponíveis apenas nos Estados Unidos significam que o país será provavelmente o único produtor substancial de energia de xisto em um futuro próximo. Contudo, os recursos de xisto norte-americanos representam menos de 8% dos recursos mundiais. Para esfriar ainda mais o entusiasmo, os poços do produto tendem a apresentar taxas de esgotamento rápidas e taxas de recuperação baixas. As reservas médias recuperáveis dos poços de xisto pairam em torno de 57 a 142 milhões de metros cúbicos (mmc), contra a capacidade de recuperação da energia convencional de cerca de 570 mmc a 1,42 bmc (bilhões de metros cúbicos). Em outras palavras, muito mais poços de xisto são necessários para gerar a mesma quantia de recursos energéticos de um poço petrolífero convencional.

Existem também preocupações muito reais de que as estimativas sobre os poços de xisto tenham sido exageradas. Em agosto de 2011, o Serviço Geológico dos Estados Unidos (USGS) revisou suas estimativas sobre o gás de xisto recuperável na região de Marcellus, uma formação de rocha sedimentar ligando oito estados na Costa Leste dos Estados Unidos,[3] reduzindo-as de 11 trilhões e 611 bilhões de metros cúbicos para 2 trilhões e 379 bilhões de metros cúbicos, uma queda assombrosa de 80%. E para piorar, as estimativas da USGS destinam-se a representar os recursos tecnicamente recuperáveis, e não a quantidade de gás economicamente recuperável. Assim, embora os recursos de xisto possam em termos teóricos ser avaliados em quantidades mensuráveis, para fins práticos essa fonte de energia talvez não seja economicamente viável. Alguns analistas do mercado foram ainda mais longe, lançando sérias dúvidas sobre a viabilidade das operações. Em um e-mail de agosto de 2009, um analista da IHS Drilling Data, uma companhia independente de pesquisa em energia, escreveu que "as jogadas em torno do xisto não passam de gigantescos esquemas Ponzi e em termos econômicos simplesmente não funcionam". Além das preocupações econômicas e das estimativas de reservas variando de forma absurda, o processo usado para extrair o gás, o fraturamento, está sendo significativamente rejeitado por ambientalistas, que temem o uso de poluentes e a contaminação dos recursos hídricos. O fraturamento já foi banido por inúmeros países, inclusive pela França, desde junho de 2011. Pesquisas de opinião nos Estados Unidos sugerem que o público norte-americano tem grandes dúvidas acerca desse processo. Um levantamento de maio de 2011, o NY1/YNN-Marist Poll, apresentou a questão: "O fraturamento hidráulico, ou hidrofraturamento, é o processo de abrir rochas subterrâneas para a extração de gás natural. Pelo que você leu ou ouviu a respeito, de um modo geral, apoia ou se opõe ao hidrofraturamento?" Dos cerca de mil adultos consultados, 38% disseram apoiar, 41% se mostraram contra o fraturamento e 21% não tinham opinião formada.

Promessa nuclear

A energia nuclear é um recurso mais antigo e bem conhecido, que já opera em trinta países do mundo e fornece 14% da eletricidade mundial. Contudo, ainda que a produção nuclear esteja entre as mais eficientes em termos de custos no mundo, a indústria tem travado uma batalha árdua desde o tsunami japonês de março de 2011, que provocou um vazamento de radiação na Usina Nuclear de Fukushima. Pouco depois, tanto Alemanha como Suíça anunciaram que estariam interrompendo gradativamente a dependência de energia nuclear, medida que talvez acrescente uma pressão adicional sobre fontes energéticas mais tradicionais, como o petróleo, pelo menos a curto prazo. O fechamento, o desmantelamento gradual ou a expansão restrita de usinas nucleares em outros países quase certamente teria efeitos similares.

A China, porém, parece mal ter notado as más notícias para a energia nuclear em anos recentes. Na verdade, seus projetos de expansão nuclear são impressionantes, para dizer o mínimo. O país planeja aumentar sua geração de capacidade nuclear em cerca de 200 GW até 2050, duas vezes a quantidade atualmente produzida pelos Estados Unidos. Ela planeja construir vinte usinas nucleares e implantar 36 reatores nucleares ao longo da próxima década, um plano que, se cumprido, seria o mais rápido programa de implantação nuclear na história mundial.

Claro que a China enfrenta grandes dificuldades para atingir suas metas, incluindo força de trabalho inadequada, ausência de leis e regulamentos sobre segurança nuclear, desafios ao desenho das plantas e os riscos de acidentes; entretanto, caso o país seja capaz de executar seus planos, a China seria catapultada para a condição de um dos três maiores produtores de energia nuclear do mundo. Como incentivo extra, quanto mais perto a China fica de conquistar seus objetivos, mais diversificado se tornará seu atual perfil energético de dependência intensa de combustíveis fósseis. Hoje, a China depende do carvão em 70% e do petróleo em 20% para suas necessidades energéticas. Mas, embora o investimento agressivo na capacidade nuclear possa aliviar a demanda por combustíveis fósseis, a China terá de atender a um aumento da demanda por urânio, commodity que é um componente-chave da produção de energia nuclear.

Tabela 9.2. Quem usa energia nuclear? Os 15 países principais

País	Megawatts	Parcela nuclear de produção de eletricidade (em %)
Estados Unidos	101.229	20,2
França	63.236	75,2
Japão	47.348	28,9
Rússia	23.084	17,8
Alemanha	20.339	26,1
Coreia do Sul	18.716	31,1
Ucrânia	13.168	48,6
Canadá	12.679	14,8
Reino Unido	10.962	17,9
China	10.234	1,9
Suécia	9.399	37,4
Espanha	7.448	17,5
Bélgica	5.943	51,7
Taiwan	4.927	20,7
Índia	4.780	2,9

Fonte: Adaptado de World Nuclear Association, "World Nuclear Power Reactors & Uranium Requirements", Nuclear Power Plant Information, Agência Internacional de Energia Atômica.

Com isso em mente, a China forjou laços de cooperação com países como Cazaquistão, que produz cerca de 30% do fornecimento de urânio mundial. Em fevereiro de 2011, o Cazaquistão firmou numerosos acordos multibilionários com a China, incluindo um empréstimo de 1,7 bilhão de dólares para o fundo de bem-estar nacional do Cazaquistão, um empréstimo de 5 bilhões de dólares para um complexo petroquímico e um empréstimo de 5 bilhões de dólares em infraestrutura de energia para ajudar a construir uma linha de trem superveloz. Em troca, a China recebeu o acesso a mais de 50 mil toneladas de urânio cazaque. Diante de uma crise energética crescente, a China mais uma vez oferece a um país relativamente pobre, porém rico em recursos, os tão necessários empréstimos e melhorias de infraestrutura em troca de seus recursos.[4]

A demanda chegou para ficar

Os riscos cada vez maiores de diminuição dos recursos são gerados em duas frentes: uma *oferta* insuficiente de petróleo, grãos, algodão e outras commodities e, talvez ainda mais severamente, um mundo com *demanda* em crescimento acelerado.

Embora ambas as frentes contribuam para a escassez de commodities, as pressões da demanda também desempenham um papel importante na desanimadora história de diminuição dos recursos globais. Os subsídios, o protecionismo e as distorções de mercado, que perturbam mais o lado da oferta, tendem a se originar no mundo desenvolvido, mas o crescimento da demanda emana principalmente do mundo em desenvolvimento, onde populações crescentes, urbanização e crescimento acelerado da riqueza estão aumentando rapidamente o apetite tanto por commodities agrícolas como por commodities pesadas. Infelizmente, é ainda mais difícil encontrar algum tipo de solução para o crescimento dessas pressões.

Embora haja alguma esperança de ampliar a oferta global de commodities com o desenvolvimento de novas tecnologias ou interrompendo subsídios, há muito pouca esperança de que a demanda desacelere. A população da terra mais do que dobrou nos últimos cinquenta anos e não mostra sinais de reduzir essa taxa. Só a Índia, como observado antes, está crescendo a um ritmo de um milhão de habitantes por mês, o equivalente a gerar uma nova Hong Kong e Cingapura todos os anos. Acredita-se que o mundo em geral esteja se expandindo a uma taxa de 100 milhões de pessoas por ano, um número inacreditável que corresponde a um novo Estados Unidos na população mundial a cada três anos.

Mesmo se as novas classes médias em ascensão nas economias emergentes se provarem mais prudentes em sua demanda por recursos do que a classe média do mundo desenvolvido — e a história oferece poucos exemplos de retrocesso voluntário dos desejos de consumo —, a simples quantidade de novos habitantes no planeta demandando uma sobrevivência básica nas décadas que estão por vir é algo terrível de se imaginar.

Um recado das previsões acerca da energia

Combinados a esse crescimento populacional sem precedentes, virtualmente todos os prognósticos apontam para um crescimento econômico global mais incisivo em 2030, aumentando ainda mais a demanda sobre o petróleo necessário para suprir as residências e os negócios. A América do Norte, mesmo com todos os seus desafios econômicos estruturais, como o envelhecimento da população, dívidas e déficits, tem uma previsão de ver seu PIB subir de aproximadamente 14 trilhões de dólares em 2005 para 25 trilhões de dólares em 2020. No mesmo período, o PIB da Ásia Pacífica irá de 10 trilhões de dólares para cerca de 30 trilhões de dólares.

Segundo a ExxonMobil, estima-se que 2,8% de crescimento econômico anual até 2030 aumentaria a demanda por energia em cerca de 55% entre 2005 e 2030, com o petróleo assistindo a um aumento na demanda de 40%. Em números brutos, significa um aumento de 34 milhões de barris diários, 45% dos quais serão consumidos só por China e Índia. Claro, é difícil prever com precisão a expansão econômica por mais de uma década no futuro, mas mesmo a taxa de crescimento do PIB global relativamente anêmica de 2% veria a demanda por petróleo subir para 100 milhões de barris diários, o equivalente aproximado para abastecer outra economia do tamanho da dos Estados Unidos com petróleo o suficiente.

Necessidades energéticas aumentando

Sejam quais forem os números exatos, uma enorme parte desse crescimento da demanda energética será impulsionada pela rápida expansão da China. A Agência Internacional de Energia calcula que em 2015 a demanda petrolífera chinesa, atualmente em cerca de 9 milhões de barris diários, crescerá em cerca de 70%, comparada aos níveis de 2009, contribuindo com 42% do crescimento da demanda petrolífera global. Esses números parecem épicos, mas são na verdade relativamente baixos quando vistos pela ótica de uma teoria comum de modelagem preditiva, projetada para economias em crescimento como a da China.

De modo geral, a demanda por petróleo possui uma elasticidade-renda alta, mas responde relativamente pouco a variações de preço. Uma elasticidade-renda elevada significa que a quantidade de energia exigida aumenta substancialmente como resposta a aumentos na renda per capita. Uma resposta mais baixa ao preço refere-se à tendência de que a demanda por energia diminua mais vagarosamente à medida que os preços sobem nos países em desenvolvimento do que o faria em economias mais desenvolvidas, de crescimento mais lento. Em outras palavras, as pessoas nos países em desenvolvimento tendem a consumir rapidamente mais energia conforme sua renda cresce e na medida em que podem pagar por ela, ao passo que essas mesmas pessoas e empresas não diminuem seu consumo muito rapidamente quando os preços da energia sobem. Considerados em conjunto, e dada a trajetória de crescimento econômico (e de crescimento da renda per capita) prevista para a China e o resto do mundo emergente, esses pontos sugerem um aumento substancial da pressão de demanda na energia, mesmo se os preços do petróleo aumentarem para refletir a escassez crescente. Embora sérias, as relações entre população, crescimento econômico e demanda por recursos energéticos são relativamente inequívocas. A poluição, outra consequência crucial desse crescimento econômico intensivo em energia, tem uma relação muito mais complexa com a dinâmica da oferta e da demanda.

Um problema com a poluição

Por anos o lago Tai, que faz fronteira com a cidade de Wuxi, perto de Xangai, ficou coberto por uma camada de algas verdes brilhantes que floresciam com os poluentes despejados na água pelas fábricas de produtos químicos. A situação se agravou a tal ponto que a cidade teve de cortar o suprimento de água por dias.

Hoje, os números indicam que a poluição da água em todo o território da China é alarmante: cerca de 21% de sua água de superfície disponível é considerada inadequada até para uso agrícola. A despeito do entusiasmo chinês por erigir várias cidades de rápido crescimento, em 2005 quase metade dessas áreas urbanas carecia de instalações para tratamento de águas poluídas, deixando os sistemas de água e esgoto sem tratamento e a céu aberto. Em 2009, a Agência Internacional de Energia estimou também que a China expeliu cerca de 7 bilhões de toneladas de dióxido de carbono, número que deve subir para 12 bilhões de toneladas até 2030. Esses desafios ambientais vão além de constituir simplesmente uma porta de entrada para doenças e uma redução da qualidade de vida dos moradores urbanos.

Em 2006, a China despejou mais de 22 milhões de toneladas de dióxido de enxofre na atmosfera, um gás que contribui para a chuva ácida e que prejudica plantas, animais e infraestrutura. Em algumas áreas do país, uma densa fumaça bloqueou o sol, impedindo a fotossíntese e reduzindo as safras em até 20%. Em outras palavras, o enorme apetite chinês por combustíveis fósseis talvez não esteja apenas forçando suas capacidades produtivas domésticas no crítico setor energético; ele na verdade parece também diminuir o fornecimento de outro setor vital — a agricultura. Em outras palavras, uma retração substancial da poluição poderia ajudar a melhorar a tão necessária produção de alimentos do país.

Focando no urgente, não no importante

Embora os efeitos ambientais do crescimento intensivo em energia da China sejam terríveis, a atividade econômica de todas as nações gera algum tipo de poluição, e o mundo inteiro está sujeito a seus efeitos negativos. Emissões de gases nocivos como mercúrio são liberadas no ar ou nos oceanos pelas fábricas chinesas, mas acabam sujando a atmosfera por milhares de quilômetros do Pacífico até a Costa Oeste dos Estados Unidos.

Os economistas chamariam o custo dessa poluição de uma "externalidade negativa" do consumo chinês. Mas embora a China, com sua regulamentação ambiental negligente, ou talvez até inexistente, se preste ao papel de vilão ambiental, seus acusadores nos Estados Unidos e na Europa possuem uma história deles mesmos para chegar a termos; pode-se dizer que se trata de um caso de dois pesos e duas medidas. Para se tornarem as potências econômicas relativamente abastadas que são hoje, tais nações desenvolvidas dependeram do mesmo tipo de crescimento sujo e praticamente desregulamentado, ao longo de séculos recentes. Durante a industrialização na Inglaterra, por exemplo, florestas inteiras ficaram negras com a fuligem das fábricas queimando carvão. Além do mais, embora o crescimento da China possa ser mais sujo em nível nacional, a enorme população do país usa substancialmente menos energia e emite muito menos dióxido de carbono per capita do que, digamos, os Estados Unidos.

Em 2010, Edward L. Glaeser e Matthew E. Kahn descobriram que nas cidades norte-americanas mais limpas, San Diego e San Francisco, uma família-padrão emite cerca de 26 toneladas de dióxido de carbono por ano — um lar provavelmente contendo diversos confortos que requisitam energia pesadamente, como máquina de lavar, computador, tevê, fogão, ar-condicionado, aquecedor e assim por diante; claro, estamos nos referindo a um padrão de renda bem elevado, de 62.500 dólares [anuais]. As cidades chinesas, embora com um nível de renda menor, emitem muito menos. A família padrão de Xangai, por exemplo, produz 1,8 tonelada de dióxido de carbono, e a família-padrão de Pequim produz 4 toneladas. E uma família-padrão de Daqing, a cidade mais suja da China, emite apenas 20% do dióxido de carbono produzido por uma das cidades mais verdes dos Estados Unidos. Os padrões de vida relativamente baixos dos chineses constituem um atenuante para as emissões de CO_2 e outros custos ligados a recursos de padrões de vida mais elevados. Mas, à medida que sua população continuar a crescer a passos largos, e que 1,3 bilhão de chineses demandarem mais máquinas de lavar, equipamentos de entretenimento doméstico e coisas assim, os desafios se tornarão mais difíceis.

Embora essa discrepância seja em larga medida resultado de a população mais pobre da China não ter condições de consumir tanto quanto as populações dos países ocidentais, os líderes chineses não hesitam em apontar isso. Quando confrontados por seu recorde de poluição na Cúpula do Clima, em Copenhague, em dezembro de 2009, os representantes chineses, até certo ponto malcriadamente, afirmaram que não iriam gerar mais poluição por consumo intensivo em recursos do que o Ocidente.

Essa questão da justiça — devem as nações mais ricas forçar poluidores como a China a mudar seu modo de agir, mesmo ao custo de diminuir o ritmo do crescimento e a concomitante elevação da renda per capita no país? — chegou a ocupar o topo da agenda da política ambiental internacional estabelecida por agências internacionais como o Programa das Nações Unidas para o Meio Ambiente (Pnuma).[5] Pode haver até uma audiência. Órgãos internacionais e responsáveis por políticas públicas justificadamente dedicam seu tempo a questões isoladas como crescimento populacional, degradação ambiental e desequilíbrios econômicos — tudo tangencialmente ligado à questão fundamental dos recursos. Mas o fato triste é que eles continuam a prestar uma atenção pouco mais do que superficial à ameaça iminente maior de limitações de fato dos recursos, como manifestado pela ausência de uma abordagem global, coordenada, explícita e abrangente para essas questões.

Não que haja uma ausência crítica de agências globais zelando pela gestão "mais ampla" dos recursos globais, pelo menos em teoria. O Banco Mundial, órgãos das Nações Unidas como a FAO, o Programa Mundial de Alimentos, a OCDE e a AIE, para lembrar apenas de alguns, empenharam-se na questão de algum modo. Mas muitas mais estão seguindo suas próprias agendas, numerosas e fragmentadas, bem como atendendo a interesses de diferentes clientes e de suas divisões internas. Enquanto isso, a corrida global da China por recursos está remodelando o mundo à sua volta numa infinidade de maneiras. É *nisso* que as atenções devem se concentrar — não porque a China abandonou a cartilha, mas porque qualquer entendimento pleno da oferta e da demanda por recursos globais nas décadas por vir precisa começar com o pleno entendimento da agenda chinesa.

CAPÍTULO 10

Um perigo real e imediato

EM UM PRONUNCIAMENTO DE abril de 1975, feito à rádio nacional, o presidente François Tombalbaye, do Chade, um país sem acesso ao mar, na África Central, lançou um apelo pela vigilância, advertindo as pessoas de que membros do Exército planejavam um golpe de Estado para derrubá-lo do governo. O motivo do possível golpe, prosseguiu ele, tinha a ver com os campos petrolíferos de Doba, no sul do país. O anúncio acabaria se revelando o último pronunciamento público de Tombalbaye. No dia 13 de abril, apenas alguns dias depois de seu apelo, ele foi assassinado.

O fato simples é que o mundo assiste a uma redução sem precedentes dos recursos naturais: de terra arável a água, minerais e energia — e petróleo, em particular.

A escassez recorrente de commodities limitará o crescimento econômico global, lançando centenas de milhões de pessoas na pobreza inescapável. Além do mais, os desequilíbrios nos recursos — a perspectiva de que a demanda por recursos irá superar significativamente a oferta — reduzirão de forma acentuada os padrões de vida das famílias mesmo nos países mais ricos. À medida que energia, terra, água e minerais ficarem mais escassos em relação à demanda, os preços da gasolina na bomba, de um pão, da conta de água e de bens manufaturados, como celulares, computadores e carros, irão inevitavelmente subir. Esses aumentos de preço forçarão o consumo das commodities a declinar ou induzirão os consumidores a gastar maior proporção de sua renda nesses bens.

Mas, além dessa preocupação econômica muito justificável, há uma ameaça bem maior — a de que a escassez de commodities dissemine instabilidade política, até mesmo guerras e assassinatos. O presidente Tombalbaye pode ou não ter sido assassinado devido ao acesso aos campos petrolíferos nacionais — ele conquistou inimigos por outras questões também —, mas se os recursos foram o motivo de sua derrocada, o presidente do Chade estava em boa companhia, historicamente.

O passado é um prólogo

Durante os últimos 2 mil anos, muitas das guerras mais brutais da humanidade nasceram de choques motivados por recursos. A Water Conflict Chronology List (Lista Cronológica de Conflitos por Água) oferece uma amostra: 203 conflitos relacionados à água remontando a pelo menos 3000 a.C.[1] A extensa cronologia cataloga os momentos em que os recursos hídricos foram atacados e contaminados como alvos militares e em missões terroristas. Mostra também a incidência com que o fornecimento de água (digamos, pelo acesso à irrigação) esteve na raiz de disputas pelo desenvolvimento.

Mas, mesmo em tempos modernos, a lista de conflitos ligados a commodities é perturbadora. Desde 1990, pelo menos 18 conflitos violentos foram motivados pela exploração de commodities, incluindo a luta por terra e/ou água entre a Índia e o Paquistão na região da Caxemira, bem como os choques do petróleo entre Angola e Congo, na disputada região de Cabinda. Esses conflitos são um estorvo na vida das pessoas, para dizer o mínimo; na pior hipótese, desenraizam famílias da maneira mais aviltante. Mas antes de nos aprofundarmos um pouco mais no risco ameaçador de um grande conflito mundial por causa dos recursos, consideremos primeiro como as próprias dotações de recursos podem ser prejudiciais à economia.

A maldição dos recursos

O conhecido fenômeno da "doença holandesa" foi observado pela primeira vez no setor do gás natural, na Holanda, na década de 1960. Segundo a hipótese da doença holandesa, as grandes injeções de dinheiro que acompanham as descobertas de recursos naturais distorcem adversamente a moeda de um país, tornando-a mais forte, o que devasta o setor exportador e aumenta o desemprego doméstico. Desde que a doença holandesa foi observada pela primeira vez, o padrão tem sido visto em numerosas ocasiões e em muitos países, incluindo Rússia (petróleo e gás natural), Chile (cobre), Azerbaijão (petróleo), Austrália (minerais) e Nigéria (petróleo) nas décadas de 1990 e 2000, mas também remonta ao século XVI, na Espanha, com o ouro importado para o país.

Funciona assim: digamos que um país descobre petróleo. De repente, há um influxo de dinheiro com as vendas do produto. (Para facilitar a exposição, vamos nos referir à entrada de dinheiro como sendo em dólares americanos.) O problema é que ninguém da economia petrolífera em questão pode gastar dólares porque o comércio legal do país se dá em outra moeda (libras, digamos), e no mercado doméstico os comerciantes só aceitam libras. Assim, a fim de gastar a injeção de dinheiro do petróleo, aqueles que o possuem devem convertê-lo em libras.

O problema é que, a qualquer momento, apenas umas tantas libras estão flutuando livremente pela economia baseada em petróleo, de modo que um influxo monetário torna as libras domésticas relativamente escassas quando comparadas com a injeção de dólares. No jargão financeiro, isso significa que a libra se valoriza, ou se torna bem mais forte — mais cara, refletindo sua relativa escassez —, quando comparada ao dólar. Em outras palavras, o valor das libras flutuando livremente aumenta conforme as pessoas tentam se desfazer dos dólares derivados do petróleo, cuja disponibilidade na circulação é maior. Uma libra mais forte significa que os bens feitos para exportação no país rico em recursos petrolíferos ficam muito mais caros no mercado internacional, tornando-os pouco competitivos — a menos que os salários do setor os ajustem em um nível mais baixo. No fim, isso estrangula o setor exportador mais amplo da economia do petróleo e força os que estão empregados no setor a parar de trabalhar.

Mesmo que a moeda doméstica do país recém-exportador de petróleo seja fixa e não flutue livremente — e assim não se ajuste automaticamente ao excesso de dólares jorrando na economia —, os efeitos prejudiciais de uma injeção monetária podem ser sentidos: o influxo de receita do petróleo, por exemplo, pode aumentar a demanda doméstica (na medida em que há mais dinheiro disponível para gastar, graças à injeção monetária), o que pode levar à inflação. Quando gasta com bens domésticos, a receita do petróleo também empurra para cima o preço de outros recursos que têm estoque limitado — como trabalhadores capacitados —, novamente tornando os produtos mais caros e as indústrias menos competitivas. Em resumo, se não administrados apropriadamente, os grandes influxos de dinheiro derivados de recursos podem ter efeitos gerais adversos sobre a competitividade, os salários, os empregos no setor exportador (normalmente na forma de um declínio na parcela dos que ocupam o setor manufatureiro) e, em última instância, o próprio crescimento econômico.

Os recursos como fontes de conflitos

Os recursos muitas vezes podem e efetivamente fomentam conflitos, tanto dentro de um país como entre um país e outro.

Com relação ao conflito por recursos no interior de uma nação, o desemprego e a estagnação econômica emanando dos efeitos da doença holandesa podem levar à desobediência civil, greves e até sublevações políticas. A atual volatilidade política da Nigéria associada ao delta do rio Níger, rico em petróleo, é um exemplo. Desde a década de 1990 (em sua recente encarnação), o país tem sido assolado por tensões temperadas com reais confrontos e mortes — do conhecido ativista Ken Saro-Wiwa, entre outros — entre os sofridos grupos minoritários locais, que se sentem explorados, e (sobretudo) as companhias petrolíferas estrangeiras. Nas últimas décadas, esses choques passaram de conflitos isolados a um confronto generalizado que vem ameaçando a economia nigeriana como um todo e causando um impacto negativo na segurança e no ambiente onde vive a população.

De forma mais geral, grupos domésticos eventualmente se envolvem em atividades quase criminosas, beneficiando-se dos recursos independentemente do Estado, o que também pode desestabilizar a economia. A captura do petróleo e sua venda no mercado negro geralmente são fruto de pirataria e de outras atividades de roubo e violência cometidas por e em navios em alto-mar. O valor dos recursos naturais aumenta o "prêmio" de tomar o Estado e derrubar um governo no poder por meio da ação militar, em um golpe, por exemplo, de modo que as dotações de recursos naturais estão associadas a rebeliões inspiradas pela cobiça, que podem levar a revoltas de facções e solapar a estabilidade política e econômica de um país por meio da criminalidade.

UM PERIGO REAL E IMEDIATO

Tabela 10.1. Guerras civis ligadas à riqueza de recursos entre 1990 e 2000

País	Anos de conflito	Recursos
Afeganistão	1992-2001	gemas, ópio
Angola	1975-2002	petróleo, diamantes
Burma	1983-1995	madeira, estanho, gemas, ópio
Camboja	1978-1997	madeira, gemas
Colômbia	1984	petróleo, ouro, coca
República do Congo	1997	petróleo
Rep. Dem. Congo	1996	cobre, coltan, diamantes, ouro, cobalto
Rep. Dem. Congo	1997-1999	cobre, coltan, diamantes, ouro, cobalto
Indonésia (Achém)	1976	gás natural
Libéria	1989-1996	madeira, diamantes, ferro, dendê, coco, café, maconha, borracha, ouro
Peru	1982-1996	coca
Serra Leoa	1991-2000	diamantes
Sudão	1983	petróleo

Fonte: Michael. L. Ross, "How Do Natural Resources Influence Civil War?: Evidence from Thirteen Cases", International Organization 58, n. 1 (inverno de 2004): 35-67.

Em "How Do Natural Resources Influence Civil War?" (Como os recursos naturais influenciam a guerra civil?), Michael L. Ross apresentou 13 estudos de caso de guerras civis ligadas à riqueza de recursos entre 1990 e 2000, como mostrado na Tabela 10.1.

A pesquisa dirigida a conflitos por recursos *entre* países é similarmente rica. O tema comum que emerge é que os conflitos entre países tendem a ocorrer quando a escassez do recurso se torna severa — em tempos de seca, por exemplo, ou quando as fontes hídricas, como lagos e rios, foram deliberadamente desviadas ou isoladas, provendo acesso preferencial a uma população relativamente pequena. Mas há outros padrões a coligir, ainda.

Segundo Miriam Lowi, o petróleo tem maior potencial causador de conflito entre nações na região do Oriente Médio do que a água. Uma explicação para essa diferença é que os rendimentos políticos e econômicos do petróleo (isto é, pagamentos acima dos preços considerados normais) tendem a ser significativamente mais elevados do que os obtidos com a água, por motivos discutidos antes: em geral é mais fácil transferir títulos de petróleo e transportar e bloquear o acesso ao petróleo do que fazer o mesmo com a água.

Isso posto, o papel do petróleo como fator motivador às vezes não é admitido explicitamente. O conflito do Iraque é um exemplo: o risco de atos terroristas (e o risco de armas de destruição em massa) e preocupações com a opressão do povo iraquiano foram alardeados como o motivo ostensivo para a intervenção de 2003, dos Estados Unidos e países aliados. Contudo, embora com frequência apresentada como uma disputa ideológica, a guerra americana no Iraque pode também ser vista como uma tentativa de controlar os recursos naturais, especialmente à luz do fato de o Iraque possuir quase 9% das reservas petrolíferas comprovadas do mundo, um dos maiores depósitos mundiais. (Nesse contexto, a proclamação da "missão cumprida" celebrada em 2003 pelo presidente Bush após a incursão no Iraque teve menos a ver com o estabelecimento de um Estado democrático pleno do que com o fato de que os poços de petróleo iraquianos presumivelmente estavam jorrando mais uma vez.)

Em seu Programa para o Meio Ambiente de 2009, "Do conflito à construção da paz: o papel dos recursos naturais e do ambiente", as Nações Unidas listaram conflitos entre países que foram alimentados ao menos até certo ponto pela exploração de recursos naturais.

É difícil fazer previsões acerca dos desenvolvimentos futuros de qualquer um desses conflitos, mas é certo dizer que a maior parte deles não mostra sinais de arrefecimento. Na verdade, com toda probabilidade, a gama de commodities que semeou esses conflitos pelo mundo seria o próprio gatilho que exacerba os choques existentes e incita inúmeros outros.

Um problema escondido à vista de todos

Como as dotações de recursos estão frequentemente no centro dos conflitos e das revoltas civis, é inteiramente razoável perguntar se podemos prever os lugares específicos que são vulneráveis a esse tipo de conflito nos anos que estão por vir: quais são os possíveis focos de turbulência futuros?

Em uma pesquisa de 2000 para o Banco Mundial, Paul Collier e Anke Hoeffler forneceram algumas sugestões. Eles sugeriram que países cuja riqueza é em grande parte dependente da exportação de commodities primárias — categoria que inclui tanto a produção agrícola como os recursos naturais — são altamente propensos à violência civil.

Nesse meio-tempo, em seu "The New Geography of Conflict" (A nova geografia do conflito), Michael Klare argumentou que ver o sistema

Tabela 10.2. Conflitos violentos motivados pela exploração dos recursos naturais

Anos	Guerra/Região	Participante 1	Participante 2	Outros participantes	Recursos naturais
1968	Senkaku / Ilhas Diaoyutai	Japão	China		Petróleo, Gás Natural
1988	Mar do Sul da China / Ilhas Spratly	Japão	China	Vietnã	Petróleo, Gás
1975	Cabinda	Angola	Congo		Petróleo
Anos 1990	Congo Guerra	RDC, Chade, Namíbia	Ruanda, Zimbábue, Angola	Burundi, Uganda, Sudão	Minerais, Diamantes, Madeira
1947	Caxemira	Índia	Paquistão		Água
2007	Palestina (Territórios Ocupados)	Israel	Palestina		Água
1948	Conflito Árabe-Israelense	Israel	Tribos da Liga Árabe no Afeganistão, Paquistão		Água
2004	Baluquistão	Paquistão	Paquistão	Irã	Gás Natural
1991	Guerra Civil Somali	Somália	Outros Países Africanos, EUA, Reino Unido		Potencialmente petróleo
1980	Afeganistão	Afeganistão	EUA+Aliados		Gemas, Ouro, Cobre, Carvão, Ópio, Gás Natural
2001	Iraque	Iraque	EUA+Aliados		Petróleo, Gás, Fosfatos, Enxofre

Fonte: Pnuma, 2009.

internacional em termos de "depósitos de recursos não estabilizados — campos petrolíferos e de gás contestados, sistemas hídricos compartilhados, minas de diamante em disputa — fornece um guia para zonas de conflito prováveis no século XXI".

Klare propôs mapear todos os principais depósitos de petróleo e gás natural que ficam em áreas contestadas ou instáveis. Essas zonas de problema potencial incluem o golfo Pérsico (Irã, Iraque, Kuwait, Arábia Saudita, Qatar, Bahrain, Emirados Árabes Unidos e Omã), a bacia do mar Cáspio (limitada por Rússia, Azerbaijão, Irã, Turcomenistão e Cazaquistão) e o mar do Sul da China, junto com Argélia, Angola, Chade, Colômbia, Indonésia, Nigéria, Sudão e Venezuela — áreas e nações que juntas abrigam cerca de 80% das reservas de petróleo conhecidas no mundo.

O mapa feito por Klare das zonas contestadas de recursos rastrearia os oleodutos e as rotas de navios-tanque usados para transportar petróleo e gás natural de seus pontos de fornecimento para mercados no Ocidente. Muitas dessas rotas passam por áreas que estão por sua vez sujeitas a episódios periódicos de·violência. A oferta energética da região do mar Cáspio é um desses casos. Antes de atingir qualquer coisa que se pareça minimamente com uma saída segura para o mar, os suprimentos de petróleo e gás natural têm de cruzar o Cáucaso e seus problemas aparentemente insolúveis (abrangendo Armênia, Azerbaijão, Geórgia e partes da Rússia meridional).

O mapa de Klare mostraria ainda todos os principais sistemas de água doce compartilhados por dois ou mais países em regiões áridas ou semiáridas. Isso incluiria grandes sistemas fluviais, como o Nilo (compartilhado por Egito, Etiópia e Sudão, entre outros), o Jordão (compartilhado por Israel, Jordânia, Líbano e Síria) e o Tigre e Eufrates (compartilhado por Iraque, Síria e Turquia), o Indo (compartilhado por Tibete, Índia e Paquistão) e o Amu Darya (compartilhado por Tadjiquistão, Turcomenistão e Uzbequistão). Incluiria também os aquíferos subterrâneos que de modo similar atravessam fronteiras, como o Aquífero da Montanha, que fica sob a Cisjordânia e sob Israel.

Finalmente, o mapa de Klare destacaria importantes concentrações de gemas, minerais (incluindo cobre, o que afeta particularmente a China) e madeira de floresta primária no mundo em desenvolvimento. Esses preciosos ativos incluem os campos de diamante de Angola, da RDC e de

Serra Leoa; as minas de esmeralda da Colômbia; as minas de cobre e ouro da RDC, Indonésia e Papua Nova Guiné; e as florestas de Brasil, Camboja, RDC, Fiji, Libéria, México, Filipinas, Brunei, Indonésia e Malásia.

Recentes descobertas maciças de gás na costa oriental da África — Moçambique, Tanzânia e Quênia — significam que essa região poderia emergir como uma importante produtora de gás.[2] Mas em um mundo de escassez energética, a descoberta maciça também deixa a região vulnerável a incursões de atores militarmente mais fortes, bem como a tumultos domésticos, quando facções rivais tentarem pôr suas mãos nos despojos. Já agora, sem medidas agressivas, os riscos e casos de pirataria ao longo da costa oriental africana poderiam tornar o que é um promissor cenário multimilionário de gás — capaz de transformar a região, tirando-a da indigência para um rendimento mediano em poucas décadas — em um caldeirão de conflitos políticos e confrontos violentos futuros.

Além dos *hotspots* (pontos quentes) identificados por Klare, as guerras da água já se anunciam no horizonte. Motivada por episódios de escassez, a China está desviando o rio Brahmaputra para o rio Amarelo, provocando um confronto entre Índia e China. O desvio é parte de um projeto hidrelétrico mais amplo para criar um dique no rio, o que está acarretando preocupações acerca tanto da qualidade como da quantidade de água que ficaria disponível para outros países. (O Brahmaputra passa também por Bangladesh.) Represar um rio pode degradar a qualidade da água disponível em outra parte, já que muitos nutrientes são exauridos. Embora o primeiro-ministro indiano Manmohan Singh e o premiê chinês Wen Jiabao tenham feito um comunicado oficial em dezembro de 2010, exortando à cooperação de parte a parte, essas tensões são o prelúdio de outros conflitos por recursos hídricos que fatalmente surgirão não só nessa região, como também pelo mundo todo.

O Banco Mundial identificou 11 países — Argélia, Egito, Israel, Jordânia, Líbia, Marrocos, Arábia Saudita, Síria, Tunísia, Emirados Árabes Unidos e Iêmen — com suprimento anual de água por habitante em mil metros cúbicos ou abaixo disso, a quantidade considerada mínima necessária para uma vida humana saudável. A disponibilidade média anual de água nessas áreas em 1995 era de 1.250 metros cúbicos por pessoa, ou o suficiente apenas para satisfazer as necessidades humanas básicas. Assim, esses países poderiam estar entre os *hotspots* de conflitos por recursos hídricos em anos futuros, particularmente onde as fontes de água são compartilhadas e onde um país capta água no que é ostensivamente visto como o recurso hídrico de outro.

Embora a China não figure com frequência nas manchetes desses ferozes conflitos potenciais, referentes à terra, água, energia ou minerais, suas incursões globais discretas (e às vezes nem tão discretas assim) agirão como um catalisador de mais tensões globais envolvendo os desequilíbrios de recursos. Além do mais, as pressões de demanda por recursos emanadas da China continuarão a impelir os preços das commodities para cima. Como sugere o fenômeno da doença holandesa, é provável que os países particularmente atingidos sejam os mesmos dotados dos recursos que a China vê como os mais essenciais para seu crescimento econômico.

Obviamente, nem todos os países ricos em recursos são necessariamente suscetíveis ao conflito, pois outros fatores contam. A estimativa da probabilidade de um conflito por recursos deve ser feita no contexto da estabilidade geral das regiões envolvidas e das relações históricas entre diferentes países. Além do mais, o sucesso da Noruega em administrar seu tesouro petrolífero é mais uma prova de que os conflitos (sejam domésticos ou entre países) não são um desfecho predeterminado. (No fim de 2010, o dinheiro poupado no fundo soberano norueguês atingiu 500 bilhões de dólares.) Mesmo assim, a lógica e a experiência ensinam que, à medida que as pressões da população mundial aumentam e os recursos naturais são exauridos, os países ricos em recursos ficam tão propensos a conflitos quanto os necessitados.

Dos piores aos melhores cenários possíveis

O pior cenário possível para conflitos por recursos não é difícil de imaginar: morte e destruição rivalizando ou talvez ultrapassando o que foi testemunhado nas duas guerras mundiais. Um cenário mais ameno envolve a manutenção do status quo. Nesse caso, a população mundial atravessaria a crise "aos trancos e barrancos", dependendo da dinâmica global oscilante entre a oferta e a demanda. O pressuposto aqui é de que, embora os desequilíbrios de commodities às vezes sejam grandes, na maior parte do tempo a tensão sobre o recurso poderá ser administrada — digamos, conforme a tecnologia forneça maior fluxo de oferta para saciar a demanda. Em outras palavras, as preocupações com a escassez de recursos nunca se tornarão de fato permanentemente agudas.

Há cenários mais positivos, conclusões mais otimistas para a iminente ocorrência sombria e agourenta de escassez de recursos. Em particular, a curtíssimo prazo, dois argumentos poderiam neutralizar a pressão sobre as commodities e forçar uma tendência à baixa dos preços das commodities e dos recursos.

O primeiro argumento é a visão de que a China completou em grande medida a construção de sua infraestrutura. O raciocínio funciona assim: tendo executado uma agressiva ampliação da infraestrutura nas últimas décadas, a China já não estaria mais ávida por diversos minerais e metais (por exemplo, minério de ferro e aço) que são insumos para a criação de infraestrutura. Para ilustrar, considere que, em 1985 a China tinha virtualmente zero quilômetro de rodovias. Apenas duas décadas mais tarde, em 2007, o país tinha mais de 80 mil quilômetros de vias expressas (comparados a 75 mil nos Estados Unidos), o que constitui, sob qualquer perspectiva, uma ampla quantidade de rede viária para transportar a população chinesa. Sendo esse o caso, a não ser pela demanda, substancialmente mais baixa, necessária para manter a rede de estradas existente, a demanda chinesa por recursos — particularmente ferro e cimento, necessários para construir um sistema de estradas — poderia estar em declínio. Embora esse argumento pareça convincente, o fato de que os planos de urbanização da China exigirão vastas quantidades de todos os tipos de metais e minerais para construir infraestrutura (pavimentação, tubulação, sistemas de água e esgoto) levanta uma grande dúvida sobre o crédito que se deve dar a esse argumento. Além do mais, mesmo se fosse verdade que a China já praticamente deu por encerrados seus planos de expansão da rede viária — algo em si difícil de acreditar, dados o tamanho e a dispersão de sua população —, a demanda por outras commodities não seria tão amplamente afetada por isso.

De modo mais geral, há a questão de saber até onde mais deve prosseguir o programa de implantação da infraestrutura chinesa, incluindo ferrovias, portos, aeroportos etc. A resposta precisa não é conhecida. De fato, é improvável que as próprias autoridades chinesas saibam com algum grau de certeza, já que sua população não para de crescer e ocupar novas áreas.

Mas dadas as ambições da China de transformar dramaticamente a vida de sua população como um todo, a probabilidade é de que esse processo ainda esteja longe do fim. O que pode ser dito com certeza é que, tanto no caso de a China continuar a construir sua infraestrutura como no de começar a diminuir o ritmo, as implicações para os mercados globais de metais e minerais serão enormes, porque isso é o que determinará se a China continuará ou não um comprador de recursos globais.

Um outro cenário oferece uma visão atenuada para a severa escassez de recursos e suas horrendas consequências. É a visão de que a economia chinesa está diminuindo o ritmo, e de forma acelerada, e assim a economia não mais demandará os recursos mundiais em quantidades tão consideráveis. Seja a desaceleração chinesa caracterizada como uma aterrissagem suave, mais administrável, ou como uma aterrissagem forçada, que represente uma retração econômica dramaticamente negativa, a verdade é que o efeito líquido sobre sua demanda por commodities globais e, por extensão, sobre os preços das commodities está fadado a ser o mesmo: o de redução.

Nos anos subsequentes à crise financeira de 2008, inúmeros importantes parceiros comerciais da China — Estados Unidos e Europa, em particular — sofreram declínios econômicos, com a concomitante queda doméstica na demanda de consumo. Isso, por sua vez, exerceu impacto negativo direto nas exportações chinesas e, necessariamente, na economia chinesa como um todo, incluindo o desemprego crescente à medida que os trabalhadores na indústria exportadora perdiam seus empregos. Mas, durante 2011, outra situação que se mostraria igualmente pessimista para as commodities mundiais se desenrolava na China.

A história é mais ou menos a seguinte: a cada cinco anos, desde 1953, o governo chinês costuma delinear as bases de seus planos de desenvolvimento econômico para o período de cinco anos subsequente, conforme elaborados pelo Partido Comunista chinês.[3] Como detalhado na introdução, o governo do Partido Comunista infunde nas políticas públicas o *ethos* comunista e desempenha um papel central em projetar e implementar as reformas que orientam os planos de desenvolvimento econômico da China. Como mencionado antes, em seu 12º Plano Quinquenal para o Desenvolvimento Econômico e Social Nacional da República Popular da China, lançado em outubro de 2010, o governo frisou preocupações relativas à desigualdade crescente do país e buscou priorizar uma distribuição de riqueza mais equitativa, melhorar a infraestrutura social e as redes de segurança sociais e incrementar o consumo doméstico.

Para situar o assunto dentro do contexto, a parcela de consumo chinesa do PIB (perto de 35%, quando, para efeitos de comparação, a dos Estados Unidos está perto de 70%) necessitaria aumentar substancialmente a fim de ajudar a ampliar a demanda doméstica e impulsionar a economia. Uma visão partilhada por muitos pensadores e analistas chineses importantes é a de que muitas famílias na China utilizam grande proporção de sua renda em educação e saúde. Assim, se o governo deseja estimular o consumo doméstico, precisa encorajar as famílias chinesas a gastar mais em bens duráveis — como máquinas de lavar, computadores, televisões — e menos em educação e saúde. Com esse fim em mente, o governo subsidiaria as famílias nos bens públicos (como saúde e educação), liberando a renda doméstica para aumentar o consumo. Até aí, tudo bem.

Mas no que diz respeito a commodities, a situação ficaria problemática — e ganharia contornos financeiros pessimistas — se, como muitos acreditam, em vez de terem dirigido seus rendimentos a um maior consumo de bens, as famílias chinesas na verdade redirecionaram vastas somas de sua riqueza para o mercado imobiliário do país, buscando retornos substanciais. Apesar de esses investimentos terem funcionado bem por algum tempo, as vulnerabilidades do setor começaram a surgir conforme os preços das propriedades se mostraram inflacionados e inúmeros imóveis continuaram vagos. As pessoas que regularmente acompanham os mercados devem se dar conta de que uma das principais preocupações que continuam a atormentar a economia chinesa é como e quando a inflada bolha imobiliária chinesa irá estourar. Muito ao modo como a crise hipotecária norte-americana derrubou os mercados financeiros em 2008, as consequências de uma interrupção como essa seriam devastadoras, e, embora as preocupações com um desencaminhamento do setor na China sejam às vezes exageradas, não estão fora de propósito.

O que isso tem a ver com os preços das commodities globais?

Bem, os pessimistas que tendem a acreditar numa baixa do preço das commodities argumentariam que, a fim de impedir um colapso econômico de proporções catastróficas — assim que estourar a bolha imobiliária, os preços dos imóveis entram em colapso, levando a avaliações negativas das ações e perdas do dinheiro investido pelas famílias —, o governo chinês terá de fazer transferências de dinheiro para sua população. Essas transferências seriam usadas para reembolsar às famílias o que elas perderam, impulsionar o mercado imobiliário doméstico e, talvez mais importante, impedir a agitação política dos descontentes.

Ninguém sabe ao certo o quanto da riqueza das famílias chinesas está aplicado atualmente no mercado imobiliário, sobretudo porque muito dinheiro tem sido investido em imóveis por intermédio de um sistema bancário obscuro, de proporções consideráveis e que não é transparente. As consequências de um estouro da bolha imobiliária, porém, tendem a ser enormes. Nesse caso, o governo chinês terá de se valer de todos os seus recursos para atender a um programa de transferências para as famílias dentro do país, e isso teria de incluir um recuo da sua campanha global por recursos.

Essa eventualidade — a retirada de centenas de bilhões em investimento e empréstimos estrangeiros diretos tanto do público como dos mercados privados de commodities globais — seria devastadora não só para os preços das commodities, como também para os inúmeros países e centenas de milhões de pessoas fora da China cujas vidas dependem do dinheiro chinês. Assim, perversamente, uma crise de escassez de recursos poderia ser evitada porque a China, maior compradora mundial de recursos, sofreu uma implosão econômica. Mas isso não é uma estratégia; é uma esperança, um desejo — e também uma catástrofe global iminente de outro tipo.

Um mundo mal preparado

Pelo mundo afora, os governos administram ativamente os mercados de commodities para manter os preços sob controle. As políticas públicas são as suas ferramentas para evitar e anular qualquer chance de déficits globais severos nas commodities, bem como altas de preço. Na verdade, sem a ação governamental de curtíssimo prazo, os preços das commodities a curto prazo (antes que os desequilíbrios entre a oferta e a demanda se corrijam sozinhos) iriam disparar constantemente, talvez a ponto de fazer as pessoas saírem às ruas em protesto. Compreensivelmente, então, os governos se envolvem no problema, às vezes até lançando mão de força militar para garantir um fluxo de commodities estável e evitar picos de preço astronômicos.

A questão que o mundo enfrenta é que a mera escala dos desequilíbrios previstos entre oferta e demanda é tão grande que as intervenções corriqueiras ou testadas e aprovadas dos governos individuais não serão suficientes para evitar a ira da escassez de recursos global e suas consequências de uma forma eficiente em custos. Uma abordagem verdadeiramente coordenada é a melhor maneira de deter a maré. Mas onde está a estratégia global para combater e contra-atacar o apocalipse global de recursos? Não há nenhuma: o mundo está mal preparado.

Salvo os esforços notáveis, hercúleos, da China, há pouco empenho coordenado, coerente ou explícito para lidar com os desafios iminentes no universo das commodities. Decerto, inúmeras organizações internacionais estão envolvidas em aspectos práticos cruciais do desafio das commodities, mas, como vimos, os países optaram na maior parte por lidar com os riscos dos desequilíbrios de commodities unilateralmente, no nível nacional (via subsídios, estocagem, incursões militares etc.) em vez de atribuir aos riscos da escassez de recursos a importância que merecem na arena global.

Sem dúvida, o foco nacional nas pressões e prioridades de commodities (via subsídios agrícolas e mecanismos afins) pode parecer racional no curto prazo, ainda que essas intervenções de política tragam distorções à economia mais ampla.[4] Entretanto, os custos de longo prazo do viés do Estado-Nação serão sentidos certamente de forma mais profunda pelos países do mundo todo, pois uma abordagem focada na nação reforça o abismo entre os que têm e os que não têm as commodities, aumenta o risco de os preços de commodities globais ficarem substancialmente mais elevados e torna-se o caldeirão para uma guerra futura.

Como observado com frequência nestas páginas, a China parece ser o único país que está se preparando para essa eventualidade de maneira sustentável. Mas isso levanta a importante questão de saber o que acontecerá quando a China ostensivamente tiver acesso a todos os recursos disponíveis e o resto do mundo não. Um desequilíbrio como esse talvez seja difícil de medir, mas mesmo que a China não consiga fisicamente possuir cada grama de cobre, obter cada barril de petróleo, reclamar cada fonte de água e terreno cultivável do planeta, o país jogou bem com suas cartas: criou laços amistosos com seus países anfitriões. A China não somente conquistou a admiração de outros países pobres graças às alturas econômicas que galgou em um curto período de tempo, mas também tornou a concretização de acordos comerciais com ela algo que vale a pena, e isso conta muito. É uma garantia de acesso prioritário a virtualmente todos os cantos do planeta, algo que a deixa numa ótima posição para quando chegar o dia do acerto de contas e a pressão por lances pelas commodities globais atingir seu pico febril.

O prevenido vale por dois

O psicólogo de Harvard Daniel Gilbert argumentou que as ameaças devem apresentar quatro características a fim de fazer com que despertemos nosso sinal de alerta.

Primeiro, devemos sentir que a ameaça é deliberada, no sentido de que alguém em algum lugar está tentando nos causar mal. Segundo, somos impelidos à ação contra ameaças que encaramos como um ataque contra nossa estrutura moral e uma afronta ao nosso código de honra. Coisas como incesto e pedofilia perturbam nossa bússola moral, e em resposta reagimos da maneira mais visceral e agressiva. Terceiro, reagimos às ameaças que são iminentes. O cérebro humano é estruturado para se importar mais com coisas ocorrendo hoje do que em algum futuro vago. Em outras palavras, as ameaças devem ter um caráter iminente para suscitar uma reação, despertar nossas emoções reativas e galvanizar nossas forças para que entremos em ação. Finalmente, os seres humanos reagem a ameaças que são instantâneas ou acontecem rapidamente, ao contrário das que ocorrem por um período prolongado de tempo. A primeira — um ataque terrorista, por exemplo — desperta emoções que incitam à ação, enquanto ameaças como a desigualdade de renda se ampliando ou o aquecimento global, cujos riscos podem se tornar evidentes apenas após um período de tempo mais longo, não nos fazem agir imediatamente.

O trabalho de Dan Gilbert nos ajuda a compreender por que os desafios dos recursos que o mundo enfrenta não chamam a atenção pública como deveriam. Para os cidadãos médios, particularmente os que vivem em economias mais ricas e os afastados dos lugares onde a tensão e os conflitos relacionados com a busca por recursos já estão ocorrendo, a ameaça da escassez de recursos simplesmente não parece real e não constitui um ultraje para a sua bússola moral, embora os ambientalistas possam achar o contrário. Sendo esse o caso, que espaço existe, se é que há algum, para uma abordagem global mais coordenada a fim de enfrentar o futuro das commodities?

Sem sair do lugar

Por que a comunidade internacional demonstra pouca coisa além de inércia diante de uma das maiores ameaças que o mundo moderno está enfrentando? Há algumas explicações possíveis.

Primeiro, as instituições internacionais talvez se sintam impotentes quando vão contra as agendas nacionais. O máximo a que podem aspirar as organizações internacionais é constituir um foro para debate. De fato, haja vista que possuem membros com estilos e agendas amplamente antagônicos, reuni-los é praticamente tudo que podem efetivamente realizar. As verdadeiras agendas desses encontros serão sempre usurpadas pelas prioridades nacionais. Sejam as rodadas comerciais da OMC (Uruguai, 1986; Doha, 2001), sejam as conferências globais do clima tentando dar conta das questões ambientais (Quioto, 1997; Copenhague, 2009; Durban, 2011), os esforços por estabelecer regras e protocolos aos quais todos os países devem obedecer tendem a ser esmagados pelas preocupações nacionais estreitas e incompatíveis entre si. No fim, as próprias discussões que poderiam ajudar todos os países a se beneficiar de uma forma mais equilibrada (e não criar vencedores e perdedores) são arruinadas pelo caos e pela incapacidade de obter algum consenso mundial.

Esses exemplos não significam que alguma forma de consenso multinacional não pode ser atingida em torno de uma agenda de recursos. Sugerem, contudo, que devemos ser menos otimistas quanto ao tempo possivelmente necessário para obter esse consenso. Em outras palavras, quanto antes os líderes internacionais responsáveis pelas políticas atacarem juntos os riscos da escassez de recursos de forma significativa, globalmente unificada, antes poderemos evitar um cenário de juízo final, com a dolorosa escalada dos preços das commodities e o aumento dos conflitos globais.

A ausência de um órgão global focado exclusivamente na escassez de recursos também pode ser explicada pelo fato de que países diferentes avaliam as commodities de forma diferente. Essas preferências discrepantes entre os países complicam ainda mais as perspectivas de uma posição global unificada.

Por exemplo, na Índia e em outros lugares do mundo emergente, água limpa e confiável é um recurso de difícil acesso, e portanto é avaliado como de grande valor. Não é incomum nesses países a existência de uma divisória de águas, de modo que os habitantes têm acesso à água encanada apenas por um curto período de tempo a cada dia. A ideia de abrir uma torneira e não ver a água saindo é difícil de ser imaginada em um país rico; contudo, essa inconveniência é corriqueira em diversas partes do mundo emergente.

De maneira similar, o valor atribuído à gasolina também é influenciado pelo nível de crescimento econômico do país. Em economias mais desenvolvidas, como a dos Estados Unidos (onde a taxa de carros por habitantes é uma das mais elevadas do mundo), as pessoas estão em geral mais familiarizadas com os preços e, assim, com o valor dos produtos energéticos (petróleo, gasolina) que movem seus veículos. Claro que as pessoas de economias mais pobres usam e apreciam produtos petrolíferos, mas como uma proporção muito menor de pessoas nos países em desenvolvimento possui carros ou outros tipos de veículo, normalmente recorrendo ao transporte público ou compartilhado (claro que bilhetes de ônibus refletem custos energéticos mais elevados), a classificação dos recursos provavelmente será diferente. Mais especificamente, em uma escala relativa, é provável que o petróleo seja menos importante nas economias mais pobres, onde a maioria das pessoas se vira sem um carro particular, mas necessita de água para sobreviver. Por outro lado, as pessoas nos países desenvolvidos mal chegam a pensar no acesso à água — sua confiabilidade e pureza são dadas como certas —, mas ficam muito atentas ao preço do petróleo. Como a maioria das coisas, tudo se resume à política. A água (seu suprimento ou falta dele) é um ponto de disputa no mundo emergente, enquanto o petróleo são para-raios políticos nas economias mais desenvolvidas.

É raro um país que se ocupe de todos os recursos igualmente, mas a China assume esse feitio. Os chineses desviam rios inteiros para saciar a demanda hídrica, fecham acordos no mundo todo para obter terras, armazenam minerais e constroem tanques de reserva de petróleo com capacidade para volumes gigantescos. Não vai ser sempre assim, mas, à medida que outros países galgam a escada do desenvolvimento econômico e suas preferências e demandas são sentidas, as pressões da escassez de recurso certamente serão reforçadas.

De modo mais geral, porém — e independentemente do motivo para a inação global acerca da ameaça da escassez de recursos —, a verdade indiscutível é que há necessidade urgente de uma conversa mais ampla sobre os desafios das commodities que o mundo enfrentará na próxima década.

Um olhar adiante

Como seria um esforço mundial para abordar o problema da escassez de recursos? Para responder a isso, é fundamental estabelecer, a priori, três coisas: a missão, os membros e um parâmetro para orientar a definição de sucesso.

Com relação ao estabelecimento da *missão*, um debate global seria realizado para definir e administrar ativamente os interesses rivais, bem como explorar modos confiáveis de os países cooperarem e partilharem recursos, além de evitar as crises devastadoras, sejam as manifestadas em choques nos preços, sejam as manifestadas em conflitos violentos ou, então, o que é mais provável, os dois tipos ao mesmo tempo. Definir a missão é um exercício de equilíbrio, na medida em que muitos países emergentes (e particularmente a China) mostram pouca vontade de fazer concessões em direção ao melhor aproveitamento dos recursos que estão disponíveis globalmente, mas são concessões como essas que todos os países terão de fazer. Não nos esqueçamos de que na prática há pouca margem para pedir aos povos do mundo emergente que moderem seu desejo pelo padrão de vida de estilo ocidental, o que inclui água encanada, eletricidade, sistema de esgotos, alimentos de maior qualidade e computadores pessoais.

Ligada à declaração da missão haveria a necessidade de se determinar de que poderes estão investidos quaisquer órgãos reguladores recém-criados. Numa época em que o apetite mundial por burocracias grandes e desajeitadas está sendo desafiado (o presente desastre envolvendo a União Europeia e a ameaça ao euro não ajudam em nada), a necessidade de um novo órgão mundial não é um *fait accompli*. Contudo, um código de conduta pelo qual os países membros se pautem, com sanções aplicáveis aos que quebrarem as regras, é a única maneira de fazer com que os interesses comunitários superem as onipresentes preferências nacionais.

Em relação aos *membros*: está claro que os países mostram um pendor por impregnar os desafios dos recursos com seus interesses nacionais. Assim, quanto mais países representados, mais os interesses de cada um terão de ser deixados à parte. Contudo, como os desafios que o mundo enfrenta são universais, a quantidade de membros deve ser suficientemente ampla para capturar uma visão mais abrangente da situação e encontrar soluções mais globais. A forte representação do mercado emergente é fundamental, especialmente porque 88% da população mundial vive no mundo emergente. A China deverá desempenhar um papel proeminente, mas o mundo necessita de líderes econômicos como os Estados Unidos para a obtenção de um envolvimento amigável, irrestrito e compartilhado. Um mundo pacífico com recursos acessíveis a preços razoáveis é interessante também para os norte-americanos. Só a China não basta — até as autoridades chinesas reconhecem isso.

Em um artigo de janeiro de 2011 no *Financial Times* intitulado "The World Should Not Fear a Growing China" [O mundo não deve temer uma China em crescimento], o vice-premiê chinês Li Keqiang nos lembrava que:

> O progresso que a China tem obtido em seu desenvolvimento é tremendo, mas o país continua a se desenvolver, enfrenta graves desafios e tem um longo caminho a percorrer antes de ser capaz de construir uma sociedade moderadamente próspera e conquistar a modernização. O desenvolvimento da China não será possível sem o mundo — e o desenvolvimento mundial precisa da China. Estamos comprometidos a trabalhar ainda mais proximamente de outros países para criar um futuro brilhante para todos.

Finalmente, o *sucesso* precisa ser definido: ou seja, o que podemos considerar como sucesso? É simplista demais aspirar a que todas as crises relacionadas com os recursos possam ser evitadas. Embora possamos buscar de forma significativa reduzir o risco de choques motivados por recursos, é quase impossível garantir que conflitos e choques ocasionados por commodities nunca mais aconteçam. A população e as pressões por recursos são grandes demais para evitar alguma consequência. Mas não custa tentar.

Os verdadeiros vilões: interesses próprios e miopia

O atual discurso em torno das commodities — na medida em que ele de fato exista — é tristemente inadequado. Qualquer esforço para realizar um debate significativo envolvendo a questão dos recursos quase inevitavelmente termina paralisado por disputas e acusações, com os representantes dos países mais desenvolvidos usando slogans inventados e mesquinhos (caluniosos, diriam alguns) formulados para prevenir os demais países contra a sedução da China. Diante da potencial calamidade das commodities, o interesse egoísta e a miopia dão o tom, especialmente entre regiões e governos que deveriam estar liderando as providências.

O sistema político paralisado dos Estados Unidos é representativo, mas dificilmente atípico. Em uma época em que deveríamos estar aprendendo a gerenciar os recursos do mundo todo, os representantes eleitos do país mais poderoso do mundo em termos militares aparentemente são incapazes de sequer administrar estados, cidades ou, falando nisso, as desventuras da dívida nacional. Em lugar de buscar amigos num mundo em rápida mudança, os Estados Unidos têm preferido (inadvertidamente) fazer inimigos. Ou, explicando de outra forma, a China busca a opção militar como último recurso, ao passo que os Estados Unidos parecem considerá-la a solução prioritária. (A diplomacia nem sempre foi o ponto forte do país.) A crise dos recursos cozinha em fogo lento enquanto os legisladores americanos duelam, talvez na esperança de que a explosão de commodities aconteça quando já estiverem longe do governo. Isso, decididamente, não é liderança.

Em última instância, o equilíbrio a ser atingido reside em solucionar a imobilidade que se originou de partes inteiramente voltadas para si próprias, defendendo apenas seus interesses estreitos (a China inclusive), e ao mesmo tempo arregimentar apoio no mundo todo e comprometimento com uma solução global para o futuro colapso das commodities. Atingindo-se o equilíbrio, a população mundial poderá coexistir de um modo harmonioso e mutuamente produtivo; se fracassarmos nesse intento, uma ruína econômica catastrófica e conflitos globais fatalmente se seguirão.

Escolhas políticas além de uma abordagem unificada

E se as tentativas para alcançar uma abordagem global coordenada e unificada para estancar a crise dos recursos *falharem*? Um cenário assim não é algo forçado; seja Doha ou Copenhague, a comunidade internacional possui um histórico irregular de trabalho conjunto em assuntos que exigem uma agenda ampla. Que outros mecanismos políticos estarão disponíveis se os países precisarem se virar sozinhos? Realisticamente falando, a menos que sejam punitivas, há pouco espaço para tais políticas exercerem alguma influência nas demandas. Exemplo disso seria a cobrança de impostos onerosos sobre a energia para dissuadir os consumidores de consumir petróleo.

A ideia de pedir aos consumidores para diminuir dramaticamente suas demandas de consumo é uma tarefa titânica, em particular quando centenas de milhões de pessoas em todo o mundo emergente estão aprendendo a aspirar aos padrões de vida de classe média do Ocidente — repletos de bens e serviços que absorvem vastas quantidades das terras aráveis, da água, da energia e dos minerais do planeta a cada ano. Na medida em que os consumidores já reduziram sua demanda, digamos, em nome da preservação ambiental, isso não chegou nem perto de ser suficiente para alterar significativamente o cerne da trajetória das pressões pelos recursos globais.

Fica bem claro que é preciso fazer consideravelmente mais. Se as soluções voltadas para o lado da demanda não são tão promissoras quanto esperaríamos, ou tanto quanto o mundo necessita, as soluções para os desequilíbrios iminentes entre a oferta e a demanda por recursos devem em larga medida recair sobre as políticas voltadas para o lado da oferta. Eis aqui alguns exemplos de tais políticas que podem ter repercussão.

Da Insegurança Alimentar à Segurança Alimentar

O relatório sobre Insegurança Alimentar Familiar nos Estados Unidos, publicado em 2009 pelo Serviço de Pesquisa Econômica do Departamento de Agricultura, revelou que um em cada seis americanos vive em estado de insegurança alimentar e/ou fome. Isso representa mais de 50 milhões de americanos, dos quais 17 milhões são crianças. Esses números somam-se à quantidade aproximada de um bilhão de pessoas que passam fome todos os dias no mundo, onde 15 milhões de crianças morrem de fome todo ano. Mas os dados americanos servem também como uma lembrança de que a falta de segurança alimentar não é domínio exclusivo dos países mais pobres do mundo.

A despeito das angustiantes estatísticas, o mundo obteria duas vezes mais alimentos do que o produzido se nos prontificássemos a isso e desse modo atacássemos seriamente o problema da fome mundial. Atualmente, as principais companhias alimentícias do mundo e os cientistas têm o conhecimento e o know-how para aumentar a produtividade das colheitas e alterar significativamente a equação da fome.

Então, qual é o problema?

Os capítulos anteriores já detalharam como a política internacional prejudica a produção global de alimentos e cria distorções que levam a uma superprodução de alimentos em alguns países e a uma subprodução em outros. Porém, mais do que isso, o debate sobre a produção global de alimentos tem sido, em grande medida, dominado pelos céticos da tecnologia, com efeitos prejudiciais. Os inúmeros críticos dos alimentos geneticamente modificados, para citar apenas um exemplo em evidência, estão tão cegos com suas próprias opiniões que, na verdade, preferem ver as pessoas sofrerem a destruição da insegurança alimentar do que ter acesso à produção. Com frequência, contudo, diversas alegações feitas por ativistas antibiotecnologias são tidas como infundadas.

Vejam-se as alegações desses ativistas de que safras geneticamente modificadas (GM) não aumentam a produtividade e na verdade até produzem menos do que as safras não GM. Em 2009, a Monsanto lançou uma linha de grãos de soja nos Estados Unidos que aumentou a produtividade em algo entre 7% e 11%, o que foi comprovado em testes de campo. Mais especificamente, a Monsanto demonstrou aumentos de produtividade de soja tolerante à herbicida de 9% e 31%, no México e na Romênia, respectivamente, e aumento médio da produtividade de 24% para o milho resistente a insetos. Tal evidência pode ao menos parcialmente explicar por que cerca de 95% da soja e 75% do milho nos Estados Unidos são GM. Isso não significa dizer que a tecnologia deve obter um passe livre, tampouco que a tecnologia é uma panaceia para os desafios alimentares mundiais, mas é claramente um caminho que não pode ser desconsiderado.

Em *The Rational Optimist* (O otimista racional), Matt Ridley opina sobre o que seria necessário para alimentar 9 bilhões de pessoas em 2050: pelo menos dobrar a produção agrícola mediante um substancial aumento no uso de fertilizantes na África; a adoção de irrigação por gotejamento na Ásia e nos Estados Unidos (em que a água é direcionada para pingar lenta e diretamente nas raízes das plantas); a disseminação da dupla colheita em muitos países tropicais; o uso de safras GM no mundo todo para melhorar a produtividade; a mudança de alimentação do gado, de grãos para a soja; a continuidade de uma relativa expansão nas fazendas de peixe, frango e porco, diminuindo a dependência da carne bovina e ovina (frangos e peixes convertem grãos em carne com eficiência três vezes superior à do gado; porcos estão no meio); e muito comércio — não é um feito pequeno.

Certamente os benefícios da produção de alimentos baseada em tecnologia devem levar em consideração custos como degradação do solo ou problemas médicos surgidos de mutações genéticas. Mas, quando podemos reduzir o sofrimento de centenas de milhões de pessoas pelo mundo todo que enfrentam fome e inanição, devemos nos empenhar nisso sem pensar duas vezes.

A água oferece desafios diferentes, mas tecnologicamente relacionados. "Água, água, por toda parte, nenhuma gota para beber", escreveu Samuel Taylor Coleridge em seu famoso poema *The Rime of the Ancient Mariner* — abrangendo inadvertidamente tanto o desafio global da água como a chave do que deve ser ao menos parte da solução.

Vimos no capítulo 2 que, embora a água cubra aproximadamente 71% da superfície do planeta, 97% disso é salgado demais para uso produtivo. Se houvesse uma maneira de convertê-la em água doce em grandes volumes e a um custo-benefício compensador, estaríamos fora de risco. Felizmente, com o processo de dessalinização, o mundo fez alguns progressos nessa frente, mas, como a maioria das soluções para os desafios dos recursos, esses esforços não chegaram a ser suficientes para alterar a tendência de piora do cenário de escassez da água. Na medida em que existem, os esforços de dessalinização continuam situados em plano nacional (a Arábia Saudita é líder nesse esforço), dando continuidade ao risco de que muitos países venham a enfrentar cruéis episódios de escassez num futuro não tão distante.

Assim, onde a pesquisa futura deve se concentrar? Talvez tornando possível usar a salgada para a limpeza ambiental: a descarga de nossos banheiros, por exemplo, e para tratar os sistemas de esgoto. Sem dúvida isso exigiria sistemas de distribuição de água duplos, algo muito caro, mas salvaguardar a água doce para uso humano vital (beber e agricultura, mais notavelmente) pode se tornar um caso de vida ou morte. A questão é que se a necessidade não se mostrar a mãe da invenção nesses casos, centenas de milhões de pessoas podem estar condenadas.

Energia

Impor enormes impostos ao consumo de combustível poderia desestimular a demanda, mas o tamanho dessas tarifas teria de ser substancial para ter um impacto significativo no equilíbrio global entre a oferta e a demanda. Se você é um político, não é assim que vai se eleger. Então o que fazer nessa frente?

Há uma máxima que diz "o barril de petróleo mais fácil de encontrar é o barril de petróleo economizado" — ou seja, em vez de depender de fontes recém-encontradas de energia, devemos buscar soluções para utilizar melhor a energia que temos disponível. Esse tipo de argumento utilitário claramente enfrenta a resistência dos inúmeros interesses investidos no setor energético — empresas, corporações e governos pelo mundo — que ganham centenas de bilhões de dólares anualmente explorando, encontrando, produzindo e transportando petróleo. Mas ganhos em eficiência energética realmente têm a possibilidade de ajudar a aliviar os pontos de pressão entre a oferta e a demanda. Por exemplo, códigos fiscais que estimulem e recompensem os consumidores por poupar energia (e que penalizem os que não o fazem) podem criar o tipo de incentivo que traz ações rápidas e grandes mudanças nas escolhas do consumidor.

Afirmações desse tipo podem muitas vezes parecer banais, mas, na prática, é precisamente no aperfeiçoamento da eficiência energética que podemos obter uma quantidade considerável de vitórias e com relativa facilidade. Não é que necessariamente as pessoas devam deixar de dirigir seus carros e outros veículos, mas há um grande valor social em consumidores preferindo modelos de consumo eficientes em combustível (como carros elétricos) em lugar de carros esportivos ou picapes de duas toneladas que bebem imensas quantidades de gasolina.

Um tesouro em metal

Os ambientalistas alimentam a esperança de que soluções voltadas para o lado da demanda fariam com que muitas pessoas recorressem ao transporte público e compartilhado, em vez de cobrir milhares de quilômetros todos os anos em carros particulares. A diminuição do uso e da demanda por carros reduziria substancialmente a demanda por metais e assim aliviaria a pressão sobre um ponto crítico dos recursos. Isso vai acontecer? Provavelmente não, dado o vasto número de pessoas atraídas pelo status de classe média. Mas a reciclagem de metal oferece uma saída.

Voltemos à análise da extraordinária quantidade e valor do metal contido em celulares que vimos no capítulo 1. Só nos Estados Unidos, e por apenas um ano, os celulares continham 13 mil toneladas de minerais como cobre, ouro e paládio, o equivalente a cinquenta jumbos 747. Pense só no impacto da equação oferta-demanda mineral se pudéssemos reciclar uma simples fração disso. Contudo, as estimativas sugerem que menos de um por cento das centenas de milhões de celulares jogados fora ou apenas esquecidos numa gaveta (após em média meros 18 meses de uso) são realmente reciclados. Muito claramente, o escopo da reciclagem, e assim da recuperação desse único suprimento de metal, é enorme.

Até o momento, nossas recomendações têm focado em políticas específicas que poderiam ser implementadas para corrigir desequilíbrios específicos entre a oferta e a demanda emergindo em commodities específicas — terra e alimentos, água, energia e minerais. Mas mesmo no nível macro, se os países líderes redirecionassem e remodelassem seus programas de gastos públicos para encontrar soluções para os desafios da escassez global de recursos, os efeitos poderiam ser muito efetivos.

Redução de gastos militares

O gasto militar total dos Estados Unidos em 2010 foi cerca de 700 bilhões de dólares (quase 5% do PIB), tornando-o de longe o maior do mundo. Por outro lado, a China, que ocupa o segundo lugar tanto em termos de PIB como de gastos militares, gasta aproximadamente 100 bilhões de dólares (cerca de 2% do PIB chinês).

Os Estados Unidos alegam que o uso do seu poderio militar se destina a ajudar na manutenção da paz mundial. Policiando as rotas marítimas, empregando a força militar para derrubar ditaduras e neutralizando insurreições políticas, o país arca com os custos de manter ao menos uma aparência de paz no mundo. Essa postura não é destituída de méritos e, embora muitos envolvimentos norte-americanos obedeçam a sua agenda nacional, diversos países voltam-se para os Estados Unidos em busca de orientação e ação militar. Em tempos recentes, por exemplo, tensões em ebulição no Mar do Sul da China e inquietações acerca do poderio militar e dominação regional crescentes da China levaram inúmeros países asiáticos a pedir aos norte-americanos um maior envolvimento na região da Ásia-Pacífico.

Mas o que pode de fato acontecer se os Estados Unidos cortarem seus gastos militares e em lugar disso redirecionarem esse dinheiro para investimentos em P&D na busca por soluções de longo prazo para a escassez de alimentos, água, energia e minerais que o mundo enfrenta?

Não é tão óbvio assim que o mundo seria tomado por mais conflitos, ou por conflitos de maior gravidade do que os que já existem no dia a dia. Na verdade, pode-se argumentar convincentemente que, se os Estados Unidos estivessem *menos* predispostos à ação militar, haveria menos choques globais. Com o tempo, um efeito colateral de se redirecionar o dinheiro americano para a solução da crise mundial de commodities pode muito bem ser o de que os Estados Unidos se veriam envolvidos em menos conflitos, ou até em menos conflitos cuja origem se assente, ainda que apenas em parte, no desequilíbrio entre a oferta e a demanda por recursos.

Mas há mais um benefício. Qualquer progresso que os Estados Unidos venham a fazer na solução das questões de escassez das commodities globais — seja por intermédio do envolvimento direto do governo, seja encorajando iniciativas no setor privado — permearia todo o planeta e beneficiaria o mundo como um todo. Como sugere a pesquisa Pew que vimos no capítulo 8, os Estados Unidos necessitam recuperar seu status de farol do mundo. Há maneira melhor do que essa?

Os dois pratos da balança com a qual a sociedade americana tem de lidar são inequívocos: os Estados Unidos devem ser uma força para o bem — uma força que busque resolver problemas como a escassez de recursos que aflige o mundo e que acentue o bem-estar das vidas das pessoas e da existência humana pelo mundo? Ou o país prefere apelar para soluções de curto prazo com inclinações nacionalistas, cada vez mais insustentáveis, e seguirá liderando um mundo devastado por conflitos que espalham a morte e a destruição?

Rumo ao olho da tempestade

Muitos demógrafos acreditam que a proliferação da população mundial ora ocorrendo é a continuação de uma extraordinária tendência que começou há cerca de dois séculos e ganhou ímpeto a partir do início do século XX.

A má notícia é que essa tendência de crescimento rápido e extenso está fadada a continuar até 2050, quando, segundo previsões, o tamanho da população global superará os 9 bilhões. Com base na análise apresentada neste livro, a terra simplesmente não dispõe dos recursos adequados para comportar essa população, em particular não nos padrões de vida com que muitas centenas de milhões se acostumaram.

A boa notícia é que, quando inserida no contexto histórico, a explosão em curso da população mundial pode ser vista como um episódio único — sem precedentes na história. E uma vez que a presente tendência tenha completado seu ciclo, é altamente improvável que uma expansão similar na população, em termos de velocidade e magnitude, volte a ocorrer um dia. A hipótese mais provável, pelos cálculos da ONU, é de que a população mundial começará a declinar em 2075, assim que chegar em 9,2 bilhões. Em outras palavras, a população mundial não crescerá ad infinitum, e desse modo provavelmente vai haver um alívio da pressão sobre as commodities. A própria China está envelhecendo antes de enriquecer, e algumas estimativas sugerem que metade da população chinesa terá cinquenta anos ou mais em 2050. Isso talvez venha a enfraquecer a demanda por commodities, já que são os jovens (não os velhos) que normalmente impulsionam o consumo.

Eis contudo a questão inescapável: essas mudanças dramáticas na composição mundial dificilmente ocorrerão tão cedo. Esse fato significa que vivemos no planeta um momento único, com o extraordinário desafio de administrar e navegar com os ventos contrários dos déficits de commodities que aguardam o mundo pelas próximas duas décadas. Hoje, estamos mal preparados para lidar com essas questões, mas os desafios que enfrentamos vão além dos nossos padrões de vida, eles dizem respeito à sobrevivência do planeta tal como o conhecemos. Essa é uma luta de vida ou morte.

Lista de tabelas e figuras

Figura 1.1. População mundial em crescimento vertiginoso   24

Tabela 1.1. O peso e o valor do metal em celulares nos Estados Unidos, 2005   29

Tabela 2.1. Terra arável por região   38

Tabela 2.2. Terra arável: os dez primeiros países   38

Tabela 2.3. Água agrupada por região   43

Tabela 2.4. Água agrupada por país, os dez mais   43

Figura 2.1. Quem tem água? E quem não tem?   44

Tabela 2.5. A quantidade de água necessária para fornecer energia a um lar americano durante um mês   48

Figura 3.1. Preços do petróleo cru por ano, 1866-2011   54

Figura 3.2. O abismo crescente entre a produção e a descoberta de petróleo   58

Tabela 3.1. Os dez maiores campos petrolíferos do futuro   59

Figura 3.3. Oferta de energia primária mundial total por tipo (porcentagem)   69

Figura 3.4. Consumo total de energia na China por tipo (porcentagem)   70

Tabela 3.2. Obtendo o cobre globalmente (porcentagem)   79

Tabela 4.1. Empréstimos da China para petróleo e gás a partir de janeiro de 2009   91

Tabela 5.1. Desequilíbrios futuros para as commodities globais (para 2020)   127

Tabela 8.1. Fato, não ficção: trabalhadores chineses na África   169

Tabela 9.1. A revolução do gás de xisto: os 12 principais países em recursos   191

LISTA DE TABELAS E FIGURAS

Tabela 9.2.   Quem usa energia nuclear? Os 15 países principais   195

Tabela 10.1. Guerras civis ligadas à riqueza de recursos entre 1990 e 2000   206

Tabela 10.2. Conflitos violentos motivados pela exploração dos recursos naturais   208

Agradecimentos

Adorei pesquisar e escrever este livro.

Aprendi muita coisa sobre as operações dos mercados de commodities — a maior parte fascinante, algumas coisas assustadoras.

Do conceito à concretização, tive o imenso privilégio de conhecer e passar algum tempo com representantes e atores de todas as esferas-chave da indústria de commodities:

- os representantes de governo que vendem seus ativos soberanos de commodities;
- os responsáveis pelas políticas públicas na China e os executivos internacionais que compram recursos pelo mundo;
- os gerentes de fundos de *hedge* que negociam recursos diariamente;
- os mineradores, agricultores e engenheiros petrolíferos que obtêm o leque de commodities que aparece milagrosamente em nossos supermercados e postos de gasolina.

Enquanto escrevia, usufruí da bondade e do apoio incondicional de diversas pessoas.

Acima de todos, agradeço a minha melhor amiga, Iris, que, como sempre, me manteve rindo e mentalmente sã, em particular durante os trechos mais árduos. (Prometo arrumar um psiquiatra para nós duas se decidir escrever outro livro.)

Outros que tiveram participação na feitura do livro são, em ordem alfabética, Jeremy Adams, Pritish Behuria, Jeremy Brenner, Paula Cooper, Howard Means, Nathan Means, Roxana Mohammadian-Molina, Susana

Moreira, Daniel Rosen e Derek Scissors. Eles ajudaram com dados, opiniões, pesquisa e trabalho editorial.

David Cherrett, Bill McCahill, Chris Rokos, Emmanuel (Manny) Roman e Geordie Young merecem todos menção especial por dar ao livro um olhar detalhado e crítico e por me conceder inúmeras horas de discussão. Kevin Currey forneceu fantástico apoio à pesquisa. Agradeço a todos vocês com a maior sinceridade. Isso dito, todos os erros e firulas desnecessárias são de minha responsabilidade.

Meu agente literário Andrew Wylie foi infatigável e indomável, assim como James Pullen e o resto da equipe na agência de Wylie. Quem dera todos os aspectos de minha vida funcionassem tão bem!

A mão invisível em qualquer livro é dos editores. Para mim os campeões, nos bons e maus momentos, foram os membros da equipe da Basic Books (Perseus Books Group), em particular Tim Bartlett, e a equipe da Penguin chefiada por Will Goodlad, e depois Tom Penn.

Finalmente, como sempre, o livro é dedicado à minha família na Zâmbia. Agradeço a eles por mostrar o caminho e me lembrar de que, mesmo contra todas as possibilidades, tudo é possível.

Notas

Introdução

1. A renda per capita do Peru era cerca de 9 mil dólares, contra cerca de 45 mil dólares nos Estados Unidos.

2. "China's Peaceful Rise: Speeches of Zheng Bijian 1997-2004" (A ascensão pacífica da China: discursos de Zheng Bijian 1997-2004), http://www.brookings.edu/fp/events/20050616bijianlunch.pdf.

3. Na China, as agências licenciadoras são organizações com base no governo que controlam como as corporações e as pessoas conduzem negócios no país. Se uma companhia, corporação ou indivíduo deseja conduzir negócios na China, deve obter um número de formulários separados junto ao governo. Por exemplo, para propósitos de certificação de registro, deve conseguir uma "licença de negócios para pessoa jurídica empresarial" junto à Administração Estatal da Indústria e Comércio. A entidade deve também obter aprovação do departamento de polícia, para criar uma marca da empresa, e adquirir um regulamento de organizações certificado pelo Gabinete de Supervisão em Qualidade e Tecnologia.

4. De modo similar, no início da epidemia de gripe aviária em meados dos anos 2000, estima-se que a China tenha sacrificado 2 milhões de aves em questão de dias, a fim de impedir a disseminação do contágio.

5. Vale a pena observar que há algumas evidências de que uma larga parcela do petróleo que as companhias chinesas produzem além-mar, na verdade, não é enviada de volta à China. De fato, algumas empresas petrolíferas chinesas jogam com os temores chineses de não ter petróleo suficiente para que as companhias possam obter subsídios vantajosos e maior apoio governamental e político para seus empreendimentos internacionais.

Capítulo 1

1. Claro que, quando a inacreditável dinâmica da população humana (tamanho da população mundial, assim como a riqueza crescente) é adicionada à pressão por recursos de animais e plantas, a tensão sobre os recursos (certamente a terra arável e a água) é ainda mais severa.

2. As estatísticas de PIB per capita podem ser enganosas. Elas mascaram o desafio da redução da pobreza, pois a medida da renda per capita é impactada pelo tamanho da

população; assim, embora dois países tenham a mesma renda, o país com maior população possui uma medida de renda per capita menor e é, desse modo, mais pobre do que o país com uma população menor.

3. Os coeficientes de Gini são utilizados em economia para medir a desigualdade de renda de uma população. Um valor de 0 representa igualdade total, e um valor de 100 representa desigualdade total. Segundo o "Distribution of Family Income — GINI Index", *The World Factbook*, https://www.cia.gov/library/publications/the-world-factbook/rankorder/2172rank.html, acessado em outubro de 2011, o coeficiente de Gini chinês era de 41,5 em 2007, comparado a 45,0 dos Estados Unidos nesse mesmo ano.

4. Um efeito de substituição refere-se a mudanças na demanda na qualidade e na quantidade de bens, acompanhadas de mudanças na renda.

5. Isso é calculado da seguinte forma: um Boeing 747-400 com lugar para pelo menos quatrocentas pessoas tem um peso sem combustível — ou seja, o peso do avião e tudo que ele contém menos o peso do combustível a bordo — de cerca de 251.740 quilos. Isso se traduz em aproximadamente 252 toneladas. Se o peso total do metal nos celulares é cerca de 13 mil toneladas, isso equivale, grosso modo, a cinquenta aviões jumbo.

6. As demandas por commodities da China são gigantescas. Todo ano o país aplica cerca de 116 dólares per capita em investimentos de capital na infraestrutura urbana.

Capítulo 2

1. Segundo a FAO, terra arável é "a terra com cultivos agrícolas temporários (áreas de múltiplas colheitas contam apenas uma vez), campos temporários para capinação ou pastagem, terra sendo comercializada e hortas e terras temporariamente alqueivadas (menos de cinco anos)" (FAO Statistics Division 2011).

2. A Organização das Nações Unidas para Alimentação e Agricultura tem o dever de "elevar os níveis de nutrição, melhorar a produtividade agrícola, melhorar as vidas das populações rurais e contribuir com o crescimento da economia mundial", assim como "garantir a segurança alimentar para todos — assegurar que as pessoas tenham acesso regular a suficientes alimentos de alta qualidade para levar vidas ativas, saudáveis".

3. Segundo a FAO, os recursos hídricos renováveis reais totais são "a soma de recursos hídricos renováveis internos e recursos hídricos renováveis reais externos. Isso corresponde à quantidade teórica máxima anual de água realmente disponível para um país em dado momento".

4. Na verdade, foram cientistas norte-americanos que fizeram a descoberta crucial de criar e controlar a chuva em um laboratório em 1946.

Capítulo 3

1. A Agência Internacional de Energia (AIE) é uma organização independente que visa assegurar energia confiável, acessível e limpa para seus 28 países-membros e além. Segundo seu website, http://www.iea.org/about/index.asp, as quatro principais áreas focadas pela organização são: 1) segurança energética: promover a diversidade, eficiência e

flexibilidade dentro de todos os setores energéticos; 2) desenvolvimento econômico: assegurar o fornecimento estável de energia para os países-membros da AIE e promover livre-mercado para incentivar o crescimento econômico e eliminar a pobreza energética; 3) consciência ambiental: aprimorar o conhecimento internacional sobre as opções para lidar com a mudança climática; e 4) envolvimento no mundo todo: trabalhar próxima a países não membros, especialmente grandes produtores e consumidores, para encontrar soluções para problemas comuns de energia e meio ambiente.

2. A crise financeira de 2008 ofereceu desafios significativos ao setor energético. Por exemplo, o declínio no PIB global de cerca de 1,7% em 2009 levou a uma previsão de redução na demanda de petróleo em 1,4 milhão de barris diários e a um agudo colapso concomitante nos preços do petróleo. Nos dois anos imediatamente após a crise, o preço do petróleo caiu em mais de 50% em relação aos picos em 2008, tornando muitos projetos de recursos desvantajosos e insustentáveis. A crise financeira restringiu a disponibilidade de ações e de dívidas, levando assim o custo de capital a subir vertiginosamente e estagnar os investimentos e projetos em pelo menos cinco anos (na medida em que ficaram caros demais para financiar). Pior ainda, durante a crise financeira, os bancos foram forçados a rever a capacidade de as companhias petrolíferas tomarem empréstimos e começaram a usar os preços do petróleo mais baixos (quarenta a cinquenta dólares o barril) como um guia para modelar os fluxos de caixa e lucratividade corporativos. Porém, como discutido antes, cinquenta dólares é o preço mínimo para que muitos produtores de petróleo continuem com seus negócios funcionando. Assim, as suposições de preço do petróleo mais baixo (refletindo a deterioração das condições econômicas globais) diminuiu a capacidade de tomar empréstimos entre as companhias petrolíferas. Sem nenhum capital sendo ofertado, as companhias enfrentaram um aperto de liquidez que prejudicou suas operações, muitas vezes tornando-as incapazes de cumprir com suas obrigações financeiras e, em alguns casos, levando-as pura e simplesmente à inadimplência.

3. Ao contrário do carvão, que é mais equitativo, já que 42% dos povos controlam 50% do recurso.

4. Dez principais produtores de antracito (toneladas em centena de milhares):

China	2.971
Estados Unidos	919
Índia	526
Austrália	335
Indonésia	263
África do Sul	247
Rússia	229
Cazaquistão	96
Polônia	78
Colômbia	73

Fonte: Benjamin Sporton, World Coal Institute Presentation, Global Coal Dynamics, VI Columbia Minera, 6 out. 2010.

NOTAS

5. Mais informações sobre o carvão podem ser obtidas em "Environmental Impacts of Coal Power: Water Use", Union of Concerned Scientists, http://www.ucsusa.org/clean_energy/coalvswind/c02b.html.

6. A Energy Information Administration (Administração sobre Informações de Energia dos Estados Unidos, EIA) norte-americana faz parte do Departamento de Energia dos Estados Unidos e é responsável por coletar, analisar e distribuir informações estatísticas sobre os mercados de energia.

7. A Supply Gap Analysis da Schlumberger explicada mais a fundo: pegue sua produção de 30 milhões de barris de petróleo diários projetada para 2030. Acrescente a isso a produção de gás diária projetada para 2030 de cerca de 20 milhões de BEP (muito mais discussão sobre gás como fonte de energia virá posteriormente neste capítulo) para conseguir aproximadamente 50 milhões de BEP diários desses combustíveis fósseis (petróleo e gás). Depois acrescente a capacidade adicional projetada (digamos, provenientes de melhorias na tecnologia) advinda de projetos que entrarão em operação entre 2008 e 2015. Para isso, as estimativas correntes são aferidas a uma taxa de cerca de 5,5 milhões de BEP diários a cada ano, junto com acréscimos de capacidade entre 2016 e 2030 baseados na taxa presente de investimento (um adicional de 80 milhões de BEP por ano), que nos levam a uma produção de cerca de 130 milhões de barris de petróleo e gás por dia no total.

8. Vale observar, porém, que o gás natural pode ser uma importante fonte de eletricidade quando usado em usinas termelétricas.

9. Geralmente, as consequências das economias emergentes (lideradas por China e Índia), com cerca de 5,4 bilhões de pessoas consumindo cerca de 35,2 milhões de barris de petróleo diários, convergindo para níveis de consumo de países industrializados, com população de 1,2 bilhão e padrões de consumo de petróleo de 49,3 milhões de barris diários, são enormes.

10. Há uma crescente demanda global por uma classe de 17 minerais conhecidos como terras raras. Esses elementos têm uma variedade de usos, incluindo como insumos na manufatura de celulares, aparelhos de raios X e de ressonância magnética, lentes de câmeras e telescópios, conversores catalíticos de carros, motores de aeronaves, computadores e televisores. A China é o principal fornecedor dos metais de terras raras e, segundo a US Geological Survey, o país produziu 130 mil toneladas de óxido de terra rara em 2011, 97% da produção global, e possui 55 milhões de toneladas em suas reservas, cerca de 50% das reservas mundiais. Além do mais, a China impôs cotas de exportação para as terras raras, causando consternação entre outras economias, como os Estados Unidos, e levando-os, juntamente com a União Europeia, a protocolarem uma queixa em março de 2012 junto à Organização Mundial do Comércio sobre as cotas de exportação chinesas.

11. A Organização para a Cooperação e o Desenvolvimento Econômico, constituída de 34 países, é um grupo consultivo que recomenda políticas para promover a prosperidade social e econômica mundial.

Capítulo 4

1. A moeda chinesa (renminbi ou iuan) é administrada e controlada pelo banco central chinês (equivalente ao Federal Reserve dos Estados Unidos). A moeda é administrada de modo a flutuar em uma margem estreita determinada com referência a uma cesta de moedas mundial. Essa moeda tem sido fonte de consternação para muitos dos parceiros comerciais da China (principalmente os Estados Unidos), que acusam a China de manter sua moeda artificialmente desvalorizada em relação a outras (como o dólar americano). Isso ajuda a competitividade do comércio chinês, impulsionando as exportações da China, e é uma desvantagem para a posição comercial norte-americana, que termina com um déficit considerável, uma vez que os Estados Unidos importam uma significativa quantidade de produtos chineses.

2. Adicionalmente, o relatório de fevereiro de 2011 da Agência Internacional de Energia, intitulado "Overseas Investments by Chinese National Oil Companies: Assessing the Drivers and Impacts" (Investimentos no estrangeiro pelas companhias petrolíferas nacionais chinesas: avaliação dos motivos e impactos), fornece informação detalhada sobre os acordos de compra de petróleo e gás dos chineses no estrangeiro desde 2002.

Capítulo 5

1. Os índices de preço de commodities são índices ponderados de preços de commodities selecionadas, que podem estar baseados em preços imediatos ou futuros. Eles estão estruturados de modo a refletir uma ampla classe de ativos de commodities ou uma subsérie específica delas, como energia ou metais, e oferecem uma oportunidade para investidores obterem exposições em commodities ao investir nos diversos índices.

2. Claro que a elasticidade-preço de uma commodity (isto é, como a demanda pelo recurso muda com a alteração em seu preço) também causa impacto nas decisões de investimento da commodity.

3. Posições financeiras podem render carregamento positivo em balancetes (isto é, ativos que produzem fluxos de caixa contínuos e positivos) ou carregamento negativo em balancetes, que não produzem nenhum fluxo de caixa no ínterim, ou fluxos de caixa que não cobrem o custo de contrair empréstimos.

4. Na prática, são necessárias três variáveis para estimar o preço a termo de um ativo (por exemplo, títulos). São elas: o preço corrente ou o preço à vista do ativo, a taxa livre de risco e o custo de carregamento (também conhecido como custo de financiamento). O mesmo é verdadeiro para as commodities, exceto que nesse caso o custo de carregamento deve ser ajustado pelo rendimento de conveniência a fim de refletir o benefício de realmente ter a posse da commodity física.

5. Venda a descoberto (*short-selling* ou *shorting*) é o ato de vender títulos ou ativos que foram emprestados de uma terceira parte, em geral um corretor.

6. O preço de reserva é o preço máximo que o consumidor vai pagar ou o preço mínimo pelo qual um produtor irá vender.

NOTAS

Capítulo 6

1. Esta história é uma versão resumida de um pronunciamento feito por Deborah Brautigam na China's Engagement with Africa Conference (Conferência sobre o relacionamento da China com a África), em Washington, DC, em 28 de julho de 2010.

2. A aquisição de títulos da dívida do Tesouro norte-americano teria forçado os rendimentos (ou taxas de juros) para baixo. Um efeito disso é aumentar o valor de passivos de pensão de longo prazo. Se o valor dos ativos de pensão permanece constante, a posição de pensão líquida (calculada como ativos menos passivos) piora.

3. Países que são parte de uma economia global poderiam importar inflação. Os países são afetados pelas movimentações do preço do petróleo mesmo que a dinâmica do petróleo doméstico funcione.

4. As exportações de petróleo da Opep correspondem a cerca de 70% do petróleo comercializado internacionalmente e geram 2/3 das reservas petrolíferas mundiais.

Capítulo 7

1. Na prática, o decreto governamental de controle populacional da China obriga menos de 40% da população a ter apenas um filho. A política do filho único aplica-se a uma minoria de famílias, como os casais urbanos, ao passo que casais rurais, minorias étnicas e pais sem filhos estão eximidos da lei, desse modo contribuindo para pressões populacionais e, em última instância, pressões por recursos, conforme as populações em crescimento invariavelmente contribuem para uma demanda por commodities crescente. Ver Guan Xiaofung, "Most People Free to Have More Child(ren)", *China Daily*, http://www2.chinadaily.com.cn/china/2007-07/11/content_5432238.htm.

2. Uma prioridade de penhora significa que, na casualidade de o empréstimo ficar inadimplente e o imóvel precisar ser vendido, quem concedeu o empréstimo será o primeiro a se beneficiar de qualquer caução assegurando o empréstimo.

3. Segundo o Norges Bank Investment Management (NBIM), em seu website (http://www.nbim.no/en/About-us/Government-Pension-Fund-Global/), o NBIM está acumulando riqueza para ajudar a política fiscal do governo no caso de uma futura queda nos preços do petróleo, um declínio na disponibilidade de petróleo da Noruega e/ou uma pressão financeira crescente à medida que a população do país envelhece. Assim, o fundo NBIM não está atualmente gastando quantias muito grandes de dinheiro em consumo corrente.

Capítulo 9

1. A Política Agrícola Comum (PAC) é a diretiva política da União Europeia que orienta os subsídios e programas agrícolas.

2. A declaração de missão da Organização Mundial do Comércio pode ser encontrada em http://www.wto.org/english/thewto_e/whatis_e/wto_dg_stat_e.htm.

3. A saber, Nova York, Pensilvânia, Ohio, Maryland, West Virginia, New Jersey, Kentucky e Tennessee.

4. Outros produtores de urânio incluem Canadá (20%), Austrália (16%), Namíbia (8%), Federação Russa (7%), Níger (6%), Uzbequistão (5%), Estados Unidos (3%), Ucrânia (2%), China (2%), Índia (1%), África do Sul (1%), República Tcheca (1%), Brasil (1%) e Malauí (1%).

5. O Programa das Nações Unidas para o Meio Ambiente assume uma posição de liderança no cuidado ambiental ao encorajar as nações e os indivíduos a aumentar sua qualidade de vida de forma sustentável.

Capítulo 10

1. A lista pode ser encontrada em http://www.worldwater.org/conflict/list/.

2. Em setembro de 2011, as estimativas das reservas de gás da Tanzânia estavam em cerca de 283 bilhões de metros cúbicos (bmc), e para Moçambique, a estimativa era de127 bmc de reservas comprovadas de gás natural.

3. O primeiro plano quinquenal, que foi conduzido por Mao Zedong, ocorreu entre 1953 e 1957.

4. Por exemplo, os consumidores têm de pagar mais pela produção agrícola do que se importassem o alimento sem políticas de subsídios comerciais.

Bibliografia

Africa Report, The. Disponível em: http://www.theafricareport.com/.

Alden, Chris. *China in Africa*: Partner, Competitor or Hegemon? Londres: Zed Books, 2007.

Arad, Ruth W.; Arad, Uzi B. Scarce Natural Resources and Potential Conflict. In: Arad, Ruth W (ed.). *Sharing Global Resources*. Nova York: McGraw-Hill Book Company, 1979. p. 23-104.

Baah Yaw, Anthony; Jauch, Herbert (eds.). *Chinese Investments in Africa*: A Labour Perspective. African Labour Research Network. Disponível em: http://sask-fi-bin.directo.fi/@Bin/bac4e8c2618871bcbb3ec798c4ee1c34/1325165044/application/pdf/298928/China-Africa%20Report%202009-final.pdf. Acessado em: maio de 2009.

Bank of International Settlements. BIS Quarterly Review. Dusponível em: http://www.bis.org/publ/qtrpdf/r_qa1112.pdf. Acessado em: dez. de 2011.

Barrow, John Henry. *The Mirror of Parliament*. Londres: Longman, Brown, Green & Longmans, 1840. 3 v.

Bearak, Barry. Zambia Uneasily Balances Chinese Investment and Workers' Resentment. *New York Times*, Nova York, 20 nov. 2010.

Brautigam, Deborah. *Chinese Aid and African Development*: Chinese Aid and African Development: Exporting Green Revolution. Nova York: St. Martin's Press, 1998.

_____. Chinese Workers in Africa. China in Africa: The Real Story. Disponível: http://www.chinaafricarealstory.com/p/chinese-workers-in-africa-anecdotes.html.

Bruinsma, Jelle. The Resource Outlook to 2050: By How Much Do Land, Water and Crop Yields Need to Increase by 2050? Artigo apresentado à FAO Expert Meeting How to Feed the World in 2050, 24-26 jun. 2009.

Chen, Z., e J. Jian. Chinese Provinces as Foreign Policy Actors in Africa. Paper n. 22. South African Institute of International Affairs. Johannesburg, 2009.

CLSA. Global Agriculture: Hungry Planet: Yes, We Can Feed the World. Crédit Agricole Securities, mar. 2011.

Collier, Paul. Rebellion as a Quasi-Criminal Activity. *Journal of Conflict Resolution*, a. 44, n. 6, p. 839-53, 2000.

BIBLIOGRAFIA

Collier, Paul; Hoeffler, Anke. Greed and Grievance in Civil War. World Bank Policy Research, paper 2.355. Washington: World Bank, maio 2000.

Cotula, L.; S. Vermeulen, R. Leonar;, Keeley, J. *Land Grab or Development Opportunity?* Agricultural Investment and International Land Deals in Africa. Roma: FAO and IIED, 2009.

CTIA — The Wireless Association Semi-Annual Survey Reveals Historical Wireless Trend. Disponível em: http://www.ctia.org/media/press/body.cfm/prid/2133. Acessado em: 11 out. 2011.

Cuffaro, N. The Record of FDI in Developing Country Agriculture. Artigo apresentado à FAO Expert Meeting on Foreign Investment in Developing Country Agriculture, Roma, 30-31 jul. 2009.

Cui, Shunji; Kattumuri, Ruth. Cultivated Land Conversion in China and the Potential for Food Security and Sustainability. LSE Asia Research Centre Working paper 35. Disponível em: http://www2.lse.ac.uk/asiaresearchcentre/_files/arcwp35-cuikattumuri.pdf.

De Soto, Hernando. *The Mystery of Capital*: Why Capitalism Triumphs in the West and Fails Everywhere Else. Nova York: Basic Books, 2003.

Diamond, Jared M. *Guns, Germs, e Steel*: The Fates of Human Societies. Londres: Jonathan Cape, 1997.

Dobbs, Richard; Sankhe, Shirish. Comparing Urbanization in China and India. McKinsey Quarterly. Disponível em: http://www.asia.udp.cl/Informes/2010/china_india.pdf.

Downs, Erica. *Inside China, Inc.*: China Development Bank's Cross-Border Energy Deals. John L. Thornton China Center, Brookings Institution, 2011.

Durand, John D. The Modern Expansion of World Population. *Proceedings of the American Philosophical Society*, Population Problems, vol. 111, n. 3, p. 136-159, 22 jun. 1967

Fearon, James D.; Latin, David D. Ethnicity, Insurgency, and Civil War. *American Political Science Review*, v. 97, n. 1, p. 75-91, 2003.

Food and Agricultural Organization. *Assessing the Nature, Extent and Impacts of FDI on West African Agriculture*: The Case of Ghana and Senegal. The State of Agricultural Commodity Markets. Roma: FAO, 2009.

_____. *Foreign Direct Investment in Sudan (2000-2008)*: Magnitude, Location and Allocation. The State of Agricultural Commodity Markets. Roma: FAO, 2009.

_____. *Foreign Investment in the Agricultural Sector*: Egypt Case Study. The State of Agricultural Commodity Markets. Roma: FAO, 2009.

_____. *High Food Prices and the Food Crisis* — Experiences and Lessons Learned. The State of Agricultural Commodity Markets. Roma: FAO, 2009.

_____. *International Investment in Agricultural Production in Morocco*. The State of Agricultural Commodity Markets. Roma: FAO, 2009.

_____. Statistics. Food and Agriculture Organization of the United Nations. Disponível em: http://www.fao.org/corp/statistics/en/.

Gerlach, A. *Resource-Seeking Foreign Direct Investments in Africa*. Roma: FAO, 2010.

Glaeser, Edward L.; Kahn, Matthew E. The Greenness of Cities: Carbon Dioxide Emissions and Urban Development. *Journal of Urban Economics*, v. 67, n. 3, p. 404-418, maio 2010.

Gleick, Peter H. Water and Conflict: Fresh Water Resources and International Security. *International Security*, v. 18, n. 1, p. 79-112, 1993.

Global Unease with Major World Powers. Pew Global Attitudes Project, 27 jun. 2007.

Goldman Sachs; O'Neill, Jim. Building Better Global Economic BRICs. Global Economics paper 66. Goldman Sachs, 2001.

Goldman Sachs; O'Neill, Jim; Lawson, Sandra; Purushothaman, Roopa. The BRICs and Global Markets: Crude, Cars and Capital. Global Economics CEO Confidential, 2004.

Gorton, Gary B.; Rouwenhorst, K. Geert. Facts and Fantasies about Commodity Futures. NBER Working Paper Series, v. w10595, jun. 2004.

GTZ. *Foreign Direct Investment in Land in Madagascar*. Eschborn: GTZ, 2009.

_____. *Foreign Direct Investment in Land in Mali*. Eschborn: GTZ, 2009.

Hall, Kevin; Guo, Juen; Dore, Michael; Chow; Carsen C. The Progressive Increase of Food Waste in America and Its Environmental Impact. *PLoS ONE*, v. 4, n. 11, 2009: e7940. Disponível em: http://www.plosone.org/article/info%3Adoi%-2F10.1371%2Fjournal.pone.0007940.

Harrison, Jeff. Study: Nation Wastes Nearly Half Its Food. *University of Arizona News*, 18 nov. 2004.

Human Rights Watch. "You'll Be Fired if You Refuse": Labor Abuses in Zambia's Chinese State-Owned Copper Mines. Human Rights Watch. Disponível em: http://www.hrw.org/sites/default/files/reports/zambia1111ForWebUpload.pdf.

Humphreys, Macartan. Natural Resources, Conflict and Conflict Resolution. *The Journal of Conflict Resolution*, v. 49, n. 4, p. 508-537, 2005.

In Depth: The Top 10 Oil Fields of the Future. *Forbes*, 2010. Disponível em: http://www.forbes.com/2010/01/20/biggest-oil-fields-business-energy-oil-fields_slide_11.html.

Jiang, Julie; Sinton, Jonathan. Overseas Investments by Chinese National Oil Companies: Assessing the Drivers and Impacts. Information Paper, International Energy Agency, fev. 2011.

Jintao, Hu. President Hu Jintao at the Opening of the Third China African Cooperation Forum and Chinese and African Leaders' Summit. Pequim, 4 nov. 2006.

Jowit, Juliette. Call to Use Leftovers and Cut Food Waste. *The Observer*, 28 out. 2007.

Kaplan, Robert D. The Coming Anarchy: How Scarcity, Crime, Overpopulation, Tribalism, and Disease Are Rapidly Destroying the Social Fabric of Our Planet. *Atlantic Monthly*, fev. 1994.

BIBLIOGRAFIA

Kaplan, Robert. *Monsoon*: The Indian Ocean and the Future of American Power. Nova York: Random House, 2010.

Kaplinsky, R.; Morris, M. Chinese FDI in Sub-Saharan Africa: Engaging with Large Dragons. *European Journal of Development Research*, v. 21, n. 4, 551-569, 2009.

Keen, David. The Economic Functions of Violence in Civil War. Adelphi Paper 320. Londres: International Institute for Strategic Studies, 1998.

Keqiang, Li. The World Should Not Fear a Growing China. *Financial Times*, 10 jan. 2011. Disponível em: http://www.ft.com/cms/s/0/64283784 -1c23-11e0-9b56- -00144feab49a.html#axzz1MR4QgbLE.

Kiggundu, M. N. A Profile of China's Outward Foreign Direct Investment to Africa. *Proceedings of the American Society of Business and Behavioral Sciences*, v. 15, n. 1, p. 130-144, 2008.

Klare, Michael T. The New Geography of Conflict. *Foreign Affairs*, v. 80, n. 3, p. 49-61, 2001.

_____. *Resource Wars*: The New Landscape of Global Conflict. Nova York: Henry Holt, 2002.

Knaup, Horand; Mittelstaedt, Juliane von. The New Colonialism: Foreign Investors Snap Up African Farmland. *Der Spiegel*, 30 jul. 2009.

Kreith, Marcia. Water Inputs in California Food Production. Water Education Foundation, 1991.

Levy, Marion J. Jr. *Levy's Nine Laws for the Disillusionment of the True Liberal*. 5. ed. Princeton: Princeton University Press, 1981.

Lowi, Miriam R. Scarce Water, Abundant Oil: Resources and Conflict in the Middle East and North Africa. Artigo apresentado na reunião anual da 49ª Convenção Anual da ISA, Bridging Multiple Divides. Hilton San Francisco, USA, 26 mar. 2008. Disponível em: http://www.allacademic.com/meta/p251392_index.html.

Malthus, Thomas R. *An Essay on the Principle of Population*. Londres: impresso por J. Johnson, em St. Paul's Church Yard, 1798.

McGreal, Chris. Thanks China, Now Go Home: Buy-Up of Zambia Revives Old Colonial Fears. *The Guardian*, 4 fev. 2007. Disponível em: http://www.guardian.co.uk/world/2007/feb/05/china.chrismcgreal.

McGregor, Richard. *The Party*: The Secret World of China's Communist Rulers. Nova York: Metropolitan Books, 2010.

Meadows, Donella H.; Meadows, Dennis L.; Randers, Jorgen. *The Limits to Growth*: A Report for the Club of Rome. A Potomac Associates Book, 1972.

Do GM Crops Increase Yield? Monsanto Company. Disponível em: http://www.monsanto.com/newsviews/pages/do-gm-crops-increase-yield.aspx.

Moyo, Dambisa F. *Dead Aid*: Why Aid Is Not Working and How There Is a Better Way for Africa. Londres: Allen Lane, 2009.

_____. *How the West Was Lost*: Fifty Years of Economic Folly and the Stark Choices that Lie Ahead. Londres: Penguin, 2011.

Nord, Mark; Coleman-Jensen, Alisha; Andrews, Margaret; Carlson, Steven. Household Food Security in the United States, 2009. *Economic Research Report*, nº.108, nov. 2010.

Parker-Pope, Tara. From Farm to Fridge to Garbage Can. *New York Times*, 1 nov. 2010.

Pimentel, David; Westra, Laura; Noss, Reed F. (eds.). *Ecological Integrity*: Integrating Environment, Conservation, and Health. Washington: Island Press, 2000.

Population: One Planet, Too Many People? Institute of Mechanical Engineers. Disponível em: http://www.imeche.org/news/archives/11-01-27/Population_One_Planet_Too_Many_People.aspx.

Congo Republic Hails Successful Dam Turbine Test. *Reuters*, 29 jan. 2010. Disponível em: http://af.reuters.com/article/investingNews/idAFJOE60S0HW20100129.

Risen, James. U.S. Identifies Vast Mineral Riches in Afghanistan. *New York Times*, 13 jun. 2010.

Rogers, Jim. *Hot Commodities*: How Anyone Can Invest Profitably in the World's Best Market. Nova York: Random House, 2004.

Ross, Michael L. How Do Natural Resources Influence Civil War?: Evidence from Thirteen Cases. *International Organization*, v. 58, n. 1, p. 35-67, 2004.

Sachs, Jeffrey D.; Warner, Andrew M.. Fundamental Resources of Long-Run Growth. *American Economics Review*, v. 87, n. 2, p. 184-88, 1997.

Schmidhuber, J. J. Bruinsma; Boedeker, G. Capital Requirements for Agriculture in Developing Countries to 2050. Artigo apresentado na Reunião de Especialistas da Organização das Nações Unidas para Agricultura e Alimentação sobre Como Alimentar o Mundo em 2050. Roma, 24-26 jun. 2009.

Smaller, C., e H. Mann. "A Thirst for Distant Lands: Foreign Investment in Agricultural Land and Water". International Institute for Sustainable Development, 2009.

Stuart, Tristram. *Waste: Uncovering the Global Food Scandal*. Nova York: W. W. Norton and Co., 2009.

Sudan, Oil, and Human Rights. Human Rights Watch, 25 nov. 2003. Disponível em: http://www.hrw.org/en/node/12243/section/32.

Sullivan, Daniel E. Recycled Cell Phones — A Treasure Trove of Valuable Metals. US Geological Survey Fact Sheet, jul. 2006.

UNCTAD. World Investment Report 2009: Transnational Corporations, Agricultural Production and Development. Genebra: Unctad, 2009.

UN Environment Programme. From Conflict to Peacebuilding: The Role of Natural Resources and the Environment. UN Environment Programme, 2009. Disponível em: http://www.unep.org/pdf/pcdmb_policy_01.pdf.

UN Population Fund. State of the World Population 2007: Unleashing the Potential of Urban Growth. United Nations Population Fund, 2007.

US National Intelligence Council. Global Trends 2025: A Transformed World. US National Intelligence Council, 2008.

Vermeulen, S.; Cotula, L. *Making the Most of Agricultural Investment*: A Survey of Business Models That Provide Opportunities for Smallholders. Roma: FAO and IIED, 2010.

BIBLIOGRAFIA

Water Conflict Chronology List. Pacific Institute. Disponível em: http://www.worldwater.org/conflict/list/.

Wise, Timothy A. Food Price Volatility: Market Fundamentals and Commodity Speculation. Triple Crisis, 27 jan. 2011. Disponível em: http://triplecrisis.com/food-price-volatility/.

Wines, Michael. China Takes a Loss to Get Ahead in the Business of Fresh Water. *New York Times*, 25 out. 2011.

World Bank. Water Resources Management: A Water Policy Paper. Washington: World Bank, 1993.

World Energy Outlook 2007 Edition. International Energy Agency. Disponível em: http://www.iea.org/weo/2007.asp.

World Energy Outlook 2008 Edition. Disponível em: http://www.iea.org/weo/2008.asp.

World Infrastructure Market April 2010. *Railway Gazette*, 15 abr. 2010. Disponível em: http://www.railwaygazette.com/news/single-view/view/world-infrastructure-market-april-2010.html.

Índice

A

Administração de Informaçóes sobre Energia dos Estados Unidos (EIA), 71, 151, 238n6

Administração Nacional de Energia, China (NEA), 153, 154

Afeganistáo, minerais no, 83

África
ajuda financeira chinesa, 84
como parceiro comercial da China, 85
Cúpula Sino-Africana, 92
o investimento chinês na, 87
terras aráveis na, 40

Africanos,
visão positiva da China dos, 176

Agência Internacional de Energia (AIE), 55, 91, 151,197-198, 199, 236-37n1

Água
conflitos sobre, 45-46, 210, 211
crescimento populacional e, 51-52
demanda global por, 44
gêneros alimentícios, quantidade necessária para produção de, 46-47
mudanças climáticas e, 45
quantidade de eletricidade necessária para produção de, 47
soluções baseadas em tecnologia, 50-51, 225
total de recursos renováveis, 236

Alden, Chris, 85, 93

Alemanha,
consumo de petróleo, 55

Algodão,

subsídios, 188

Ameaças, reação humana a, 217-218

Análise de Lacunas de Oferta (Supply Gap Analysis), 72, 238n7

Arábia Saudita
consumo petrolífero, 55
preços do petróleo, 67
produção de petróleo, 54

Armajaro,
tentativas de encurralar o mercado de cacau da, 133-134

Ativos de investimento, 114

Ativos de pensão, valor dos, 240n2

Aviões, uso de recursos, 30

B

Backwardation, 111

Banco de Desenvolvimento da China, 88

Banco Mundial, 96, 120, 142, 207, 210

Banco Popular da China, 84

Bens de consumo, 115

Bento XVI, papa, 120-121

Biodiesel, uso da água e, 48

Boletim Estatístico 2007 do Investimento Estrangeiro Direto da China (Ministério do Comércio), 87

Boston Consulting Group, 30

Brasil
acordo do frango e carne com a China, 90-91
acordo Sinopec-Galp, 92
consumo de petróleo, 55
depósitos de petróleo, 73-74

investimento chinês no, 87-88

navios-tanque, 89

regulamentação do acesso estrangeiro à terra, 132-33

Brautigam, Deborah, 240n1

Brent Crude, 192

BRIC, 25, 30

Brook Hunt, 80

Bush, George W., 143, 207

C

Campo petrolífero iraniano, 57

Canadá
consumo de petróleo, 55
rejeição de investimento estrangeiro, 156

Carregamento, 110-11, 239nn3-4

Carvão, 69-71, 237n4

Cazaquistão,
suprimento de urânio, 195-96

Celulares, metal nos, 28-29, 236n5

Centro de Pesquisa em Políticas (Nova Déli), 168

Centro de Pesquisa em Recursos Hídricos da Virgínia, 47

Chávez, Hugo, 158

Chellaney, Brahma, 168

Chimerica, relacionamento, 131

China
12º Plano Quinquenal para o Desenvolvimento Econômico e Social Nacional da República Popular da China, 213
Afeganistão, acordos por recursos com, 83
África, interações financeiras com, 84-85, 87
agências responsáveis por licenças, 235n3
Banco de Desenvolvimento da, 88
bolha imobiliária, 214-15
Brasil, interações financeiras com, 87-88, 91, 92
campanha por recursos, 9, 11-12, 90-94
carvão e zinco, razões para importação de, 102
carvão, a utilização de, 70-71

cobre, a demanda por, 79-80, 239n1

como monopsonista, 135-39

construção da infraestrutura, 212-13

controle do governo, 14-17

crítica ocidental da presença na África, 171-73

demanda crescente por recursos energéticos, o papel na, 197-98

demanda de água, 48-50

desaceleração econômica, 212

desenvolvimento de tecnologia eólica, 68

diáspora de trabalhadores, 166-67

economia nacional, papel do estado na, 98-101

energia solar, a utilização de, 69

estoques de petróleo, 153

estratégia comercial, 84-86

estratégia de investimento, 89-90, 160

exportação de alimentos para os EUA, 38

fazendas e produção de alimentos, investimento em, 189

importações de petróleo, dependência de, 153-54

intervenção internacional nas transações relacionadas com a, 96-97

investimentos estrangeiros, 33

mercado de petróleo pelo governo, gestão do, 151, 154-55

moeda, crescimento econômico, 25

necessidades de energia, 75-76

neocolonialismo, acusações de, 97, 163-65, 174

objetivos, 14

opção de compra livre, 160-61

opinião dos africanos, 175-176

padrão de vida, melhoria do, 17-18, 76-77

pagamento elevado por commodities, 97-98

países hospedeiros, interesse na estabilidade dos, 178-79

papel nos desequilíbrios globais de recursos, 211

Partido Comunista, 14, 17, 213

planos de expansão de energia nuclear,

194-95

poderio militar, o uso futuro, 180-81

política do filho único, 240n1

poluição, 198-201

porto norte-americano, tentativa de arrendamento, 90

posição dominante no mercado de commodities, obstáculos para, 136

problema da água,42-44

produção de petróleo, a manipulação pelas companhias petrolíferas, 235n5

reservas cambiais, 95

Rússia, interações financeiras com, 90, 101

sistemas de transporte de massa, planos para, 32

terra arável, 36-37

trabalho presidiário, suposta utilização de, 167, 170-71

transações de commodities, futuras alterações nas, 144-45

transferências financeiras internacionais, 83-84

transporte, o investimento em, 88-90

urbanização, 32-33

China na África (Alden), 85

China S.A., 86, 90

Chinalco, 9

China National Petroleum Corporation (CNPC), 154

Chuva ácida, 199

Clinton, Hillary, 164

Clube de Roma, 22

CNOOC, 95

Cobre, demanda da China por, 80-81

oferta global, 78, 73

políticas inconsistentes e, 80

produção mundial, 80

riscos de mineração, 79

usos, 78

Collier, Paulo, 207

Colonialismo, 164, 174

"Coming Anarchy: How Scarcity, Crime, Overpopulation, Tribalism, and Disease Are Rapidly Destroying the Social Fabric

of Our Planet, The" (Kaplan), 21

Comitê sobre o Investimento Estrangeiro nos Estados Unidos (CFIUS), 156

Commodities

aumento da procura por, 21-23, 196-197

conflitos motivados por, 203

custo de transporte, 239n4

definição, 9

elasticidade de preço, 239n2

escassez futura, 33-34

futuros riscos da oferta e procura, 126-128

índices de preços, 239n1

influxo de capital para, efeito de, 113-114

mercado de opções, 159

preços das, influências sobre, 117-120

Companhia Vale do Rio Doce, 89

Conselho de Pesquisa em Energia do Reino Unido, 56

Conselho de Ética Alimentar, 184

Conselho Nacional de Inteligência, 25

Contango, 111

Coreia do Sul, consumo de petróleo, 55

Correlação, 112-113

Corrupção, petróleo e, 60-61

Crescimento da riqueza global, 25-27

Crescimento da população mundial, 23-25, 228-29

Crise financeira de 2008, 146-47, 237n2

Cúpula do Clima de Copenhague 2009, 200

Curva de commodities, 110-11

D

Daewoo, 40

Deng Xiaoping, 130

Departamento de Agricultura dos EUA (USDA), 223

Dependência comercial, 132

Der Spiegel, sobre o uso de trabalho de presidiários pela China, 168

Dessalinização, 225

Diamond, Jared, 36

Direitos de propriedade, 38-39

"Do conflito à construção da paz: o papel dos recursos naturais e do ambiente", 207

ÍNDICE

Doença holandesa, 203
Dornbusch, Rudiger, 179-180
Dumping, 139

E

"Ecological Integrity: Integrating
Environment, Conservation, and Health"
(Pimentel, Westra, e Noss), 46
Economist, The
diáspora de trabalhadores chineses,
166
uso de trabalho escravo na África pela
China, 171
Edelman, Gerald, 177
Efeito de substituição, 236n4
Eficiência energética
melhorias na, 73
pressão de oferta-demanda, 226
El Teniente mina de cobre, 78
Energia nuclear, 194-96
"Ensaio sobre o Princípio da População"
(Malthus), 22
Escassez de recursos
abordagem global, 220-22
falta de preparação global para, 181-82,
215-20
obstáculos ao debate internacional sobre
a, 224-25
opções políticas alternativas, 223-28
resultados, 10-11
Estados Unidos
como líder na solução dos problemas de
escassez de commodities, 227-28
emissões de dióxido de carbono, 200
empréstimos da China, 84, 131
gás de xisto, produção de, 192-193
necessidades de energia, 75-76
produção e demanda de petróleo, 54
rejeição de investimento estrangeiro,
155-56
subsídios a programas agrícolas, 186-87
Estreito de Hormuz, importância do, 68
Export-Import Bank, 96-97
ExxonMobil, previsão de demanda
energética, 197

F

Farm Bill (EUA), 186
Financial Times, "The World Should Not
Fear a Growing China", 221
Fleming, Alexander, 23
Fontes de energias renováveis alternativas, 69
Fórum sobre a Cooperação China-África, 92
Fraturamento hidráulico, 192-194
Friedman, Tom, 64-65
Função de utilidade, 100
Fundo de População das Nações Unidas, 31
Fundo Monetário Internacional (FMI), 84,
96
Fundos soberanos, 152

G

Galp Energia, 92
Gás de xisto
preocupações, 193-94
reservas de, 190-93
Gás natural, 75
Gastos de consumo, 76-77
Gastos militares, retração, 227-28
GaveKal, relatório de pesquisa, 101
Gilbert, Daniel, 217
Gini, coeficientes de, 236n3
Glaeser, Edward L., 200
Glencore, 135
Global Trends 2025: A Transformed World
(National Intelligence Council dos Estados
Unidos), 25
"Global Unease with Major World Powers"
(Pew Report 2007), 171
Goldman Sachs, 25
Governos
gestão de acesso aos recursos, 155-56
intervenção nos mercados de
commodities, 149-50, 161-62
papel econômico, 146
Grécia, investimento chinês na, 88

H

Heritage Foundation, 86, 87
Hoeffler, Anke, 207
Hot Commodities (Rogers), 10

"How Do Natural Resources Influence Civil War?" (Ross), 206
Huawei, 96
Hubbert, M. King, 53
Hu Jintao, 92

I
IHS Drilling Data, 193
Inconsistência intertemporal, 80, 156-158
Índia
  crescimento econômico, 25
  o consumo de petróleo, 55
  riqueza privada, 27
  terra cultivável, 36-37
  urbanização, 31
Índice de Percepção da Corrupção de 2011 da Organização Não Governamental Transparência Internacional, 61
Índice Internacional dos Direitos de Propriedade (2011), 39
Índices de Sharpe, 113
Infecções, mortalidade por, 177
Insegurança alimentar,
  causas de subsídio de alimentação e de programas fiscais, 186-89
  desperdício, 184
  instabilidade do governo, 190
  resistência à produção de alimentos baseada na tecnologia, 224-225
Insegurança Alimentar nos Estados Unidos, 2009, relatório (USDA Economic Research Service), 223
Instituto Nacional de Diabetes e de Doenças Renais e Endócrinas, 184

J
Japão
  consumo de petróleo, 55
  exploração de recursos chineses pelo, 130

K
Kahn, Matthew E., 200
Kang Young-won, 139
Kaplan, Robert, 21
Keynes, John Maynard, 128
Klare, Michael, 209-10

L
Lei da Segurança Agrícola e do Investimento Rural dos Estados Unidos (2002), 186
Lenovo, 86
Li Keqiang, 221
"Limits to Growth, The" (relatório do Clube de Roma), 22
Li Ruogu, 97
Lista Cronológica de Conflitos, 203
Lowi, Miriam, 206

M
Malthus, Thomas, 21-22
McKinsey Global Institute, 32, 74
Mercado de commodities
  especuladores, o papel dos, 120-22
  flutuações de preços, 109-10
  grandes investidores institucionais, influência de, 122-23
  intervenção do governo, 149-51,158-59
  mecanismos de autocorreção, 125
  operadores financeiros, 108-09
  produtores de commodities, 109
  questões de acesso e posse do mercado de, 157-58
  questões de propriedade versus controle, 158-60
  recursos hídricos, 108
  terra, 108
  transformando ativos de investimento em bens de consumo, 114-16
Mercados de crédito versus mercados de commodities, 147-49
Metais, reciclagem de, 28, 226-27
Microsoft, 141
Ministério do Comércio chinês, 170
Monopólio, legalmente habilitado, 135
Monopsônio, 134-35
Monsanto, 224
Mudança climática, abastecimento de água e, 45

N
Nature, sobre a escassez de água, 45
"New Colonialism: Foreign Investors Snap

Up African Farmland, The" (*Der Spiegel*), 40

"New Geography of Conflict, The" (Klare), 207

New York Times, sobre a descoberta de minerais no Afeganistão, 83

Nigéria
conta do excesso de petróleo cru, 67
importações de petróleo para os EUA, 66

No Oil Producing and Exporting Cartels Act of 2007 (lei NOPEC), 143

Noruega, Fundo Soberano da (Norges Bank Investment Management), 152, 240n3

Noruega, gestão de excedente, 152, 211

Noss, Reed F., 46

O

Observatório dos Direitos Humanos 2011, sobre os abusos trabalhistas chineses na África, 171

Opção de compra livre (*free-call option*), 161

Opções de mercado, 159

Organização das Nações Unidas para Alimentação e Agricultura (FAO), 39, 236n2

Organização dos Países Produtores de Petróleo (OPEP), 55, 56, 67, 143, 240n4

Organização Internacional do Trabalho (OIT), relatório de 2010, 94, 170

Organização Mundial do Comércio (OMC), 188

Organização para a Cooperação e o Desenvolvimento Econômico (OCDE), 39, 187, 238n11

"Overseas Investments by Chinese National Oil Companies" (IEA), 91

Oxfam, 187

P

Perspectivas para a Energia no Mundo 2008 (Agência Internacional de Energia), 55

Partido Comunista Chinês, 14, 213

People's Daily, sobre o uso de trabalho de presidiários, 170

Petróleo
campos de petróleo, capacidades dos,

57-59
corrupção e, 60-61
fechamentos (*shut-ins*), 66
oferta e demanda, atual, 54-55
picos de preços, 53-55
política do, 63-68
previsões de oferta e demanda, 55-56
rentabilidade, a necessidade de, 62-63
reservas gerenciadas pelo governo, 150-51
subinvestimento em, 61-62, 119
substitutos, 72-73
tecnologia e, 73-74
teoria do pico de, 53

Peru, 9

Petrobras, 74, 88, 91

Petrochina, 151

Pew Report 2007, 171, 175

PIB per capita, estatísticas, 235-36n2

Pico de petróleo, teoria do, 53

Pimentel, David, 46

Política Agrícola Comum (PAC), 186, 87

Poluição, 198-99

Prato, Itália, 166

Preços dos alimentos, agitação social e, 115-116

Presidiários, suposto uso de trabalho pela China, 167, 170

Prioridade de penhora, 240n2

Programa das Nações Unidas para o Meio Ambiente (Pnuma), 201, 207, 241n5

Prudhoe Bay, campo petrolífero, 59

Putin, Vladimir, 150

R

Rational Optimist, The (Ridley), 224

Recursos
ausência de questões legais e políticas relacionadas com, 142-43
busca histórica de, 13
como fonte de conflito, 205-207
efeitos de grandes achados repentinos, 203-05
futuras áreas de conflito, 209-10
papel da China no conflito, 210-15

"Recycled Cell Phone — A Treasure Trove

of Valuable Metals" (US Geological Survey), 28

Reinhart, Carmen, 148

República Democrática do Congo (RDC), 157

Rendimento de conveniência, 110

Reserva Estratégica de Petróleo dos Estados Unidos (SPR), 151

Revisão de Investimento estrangeiro do Canadá, 156

Ridley, Matt, 224

Riqueza das nações, A (Smith), 99

Rogers, Jim, 10, 113

Rogoff, Kenneth, 148

Romashkino, campo petrolífero, 59

Ross, Michael L., 206

Rússia

    acordo do carvão com a China, 101

    acordo petrolífero com a China, 97

    produção de petróleo, 55

S

Samotlor, campo petrolífero, 59

Saro-Wiwa, Ken, 205

Sata, Michael, 168

Schlumberger, 59, 72, 238n7

Sen, Amartya, 146

Serviço Geológico dos Estados Unidos (USGS), 28, 193

Shirreff, Ian, 89

Simbiose econômica, 131

Singh, Manmohan, 210

Sino-Africana, Cúpula, 92

Sinopec, 9, 91, 92, 151

Slaughter, campo petrolífero, 59

Smith, Adam, 99

Sri Lanka, 168

"State of the World Population 2007: Unleashing the Potential of Urban Growth" (UN Population Fund), 31

Subsídio de alimentação e programas fiscais, 186

T

Terra arável

definição, 232n1

oferta global, 28-32

Terras, os investimentos globais em, 32-33

Terras raras, 235n10

This Time It's Different: Eight Centuries of Financial Folly (Reinhart e Rogoff), 148

Tombalbaye, François, 202

Tong Lixia, 154

Toromocho, monte, 9

Transparência, preocupações com, 96

Tulipamania, 125

Turquia, 166

U

Urânio, 195, 240n4

Urbanização global, 31

Usina de Dessalinização e Energia de Beijiang, 50

V

Veículos, recursos utilizados em, 29-30

Venda a descoberto (*short-selling*), 239n5

Venezuela, 157, 158, 180

Volatilidade, preço de commodity, 112

W

Ward, Anthony, 134

Washington Post, sobre a tentativa do Departamento de Defesa de suprimir a memória, 149

Wen Jiabao, 210

Westra, Laura, 46

West Texas Intermediate (WTI), 192

Wuhan Iron and Steel, 16

X

Xu Jianxue, 166

Z

Zâmbia, 159, 166, 167, 168

Zheng Bijian, 14

Zhou Shengxian, 35, 49

Zoellick, Robert, 41

Conheça mais sobre nossos livros e autores no site
www.objetiva.com.br
Disque-Objetiva: (21) 2233-1388

Rua Aguiar Moreira 386 | Bonsucesso | cep 21041-070
tel.: (21) 3868-5802 | Rio de Janeiro | RJ
markgrapheditor@gmail.com